KB120713

세상을 움직이는 글쓰기

세상을 움직이는 글쓰기

정치글 쉽게 쓰는 법

이진수 지음

메디치

추천의 말

정치는 혼자 할 수 없다. 좋은 정치인이 되려면 좋은 참모와 좋은 글쟁이가 꼭 필요하다. 그 둘이 한 사람이라면 더할 나위 없다. 저자 이진수는 두 가지 미덕을 모두 지닌, 나의 20년 동지다. 진심을 담은 말과 글이 있어야, 세상을 설득하는 정치를 할 수 있다. 그것이 김부겸이 지향한 정치였고, 이진수가 글로 빚었던 정치다. 좋은 정치를 꿈꾸는 신진 정치인과 그들의 참모에게 또 하나의 필독서가 탄생한 듯하다.

김부겸 국무총리

명령조의 책은 웬만하면 거른다. 옳고 그름을 따져 혼나는 것은 현실만으로도 충분하다. 하지만 현실의 곪은 부분을 메스로 도려내는 듯한 저자의 명령은 나를 이해하고 나 대신 화내는 듯한 통쾌함이 있다. 이 책은 깨끗하게 모셔놓고 조심스레 볼 책이 아니다. 밑줄 쫙 긋고 군데군데 포스트잇 붙여놓고 수시로 펼쳐봐야 할, 그래서 실무진의 손때 묻은 책이 될 것이다.

남가희 전 국회 홍보 비서

글을 잘 쓰는 것과 정치 글을 잘 쓰는 것은 차원이 다른 일이다. 평소 저자가 쓴 정치 글은 읽는 사람의 마음을 흔든다. 왜 그럴까 궁금했는데 이 책을 읽고 이유를 알게 됐다. 진가는 또 있다. 꽤 오랫동안 정치를 관찰 기록해온 기자가 보기에, 이 책은 현실 정치의 깊은 속내를 보여주는 내시경과 같다. 정치를 업으로 하는 이들은 물론이고, 정치에 애증을 느끼는 대한민국 국민이 정작 이 책의 독자이기를 바란다.

성한용《한겨레》정치부 선임 기자

이 책이 다루는 것은, 정확히 말하자면 정치인의 글쓰기다. 정치를 관조하는 평론가나 정치를 보도하는 기자의 글쓰기가 아니다. 정치 안에서 매일 의제를 생산하고, 관리하고, 관철해야 하는 정치적 주체의 글쓰기다. 말 한마디, 글 한 줄에 수많은 국민의 삶이 바뀌는 정치 현장에서 무기가 되는 글쓰기다. 보좌관 27년 저자의 내공이 오롯이 담긴 책은, 정치가 왜 말과 글의 향연이자 전쟁터인지 어떤 정치학 교과서보다 생생히 보여준다.

이관후 경희사이버대 겸임 교수

들어가며

정치의 무기, 글

독자를 국회 보좌진으로 상정하고 쓴 두 번째 책이다. 2015년에 《보좌의 정치학》을 출간했다. 보좌진 아니고는 읽을 일이 없는 책이다. 국회의원실이 모두 300개니 한 권씩 사서 의원실 안에서 돌려볼 테고, 그러면 300권은 족히 팔리지 않을까 했다. 그런데 책이 생각보다는 좀 더 팔렸다. 2020년 21대 총선이 끝나고 개정증보판을 냈다.

덕분에 책을 읽은 후배들로부터 많은 독후감을 들었다. 독후감 중 가장 많은 촌철(寸鐵)은 이런 것이었다.

'형은 좋은 의원을 만났으니 그렇지, 요새 누가 동반자라고 생각해줘요. 그런 방 없어요.'

그들은 고개를 가만히 저었고 촌철에 찔린 필자는 상심했다. 《보좌의 정치학》 곳곳에서 보좌진과 의원은 정치적 동반자 관계임을 전제하거나 그래야 한다고 주장했다. '보좌진이 좀 더 큰 능력과 열정으로 보좌함으로써 본격적인 정치를 하도록 의원들을 고무하자'는 선동도 했다. 이유가 있었다. 정치가 너무 왜소해지고, 직업화·기능화되었다고 보았다. 정치의 가장 큰 문제는 정치의 실종 그 자체라고 단언했다. 헛헛한 웃음을 짓는 후배들에게 소주를 따르며 부끄러움을 안으로 밀어 넣었다.

지금 다시 내는 책은 부끄러움에 대한 변제다. 책에 '정치 글'에 관해 내가 아는 모든 것을 털어 넣었다. 지난 30년 동안 정치 글을 썼다. 첫 시작은 1988년 종로구였다. 빈민 운동을 하던 제정구 선생이 한겨레민주당을 창당하고 총선에 출마했다. 대학 때 학보사를 했고, 빈민 운동을 할 땐 성명서를 쓰거나 유인물과 소식지를 만들었으니, 선거 홍보물을 떠맡아 책임졌다. 1994년에 제정구 의원의 비서관으로 국회 생활을 시작했다. 그때부터 그가 떠나며 남긴 계승자 김부겸 의원까지 두 정치인의 글을 지금껏 썼다.

이제는 쓰지 않는다. 현업에서 물러나기로 했다. 그동안 썼던 모든 문서 파일을 한군데 모아 250기가바이트 구닥다리 외장 하드에 빼곡히 저장했다. 그리고 이 책을 쓰기 시작했다.

정치 글에 관한 책이라고 했지만, 정치에 관한 책으로 읽히기를 소망한다. 거창한 욕심인 줄 안다. 정치란 게 어디 책 한두 권으로 정리할 수 있는 일이기나 하단 말인가. 거기다 직접 정치를 해본 적이 없다. 정치학자나 정치 평론가, 우리같이 보좌만 한 사람은 진짜 정치를 안다고 할 수 없다. 자기 돈으로 주식 안 해본 사람이 경제를 안다고 하면 안 되듯이, 자기 인생을 걸고 선거에 나가 보지 않은 사람은 정치에 대해 함부로 이야기하면 안 되는 게 있다.

이처럼 아는 것과 하는 것이 완전히 다른 게 정치다. 또 다른 게 있다. 국회의원이 된 것과 정치인이 된 것은 완전히 다르다. 국회의원 중에는 이걸 착각하는 이들이 꽤 있다. 정치인이 아닌 국회의원이 꽤 많다는 걸 이 책을 쓰면서 다시 깨달았다. 최악은 정치를 알지도, 하지도 않는 국회의원이다. 첫 책에서 소략하게 주장했던 정치의 부재 현상을 이번 책에서 강하게 지적한 것은 이 때문이다.

그 결정적 증거는 일종의 평행 우주처럼 보인다. 정치의 부재가 정치 글의 빈곤으로 악순환하고 있다. 정치는 말과 글로 하는 전쟁이다. 말과 글은 정치의 무기다. 그런데 정치인이 자신의 무기인 말과 글을 제대로 구사하지 않고 있다. 고로 지금 국회의원은 정치를 하고 있지 않다고 할 수 있다. 국회의원이 되면 대다수는 뻔한 말만 하고, 극소수는 독한 말만 한다. 정작 말과 글로 정치를 제대로 논하지 않는다. 자기 생각을 말이나 글로 발언할 줄 아는 정치인이 갈수록 드물다.

정치 글의 빈곤은 완벽하게 국회의원 본인들의 책임이다. 자기 글이라는 생각 때문에, 보좌진은 나에게 보고서와 질의서만 주면 되는 존재라고 보기 때문에, 글을 쓰려면 준비가 만만찮아 시도조차 하지 않기 때문이다. 보좌진에게 시키지도 않고, 자기 스스로 노력하지도 않는다. 그러니 정치 글이 텅 비어 있다.

앞선 책에서 보좌진들더러 국회의원의 동반자가 되라고 권했던 똑같은 마음으로, 의원들이 보좌진을 동반자로 여겨주기를 간곡히 청한다. 이유는 똑같다. 그래야 의원들 스스로 본격적인 정치를 한다고 할 수 있다.

적합한 예인지는 모르겠다. 태영호 의원(국민의힘, 강남갑)이 당선 직후 이메일을 보내왔다.

> 국회의원은 되었으나 어느 길로 가야 할지 답답해하니 지인이 선생님의 책을 읽어보라고 한 권 보내왔습니다. 책상 옆에

> 놓고 있다가 설마 하고 읽기 시작하여 방금 전까지 이틀 동안 다 읽었습니다. 다 읽고 나니, 드는 생각이 선거 전에 이 책을 보았으면 선거를 한결 쉽게 치렀겠구나 하는 것이었습니다. 선생님의 책에 북에서 내려와 자유민주주의 선거를 한 번도 보지 못한 제가 선거 과정에 고민했던 문제들에 대한 답이 다 있더군요. 그리고 국회에 입성하여 보좌진과의 관계를 어떻게 꾸려나가야 할지도. (중략)
> 어떻게 그렇게 구체적인 사항들까지 다 기록하여 답을 주셨는지 탄복…….

글에 비칠 수 있는 당파성을 굳이 숨기려 하지 않겠다고 첫 책의 서문에서 밝혔다. 당파성은 감춘다고 감춰지는 것이 아니기 때문이다. 어설프거나 오히려 기만적으로 비칠 뿐이다. 당파성을 배제하면 객관성을 얻는다는 말에도 동의하지 않는다. 객관성은 당파성과 당파성이 자유롭게 경쟁할 때 그 결과로서 이루어질 뿐이다. 다원주의는 민주주의의 전제 조건이다.

태 의원은 필자의 당파성을 알면서, 그것도 자신의 반대편에 서 있음을 뻔히 알면서 말을 걸어온 것이다. 그는 이미 사상의 자유시장이 주는 이점을 잘 이용하고 있었다. 정작 '선생님'은 깊은 자책감에 빠져야 했다. 책의 뒤표지에는 이런 추천사가 적혀 있었다.

> 나와서는 안 될 책이 나와버렸다. 이것은 무협지 용어로 치면 비급이다. 나 혹은 우리 편만 알고 있어야 할 비급을 출간한

필자가 원망스럽다.

김부겸 국회의원

더 놀라운 일은 그다음이었다. 4.7 보선 선거운동이 치러지던 어느 날, 유튜브에 태 의원이 스냅백을 쓰고 힙합을 하는 영상이 떴다. 신나게 춤을 추며 랩을 했다. 기사까지 떴다. 〈'태미넴' 태영호, 20대 감각 어디서 왔냐고? 보좌진이죠〉라는 제목이었다. 본문엔 이런 구절도 있었다. '20대 표심에 대한 자신의 SNS 글에 대해서도 20대 여성 비서가 내 초안을 이대녀 표심을 왜 얻지 못했는지로 바꾸자고 했다고 전했다. 그러면서 국민과의 소통에서 첫걸음은 보좌진과의 소통이라고 강조했다.'

더 놀랄 것도 없었다. 태 의원은 올해 59세다. 주영 북한 대사관 공사를 하다 귀순했다. 그리고 국민의힘 소속이다. 순간적으로 화가 났다. 그러나 금방 가라앉혔다. '우리 쪽에도 누군가 이렇게 죽어라 노력하고 있을 거야'라는 믿음을 갖기로 했다. 태 의원이 무서웠다.

애들 말싸움이 아니라, 진짜 말싸움에서 이겨야 한다. 진짜 말싸움은 누구의 말로 싸우느냐에 승패가 달린다. 내가 짠 프레임과 상대방이 짠 프레임 중에 헤게모니적 지위에 서는 쪽이 이긴다. 사실 이것이 정치의 거의 모든 것이다.

유신 독재 시대는 정치의 교살과 함께 말이 목 졸린 시대였다. 1980년대의 3김 시대는 3김만이 정치 행위자였다. 그들의 한마디가 정치면 머리기사가 되었다. 1987년 개헌으로 정권 교체가 가능해지면서

웅변의 시대가 열렸다. 그들은 100만 명을 광장에 운집시켜 말로 대결을 벌였다. 김대중이나 김영삼이 연설하면 청중들이 웃다가 울다가 우레 같은 손뼉을 쳤다.

민주화 시대가 되자, 유력 정치인들이 말의 정치 시대를 열었다. 그들은 기자들을 앞에 놓고 정치를 했다. 기자들은 술을 먹다 말고 슬쩍 나가서 공중전화를 찾았다. 그리고 기억했던 정치인의 말을 메모해 머릿속에서 원고로 만든 뒤, 전화로 송고했다.

밀레니엄과 함께 초고속 인터넷 시대가 서서히 열렸다. 인터넷 시대는 말이 아니라 글의 시대였다. 인터넷에서 젊은 시민들이 정치에 대해 발언하기 시작했다. 그들은 쏟아내듯 정치 글을 써냈다. 네티즌들은 마침내 '노무현'이란 배를 바다에 띄웠다.

2010년 전후에 이르자, 글의 힘은 다시 한번 폭발한다. 스마트폰의 보급과 함께 소셜 미디어가 정치 글의 플랫폼이 된 것이다. 완성도만 있다면, 모든 정치인의 글이 뉴스가 된다. 비단 국회의원만 정치하는 게 아니다. 정치적 발언을 하는 모든 이들이 정치 행위자인 시대, 그게 모바일 시대의 특징이다.

글의 힘은 이런 과정을 거쳐 점점 세졌다. 정치적으로 뜨고 싶은가? 간단한 방법이 있다. 소셜 미디어에 대중이 열렬히 반응하는 정치 글을 올리면 된다. 금방 유명한 정치인이 될 수 있다. 그러다 보면 방송에도 나가고, 유튜브에 개인 채널도 개설할 수 있다. 글 잘 쓰는 정치인이 중요하다. 그들이 담론을 구성한다. 이런 정치인을 더 많이 가진 정당이 헤게모니를 차지한다. 선거에서도 승리한다. 이제 글쟁이 정치인의 시대다.

일반적인 국회의원들은 정치 글을 좀처럼 쓰지 않는다. 그러나 그들이 글의 중요성을 모를 리 없으니 여전히 준비하는 중일 수 있겠다. 중요한 줄은 알지만, 글이란 게 막상 쓰기 쉽지 않다. 많은 준비와 공부가 필요하다.

남한테 아쉬운 소리를 좀체 못 하는 성격이다. 민망하기 짝이 없으나, 용기 내어 부탁드린다. 정치 글을 쓰려고 준비 중인 의원들이 이 책을 읽어주었으면 한다. 읽고 나서는 보좌진을 불러야 한다. 그리고 '우리 같이 이렇게 한번 해보세' 하고 책을 건네줬으면 좋겠다.

보좌진과 함께해야 할 수 있는 일이다. 보좌진은 국회의원의 정치적 동반자다. 보좌진을 동반자로 삼아야 한다. 그것이 정치를 익히는 가장 쉬운 방법이고, 정치 글을 잘 쓰는 비결이고, 정치를 제대로 하는 요체다.

2021년 10월

이진수

차례

1장

'정치 글'이란?

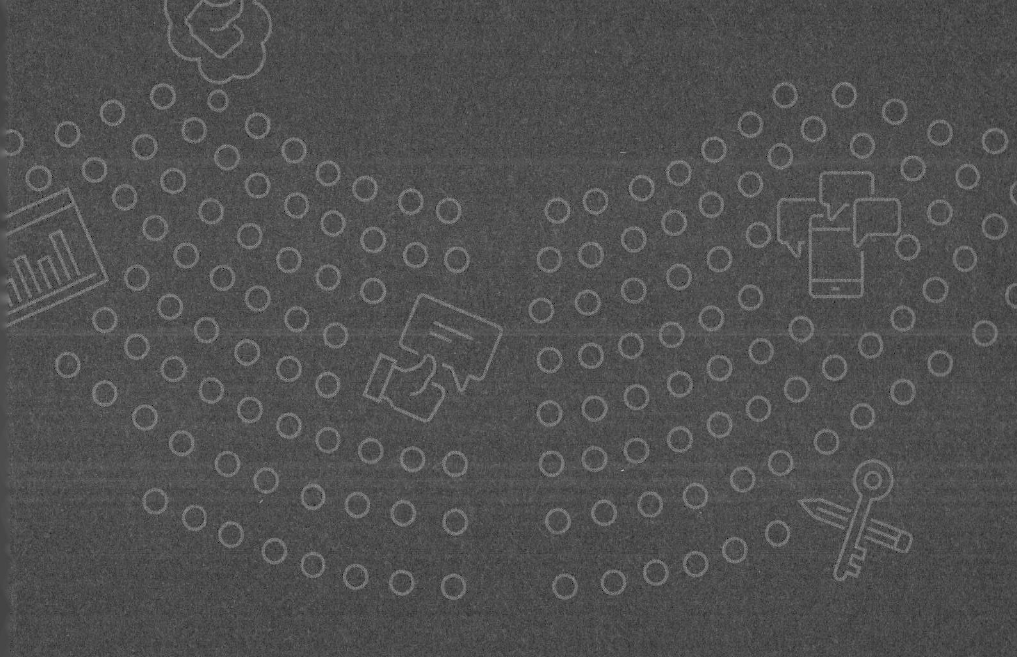

글은 원래 자유로운 것이다. 자기가 쓰고 싶은 대로 쓰는 게 글이다. 글을 이렇게 써야 한다, 저렇게 써야 한다는 말 자체가 굴레다. 말과 글은 원래 해방의 도구다. 어떤 격이나 율을 따르지 않으면 글을 써서는 안 되는 것처럼 말하는 자체가 억압이다. 말하기 무섭게 하고, 글쓰기 두렵게 만드는 교육이 문제다. 그렇게 가르치다 보니 사람들이 점점 더 글쓰기를 어렵게 생각하고, 어떡하든 피하고 싶게 만들었다.

그러나 이 책은 글을 이렇게 쓰라, 저렇게 쓰라는 말을 엄청나게 할 것이다. '정치 글'이기 때문이다. 정치권은 정치 공급자다. 공급하는 이들이 져야 할 책임이 있다. 제조업이 생산물의 품질을 책임지듯, 정치도 말과 글의 품질에 책임져야 한다. 동시에 무기인 만큼 무디거나 부러지기 쉬워도 안 된다.

어느 날, 정치부 기자와 국회 보좌관이 한자리에 앉았다. 기자가 먼저 말했다. "우린 기사만 안 쓰면 할 만한 직업이지요." 그러자 보좌진이 이렇게 받았다. "우리는 질의서만 안 쓰면 괜찮은 회사죠." 어떤 직업이나 마찬가지일 것이다. 가장 주요한 업무지만 가장 하기 괴로운 일이 있기 마련이다.

이 책은 정치권에서 일하는 보좌진에게 가장 중요한 일이자, 가장 부담스러워하는 글쓰기에 대한 실무적 조언을 담고 있다. 보좌진은 입이 없다. 입은 정치인만 가지고 있다. 보좌진이 작업한 모든 것은 서면으로 정치인에게 올라가야 한다. 정치인의 입을 통해야 보좌진의 글은 생명을 얻는다. 보고도 구두보다는 서면 보고가 압도적으로 많다. 정치인과 마주 앉아 대면 보고할 시간 자체가 허여되지 않는다. 정치인은 워낙 시간이 없다. 어떤 직업보다 일정이 빡빡하다. 정치는 사람을 대하는 일이 90% 이상이다.

보좌진은 무엇보다 글을 잘 쓰는 능력을 갖추어야 한다. 머릿속에 책 한 권이 들었어도 시험 답안지는 앞뒤로 한 장 쓰고 나오듯이, 보좌진은 책 한 권 분량의 자료를 모아놓고 A4 두세 장으로 요약한 보고서를 써야 한다. 써야 할 글의 종류도 많다. 얼핏 꼽아도 상임위 질의서, 축사, 소셜 미디어의 포스팅, 보도자료, 인터뷰 Q&A, 연설문 등등 글의 속성이 조금씩 다른 것들로 잔뜩이다. 궁극적으로 모든 보좌진은 이런 다양한 글을 다 쓸 줄 알아야 한다.

어려운 점은 또 있다. 빨리 써야 한다. 번갯불에 콩 구워 먹듯 써야 한다. 소셜 미디어의 포스팅이나 인터뷰 Q&A가 특히 그러하다. 소셜 미디어에는 주로 발생한 현안에 대해 정치인의 생각과 행동 계획을 알리는 포스팅을 올린다. 언론은 정치인들의 포스팅을 지켜보고 있다. 그러니 제일 먼저 올리는 게 가장 좋고, 최소한 너무 늦게 올리진 말아야 한다.

보좌진은 나의 글이 아니라, 남의 글을 쓴다. 보좌진이 쓴 글은 글의 주인인 정치인의 이름으로 공표된다. 글이란 대단히 복잡하며 미묘한 것이라 글을 쓴다는 건 고도의 집중력을 요구하는 일이다. 중요한 글을 쓰고 나면 마치 자기 분신을 보는 느낌마저 든다. 하지만 아버지를 아버지라, 형을 형이라 부르지 못한다. 글 쓰는 홍길동은 그래서 약간 슬플 때가 있다.

좋은 일도 있다. 내 이름으로 나갔다면 아무도 중요하게 보지 않을 글이다. 그런데 정치인, 특히 지도자급 정치인의 글은 다음 날 바로 뉴스가 된다. 폭탄이 되기도 하고, 사방으로 퍼지는 메아리가 되기도 하고, 정부가 혼비백산하기도 한다. 때로는 추가 취재하려는 기자들로 문전성시를 이루기도 한다.

그게 남의 글을 쓰는 재미이자 보람이다. 그러니 글 쓰는 참모는 슬퍼할 필요 없다. 자기 글에 대해 너무 애착을 가질 필요도 없다. 내 손을 떠나는 순간, 내 글이 아니라고 생각해야 한다. 내 글이 아니라 정치인과 참모 모두의 글이라고 생각하면 된다. 어쩌면 정치인과 같은 가치를 지향하는 정파나 지지층의 글이라고 생각해도 무방하다.

정치에서 글은 사적 기록이기보다 공적 선언의 성격이 강하다. 글이 공적이라는 뜻은 이렇다. 쓰긴 내가 쓰지만, 정치인의 주의 주장에 동의하는 집단 혹은 세력이 쓰는 글이라 여기고 써야 한다는 의미다. 글이 선언이라는 것은 혼자 하는 넋두리가 아니라, 공공을 향해 내 생각을 꺼내놓는다는 의미다.

정치인의 글이 공적 선언문에 가깝다는 건 어떤 의미일까? 정치 글이 갖추어야 할 기본 격식이 있다는 뜻이다. 글을 쓸 때 참모가 가져야 할 자세가 있다는 뜻이기도 하다. 정치 글은 일기가 아니다. 주절주절 독백하듯 쓰면 안 된다. '오늘은 일찍 일어나 엄마가 차려준 아침밥을 먹고 학교에 갔다. 선생님이 국어와 산수를 가르쳐주셨고, 숙제 검사를 하셨다. 어제 늦게까지 숙제를 한 덕분에 동그라미 다섯 개를 받았다. 기분이 좋았다'라는 식의 글은 안 된다.

국회의원의 글에 이런 글이 의외로 많다. 하나 마나 한 소리다. 너무나 상투적이다. 어떤 의원이 자신이 얼마나 모범적인지 은연중 내비치는 글을 국민이 읽었다 치자. 그래서 어쩌란 말인가? 이런 순진무구한 글은 일기장에나 쓸 일이다.

무엇보다 정치에서 말이나 글은 그 자체가 행위다. 정치에서는 말이 절반 이상이다. 말만으로도 여론에 영향을 미치고, 수많은 이들의 행동을 촉발할 수 있다. 나아가 일정한 권력이 있으니, 말로 국가 기구를 움직일 수도 있다. 정치인의 말과 글은 따라서 책임이 따른다. 그래서 또 공적 선언문이다. 요컨대 사적 독백이 아니라, 공적 선언인 글을 쓴다는 점을 참모는 거듭 잊으면 안 된다.

정치에서 남의 글을 쓴다는 것은 또 다른 중요한 자세를 참모에게 요구한다. 정치 아니고도 남의 글 쓰는 이들은 많다. 카피라이터, 대필 작가, 홍보부나 공보기관에 근무하는 숱한 회사원들이 남의 글을 써주는 직업이다. 글 쓰는 보좌진도 월급을 받고 일하는 직업인이다. 그런데 둘은 본질에서 다르다.

정치에서 남의 글 쓰는 일은 특수성이 있다. 다른 영역과 달리 정치에서 글 쓰는 참모는 글 주인과 비슷해져야 한다. 똑같아질수록 좋다. 하다 보면 정치 행위의 기준이 되는 이념과 당파성, 가치관, 세계관, 사람을 대하는 태도, 말하는 습관, 사고방식과 정서가 닮아간다. 나중엔 말투와 표정까지 닮았다는 소리를 들을지도 모른다.

어려울 것 같지만, 생각보다 쉽다. 왜 그럴까? 정치이기 때문이다. 정치란 게 참 묘한 마술이다. 서로 모르는 사이여도 이념과 당파성이 일치하면 금방 친구도 되고 동지도 된다. 그러니 1년만 호흡을 맞춰도 싱크로율 80~90%는 된다. 정치에서 글을 대신 쓰기 위해선 상호 신뢰가 밑바탕에 깔려야 한다.

그런데 국회의원은 국회의원대로, 보좌진은 보좌진대로 글쓰기를 하려 하지 않는다. 국회의원들은 내 글을 누구에게 맡긴다는 게 너무 안심찮은 나머지, 잘 안 맡기려 한다. 보좌진들은 남의 글을 쓴다는 게 너무 부담스러운 나머지 잘 안 맡으려 한다.

정치인들도 소셜 미디어가 중요한 시대라는 걸 다 안다. 그래서 인터넷에 능한 보좌진을 뽑는다. 그런데 인턴이나 낮은 직급으로 뽑는다. 인터넷에 능한 걸, 인터넷의 어떤 플랫폼 관리에 능한 걸로 착각하기 때문이다. 좀 더 나은 경우에도 사진이나 영상을 찍고 편집할 줄 아는 걸 소셜 미디어 담당 비서의 자격이라고 생각한다. 큰 착각이다.

지금 정치에서 소셜 미디어는 과거 공보나 대변인만큼 중요하다. 따라서 담당자에게 기술은 기본이고, '무엇을' '어떻게' 포스팅할지 기획하고, 그에 따라 메시지를 제작할 줄 아는 비서관급 이상의 능력이 있어야 한다. 정책에 대한 기본적인 이해는 필수다. 시시각각 움직이는 여론 동향을 늘 감지하고 있어야 한다. 어떤 사안을 바라보는 시각이 될 사회과학과 인문학에 대한 기본 소양은 물론이다. 무엇보다 정치를 알아야 한다. 그리고 글쓰기를 무서워하지 않아야 한다. 남의 글쓰기는 그런 참모가 하는 일이다. 그런 글쟁이 참모가 되면 앉아서 5리, 서서 10리를 내다본다.

정치권에서 글을 쓴다는 것은 이처럼 모든 것을 글로 써야 함은 물론, 항상 빨리 써야 하고, 공적이어야 하며, 남의 글이지만 마치 나의 글인 양 글 주인과 동조(同調)를 이루어야 한다는 등의 특수성이 있다. 그렇게 이 책은 '남의 글'을 써야 하는 이들을 위한 것이다. 내 글을 쓰는 데 도움이 되는 책은 이미 충분히 많다. 문장이나 문체를 다루긴 하겠지만, 어떻게 더 아름다운 글을 쓸 것인가를 다루지 않는다. 이 책은 오로지 정치 글을 쓰는 데 도움이 될 내용만 다룬다.

앞에서 재미 삼아 이야기한 기자와 보좌관 이야기의 뒷부분이다. 마침 자기 방으로 들어오던 국회의원이 둘의 대화를 듣고 자기도 한마디 보탰다. "우리도 선거만 없으면 좋은 직장이라네." 기사나 질의서나 선거는 그들 각자의 존재 이유다. 그런데 그게 제일 힘들다고 하니, 지독한 역설이다.

가. 정치 글의 특성

국회, 정당, 청와대 그리고 선거 캠프를 망라해 정치권이라 부르기로 한다. 즉 제도와 기구로만 한정한다. 정치권은 매일매일 숱한 말과 글을 쏟아낸다. 이 말과 글을 '정치 글'이라 부르기로 한다. 정치는 말과 글로 싸우는 전쟁이다. 따라서 '정치 글'은 곧 무기다.

글은 원래 자유로운 것이다. 자기가 쓰고 싶은 대로 쓰는 게 글이다. 글을 이렇게 써야 한다, 저렇게 써야 한다는 말 자체가 굴레다. 말과 글은 원래 해방의 도구다. 라틴어로 쓰인 성경을 자국어로 번역한 루터나, 우리말인 조선어를 빼앗기지 않기 위해 싸운 독립지사들이 그랬다. 어떤 격이나 율을 따르지 않으면 글을 써서는 안 되는 것처럼 말하는 자체가 억압이다. 말하기 무섭게 하고, 글 쓰기 두렵게 만드는 교육이 문제다. 그렇게 가르치다 보니 사람들이 점점 더 글쓰기를 어렵게 생각하고, 어떡하든 피하고 싶게 만들었다.

그러나 이 책은 글을 이렇게 쓰라, 저렇게 쓰라는 말을 엄청나게 할 것이다. '정치 글'이기 때문이다. 정치권은 정치 공급자다. 공급하는 이들이 져야 할 책임이 있다. 제조업이 생산물의 품질을 책임지듯, 정치도 말과 글의 품질을 책임져야 한다. 동시에 무기인 만큼 무디거나 부러지기 쉬워도 안 된다.

정치 글은 일반적인 글과 다른 몇 가지 특성을 갖는다. 좀 희한한 특성이다. 이 특성을 이해해야 왜 정치 글이 일정한 수준 이상의 품질을 유지해야 하는지 명확해진다. 정치 글은 늘 언론을 의식하고 써야 한다. 언론에 보도될 수 있다는 걸 염두에 두고 써야 한다. 아니, 언론에 보도가 되도록 쓰는 글이 좋은 글이다. 같은 소재도 어떻게 쓰느냐에 따라 기사화되기도 하고, 안 되기도 하는 게 정치 글이다. 정치에서 언론 보도는 너무나 중요하다.

아무리 의미 있는 활동을 했더라도 보도되지 않으면 헛일이 되는 게 정치인이다. 그건 점잖은 것과는 다른 문제다. 남이 알아주지 않더라도 화내지 않으면 군자는 될 수 있으나, 정치인은 못 된다.

정치인은 자신이 좋은 사람이며, 부지런히 정치하고 있다는 걸 끊임없이 알려야 한다. 알리지 못하면 유권자의 뇌리에서 지워진다. 다음 선거가 위험해진다. 물론 좋은 이미지로 알려지는 게 가장 좋다. 좀 나쁜 이미지로 나가도 아예 안 나가는 것보다 낫다.

그래서 정치인을 홍보하거나 공보한다는 것은 기업이나 행정부의 같은 업무와 또 다르다. 행정부나 기업은 알려서 좋은 것만 알리고, 알려서 나쁜 건 숨기고, 알려져도 좋고 안 알려져도 좋은 건 대충 알리는 척만 한다. 대개 그 비율은 2 대 3 대 5쯤 될 듯하다. 더 노골적으로 말하면 이미 나온 기사를 중화시키거나, 빼는 일을 더 열심히 한다. 그러나 정치는 그 반대다. 정치인의 모든 일거수일투족은 뉴스거리가 될 수 있다. 오죽하면 정치인은 자기 부고 기사 외에 어떤 기사도 좋아한다고 할까.

정치인은 자신의 모든 말과 행동이 기사화되기를 원한다. 보도에 목숨을 건다. 정치는 당파성이란 게 있어서 나쁜 짓을 해도 우리 편이면 혹은 우리 편에 도움이 된다면 용서해준다. 그러면 전체 국민의 3분의 1은 확보하는 셈이다. 정당 귀속감 때문이다. 대한민국의 양대 정당은 대략 30% 정도의 고정 지지층을 갖고 있다. 최악은 잊히는 것이다. 연예인과 정치인은 대중으로부터 잊히는 순간, 끝나는 직업이다.

보도하는 언론 쪽에서도 마찬가지다. 정치부 기자는 새벽부터 정치권의 말과 글을 쫓는다. 회의장 밖에서 '뻗치기'를 하고, 회의장 안에 들어가서는 '받아치기'를 한다. 언론사 안에는 숫제 온종일 모니터 앞에 앉아 소셜 미디어에 올라오는 정치 글을 보고 기사를 쓰는 온라인 전담 부서도 있다. 뉴스가 모두 거기에서 나오기 때문이다.

지난 10여 년 사이에 언론 환경이 엄청나게 바뀌었다. 정치인이 자신의 활동 중에 보도할 일이 있으면 보도자료를 작성해 배포했다. 중요한 사안은 직접 기자실을 찾아 미리 작성한 문서를 발표하고 질문과 답변을 했다. 중진 이상 거물급 정치인들은 저녁마다 기자들과 자리를 만드는 게 주요 일과였다. 그러나 이제는 그렇게 하지 않는다. 웬만하면 소셜 미디어에 글로 올린다. 국감 질의서나 상임위 질의서 정도만 보도자료로 낼 뿐이다.

언론 쪽도 마찬가지다. 전에는 기자들이 '마와리를 돌았다'. 출입처를 순회하거나, 취재원을 만나러 외부로 나간다는 기자들의 은어다. 그러나 기자들은 이제 더 이상 취재원을 만나러 나가지 않는다. 그럴 시간이 없다. 써야 할 기사 건수가 몇 배로 늘었다. 온라인판 때문이다. 단순히 인터넷 사이트에 올리는 정도가 아니다. 사람들이 포털로 기사를 읽는 시대가 되어버렸다. 포털은 종일 시시각각 모든 매체로부터 보내오는 기사를 올린다. 수많은 매체가 속보 경쟁을 한다. 옛날엔 다른 매체가 모르고 있는 걸 자기만 쓰려고 경쟁했다. 특종 경쟁이다. 지금은 다른 매체는 다 썼는데 우리만 모르고 못 쓰는 상태를 당하지 않기 위해 경쟁한다. 포털에 타사의 단독 기사가 올라오면 번개처럼 움직여야 한다. 인터넷에서 관련된 자료를 검색해 찾아내고, 몇 군데 전화를 돌려 추가 취재를 한다. 그리고 최대한 빨리 원래 기사에 한두 줄만 더 보태 곧바로 기사를 낸다. 이런 걸 은어로 '우라까이'라고 한다. 요즘 기자들은 '우라까이' 하느라 취재를 못 한다. 그렇게 물먹지 않는 것에 더해 단 30분이라도 다른 데보다 빨리 쓰기 위해 속보 경쟁을 한다. 기자들은 지금 너무너무 바쁘다.

정치인과 기자들이 직접 대면해 취재가 이루어지는 일이 거의 없어졌다. 거물급 정치인이 자기 사무실로 찾아온 친한 기자들과 둘러앉아 거의 매일 정치권 돌아가는 상황을 도마에 올려놓고, 농담 섞어가며 분석-진단-예측하는 자리를 '봉숭아 학당'이라고 했다. 지금 JTBC가 하는 '정치부 회의' 포맷과 거의 비슷하다. 이제 그걸 하는 정치인은 없다.

그 결과, 점점 더 소셜 미디어를 통한 포스팅이 중요해졌다. 그것이 지난 10년간 일어난 가장 큰 변화다. 정치학의 하위 분야로 '인터넷 정치' 혹은 'IT 정치'라고 하는 연구 영역이 생길 정도다. 정치 글의 유통이 주로 온라인, 특히 소셜 미디어 중에서도 페이스북을 통해 이루어지는 시대가 되었다. 정치 글의 스타일이 다시 한번 변모한다.

야스차 뭉크 역시 페이스북의 중요성을 구텐베르크의 인쇄술 발명에 버금가는 혁명적 변화로 설명한다.

> 인쇄기가 발명된 지 12년이 지난 뒤에도 인쇄술은 아직 (구텐베르크가 활동하던) 마인츠시를 떠나지 않고 있었다. 전 세계 인구의 극히 일부만이 인쇄된 책을 손에 쥐고 있을 뿐, 세상의 대부분은 의사소통과 정치를 뒤흔드는 (인쇄) 혁명의 영향을 아직 받고 있지 않았다.
> 대조적으로 페이스북이 발명된 지 12년이 지난 지금, 이 신기술은 전 세계의 모든 곳으로 퍼져나갔다. 약 20억 명의 사람들이 이 플랫폼을 적극적으로 사용한다. 의사소통의 혁명 결과는 이미 우리 정치 현실의 중요한 특징이 되었다.*

특정 플랫폼일 뿐인 페이스북이 정치 글의 주 무대가 되었다. 왜 하필 페이스북일까? 시작은 인터넷 홈페이지였다. 2000년대 초반, 정치인들은 앞다퉈 홈페이지를 개설했다. 홈페이지에는 자신의 학력이나 경력은 물론 활동하는 사진이나 보도자료, 논평, 칼럼 등의 글을 올렸다. 자유게시판에는 아무나 들어와 익명으로 글을 작성할 수도 있었다.

홈페이지는 이후 블로그로 바뀐다. 홈페이지가 점점 더 무거워지면서 좀 더 접근성이 좋은 블로그로 바뀐 것이다. 홈페이지가 무거워진 것은 그것이 중요하다고 생각한 나머지 엄청난 투자를 해댔기 때문이다. 뭐든지 돈을 써대기 시작하면 화려해진다. 대신 복잡해진

* 야스차 뭉크, 《위험한 민주주의》, 와이즈베리, 2018, 194쪽. 괄호는 필자가 전체 맥락의 이해를 돕기 위해 추가한 부분이다.

다. 내가 이렇게 훌륭한 정치인이야 하고 보여주고 싶은 나머지 으리으리한 백화점을 차린 셈이다. 그러나 인터넷 사용자들은 백화점보다 자기가 사고 싶은 물건만 얼른 찾아 살 수 있는 편의점을 원했다. 편의점이 블로그인 셈이다. 블로그의 구성은 비교적 통일되어 있어 사용자가 원하는 콘텐츠를 찾아가기 편하다는 장점이 있었다.

그다음이 페이스북이다. 플랫폼으로서 페이스북이 갖는 장점은 다섯 가지다. 첫째, 쉽다. 사용자 인터페이스가 PC에서 스마트폰으로 넘어오면서 모바일 시대가 되었다. 페이스북은 모바일에서도 포스팅을 할 수 있을 정도로 사용법이 단순하다. 이전의 홈페이지나 블로그는 별도 운영자를 통해야만 올릴 수 있었다. 단순성은 속도와 연결된다. 어떤 정치 이슈가 발생하면 거의 실시간으로 그에 관한 정치 글이 올라온다.

둘째, 접근성이 좋다. 페이스북은 사용자가 많은 앱이다. 홈페이지나 블로그는 일일이 찾아다녀야 하니 번거롭다. 하지만 페이스북은 한 번만 가입하면 그 안에 거의 모든 정치 글이 있으니 이름만 검색해 바로바로 찾아볼 수 있다.

셋째, 쌍방향이다. 페이스북 유저는 단순히 보기만 하는 이들이 아니다. 자기 글도 쓰고, 남의 글도 읽기 위해 사용하는 앱이다. 그래서 정치 글을 읽고 나서 '좋아요'를 누르거나, 댓글을 달아 자신의 의사를 표현할 수 있다. 쌍방향 커뮤니케이션의 장점은 '집합 행위로서의 정치'라는 현대 정치의 특성과 부합한다. 현대 정치는 더 이상 소수 엘리트끼리 하는 정치가 아니다. 직접민주주의의 성격이 강해지고 시민의 정치 참여가 일상화되었다. 공급자만 정치를 한다고 보면 안 된다. 아예 공급과 수요를 구분해 보는 자체가 낡은 시각이 되었다.

정치인이 올린 글에 '좋아요'가 몇천 개, 댓글이 수백 개 달리는 순간 그 정치 글은 강력한 정치적 메시지가 된다. 지지자들은 글에 '좋아요'를 누르거나 댓글을 다는 건 물론이고, 자신의 계정으로 공유하고 그대로 복사해서 각종 커뮤니티로 퍼 나른다. 정치 글의 위력이 이 쌍방향성 때문에 이전보다 훨씬 강력해진 것이다.

넷째, 사용자의 동질성이다. 페이스북은 무엇보다 텍스트에 최적화된 플랫폼이다. 물론 사진이나 영상을 첨부할 수 있지만, 가장 주된 콘텐츠는 그래도 글이다. 글을 읽거나 쓰는 게 어색하지 않은 사용자들의 앱이다. 페이스북 사용자들은 주로 글을 읽고 쓸 줄 아는 능력인 소위 '리터러시(literacy)'가 강한 40대 이상이 많다. 그보다 젊은 이들은 유튜브나 인스타그램을 많이 쓴다. 글보다 사진이나 영상으로 소통하는 게 더 익숙하기 때문이다.

특히 유튜브의 중요성이 점점 커지고 있다는 점에 유의해야 한다. 젊은 층은 검색도 유튜브로 한다. 정치 메시지 플랫폼으로 유튜브가 매력적인 이유가 있다. 직접성이다. 직접성은 신뢰성을 높인다. 어떤 30대가 이재명이나 윤석열이 어떤 사람인지 알아보고자 한다고 해보자. 대충 세 가지 방법이 있다. 하나는 녹색 검색창에서 그의 이름을 검색해 뜬 정보를 텍스트로 읽는 방법. 둘째는 페이스북에 가서 글을 몇 개 읽는 방법. 셋째가 유튜브에서 영상을 보는 방법이다. 이 가운데 어느 것이 가장 강렬한 인상을 줄까? 당연히 영상이다. 얼굴, 체구, 목소리, 말투, 표정 등등 당사자를 눈으로 보는 것만큼 어떤 인간을 확실히 인지하는 방법은 없다. 글? 글은 누가 대신 써줄 수도 있다.

그러니 반만 믿는다. 검색으로 찾은 텍스트는 대충 스르륵 볼 것이다. 'TMI(Too Much Information, 굳이 알고 싶지 않은 정보)'이기 때문이다.

그러나 유튜브를 하려면 많은 준비를 해야 한다. 장비부터 녹화 스튜디오 확보, 콘텐츠 기획, 섭외, 시나리오 작업 등등 만만치 않다. 무엇보다 본인의 실력이 중요하다. 카메라 울렁증 극복, 발음, 연기력에서부터 정치면 정치, 정책이면 정책에 꽤 내공이 있어야 한다. 최소 삼선 이상 중진급은 되어야 한다. 그때까지는 내공을 쌓는다 생각하고 페이스북에서 메시지 훈련을 하는 게 좋다. 유튜브를 하기 위해서라도 페이스북을 마스터해야 한다. 정치 글을 쓰기 위한 소재 찾기, 기획력, 구성, 논점 갖추기는 유튜브를 할 때 그대로 필요하다.

물론 페이스북 같은 텍스트 미디어와 유튜브라는 영상미디어는 당연히 문법부터가 다르다. 유튜브를 한다면서 집무실 자기 책상에 혼자 앉아 줄줄 말을 하거나 텍스트를 읽느니 안 하는 게 낫다. 그래봤자 조회 수 안 늘고, 구독자 수도 수백 명을 못 넘는다. 유튜브는 애초 접근법 자체가 달라야 한다. 무엇보다 쉽고 재미있어야 한다. '엄근진(엄격, 근엄, 진지)'은 절대 안 된다. 직접 영상을 제작하기 전에 기존 채널에 자주 출연해 익숙해지는 것이 좋다. 유튜브만 따로 얘기해도 책 한 권이 필요할 정도로 나름의 심오한 세계가 있다. 유튜브는 절대 간단치 않다.

한때 트위터가 유행한 적도 있었다. 그러나 140자까지만 올릴 수 있는 트위터의 특성으로 글을 쓰기에는 부적합하다는 점 때문에 페이스북에 밀려났다. 설득력 있는 글이 되려면 최소한의 논증이 있어야 하나 겨우 140자로는 원천적으로 불가능하다.

트위터와 페이스북은 발화자와 수용자 간의 관계부터가 상이하다. 트위터는 수직적인 반면 페이스북은 수평적이다. 이를테면 트위터는 추종(following)하고 페이스북은 친구를 맺는다. 트위터를 통해 거의 모든 정치적 발언을 했던 트럼프는 수직적 관계이면서 논증이 애초에 불가능한 트위터의 특성을 가장 잘 활용한 정치인이다. 이 같은 특성 때문에 트위터는 2010년대 중반 이후 상호 비난과 조리돌림의 전장이 되었고, 정치 글의 매체로서는 퇴락의 길을 걸어야 했다.

다섯째, 팬덤 형성이 가능하다. 이야말로 가장 중요한 특징이다. 글에 익숙하다는 동질성을 가진 사용자들이다 보니, 글의 주장에 동조하는 이들 간에 우호적 관계가 형성된다. 더욱이 페이스북엔 친구맺기 기능이 있어 관계 형성을 적극 권장한다. 서로 모르는 사이면서도 먼저 친구 신청하고, 이를 수락함으로써 5,000명까지 친구를 맺을 수 있다. 페이지를 만들면 무한대의 '팔로워'를 만들 수도 있다.

이처럼 친구를 맺는 과정에서 동질적 집단화가 진행된다. 글을 보면 사람이 보인다. 취미, 선호, 평소 생각이나 성향은 물론이고 주장이 담긴 글에는 근거가 되는 논리도 들여다볼 수 있다. 신문의 사설이나 칼럼에 해당하는 글들이 페이스북에는 매일매일 숱하게 올라온다. 그러니 친구 신청과 수락 과정에서 자연스럽게 선별이 된다. 그렇게 끼리끼리 친구가 된다.

이에 따라 '페이스북 친구'는 동질적 집단으로서의 성격을 갖게 된다. 동질성은 이중으로 중첩된다. 텍스트에 익숙하다는 동질성과 성향의 동질성, 두 가지다. 거기다 친구로서 서로의 글을 읽다 보면 애초에 몰랐던 이질성이 발견되기도 한다. 그러면 친구 관계를 차단할 수도 있다. 그래서 친구 집단의 동질성은 시간이 흐를수록 강해진다.

성향은 다양하지만, 특히 정치적 성향이 동질적일 경우, 그래서 특정 정치인과 동질적인 성향을 지닌 이들이 모이게 되면 그게 바로 팬덤이다. 정치인이 페이스북을 하게 되면 이처럼 팬덤을 형성할 수 있다.

관계는 단절 혹은 고립되지 않는다. 모든 관계는 뻗어나가려는 성질을 지닌다. 연결되고 확산해 더 넓은 네트워크로 나아간다. 비슷한 이들이 광범하게 모여 정치적으로 움직이는 게 곧 진영이다. 페이스북은 이런 식으로 정치가 진영을 이루어 활동하는 공간 중 하나가 되었다. 물론 언젠가는 페이스북의 시대도 저문다고 봐야 한다. 더 편리하고 재미있는 텍스트 친화적인 플랫폼이 나타나지 말라는 법이 없다. 중요한 건 플랫폼이 아니라 온라인에서의 정치 글쓰기에 필요한 노하우를 갖추는 것이다.

모든 정치 글은 늘 기사화될 수 있다는 점, 거의 온라인을 통해 유통된다는 점, 그중에서도 페이스북이 주 무대가 되었다는 점까지 다루었다. 이제 정치 글의 내재적 특성에 대해 살펴보자.

정치 글은 어떤 글보다 목적과 의도가 분명한 글이다. 목적을 달성하기 위해 논지와 논조를 적절히 잘 구사한 글을 21대 초선 의원들을 대상으로 검토해보았다. 우선 목적을 다섯 가지 유형으로 나누었다. 메시지로서 글, 홍보로서 글, 무기로서 글, 선언으로서 글, 설득으로서의 글이다. 각각의 목적을 잘 구현한 글을 선별하여 그것이 왜 좋은지를 분석한다.

모든 글이 메시지임에도 굳이 '메시지로서 글'이라 분류한 이유가 있다. 정치 글에서 가장 쓰기 어려운 것이 메시지로서 글이다. 메시지는 정초(定礎)가 되는 글을 말한다. 정치를 하다 보면 어떤 사안을 어떻게 바라볼 것인가 하는 관점의 문제에 자주 직면한다. 중요한 법안일 수도 있고, 정치 사건일 수도 있고, 선거 결과일 수도 있다. 나아가 '훌륭한 정치인은 쟁점을 잘 만드는 이'라는 말이 있다. 그건 다시 적을 잘 만드는 이가 정치적으로 성공한다는 데까지 연결된다.

정치인은 어떤 사안이 쟁점이 될지 빨리 알아채야 한다. 하루에도 무수한 이슈가 쏟아진다. 정치 분야는 당연하고 경제, 사회, 스포츠 등 가릴 필요 없다. 스쳐 지나갈 수 있는 이슈가 정치 쟁점이 되는 경우는 허다하다. 쟁점은 대개 찬반양론으로 나뉜다. 양론은 5대 5로 팽팽할 수도, 다수 대 소수로 구분될 수도 있다. 정치인은 당연히 다수를 자기편으로 삼아야 한다. 다수가 정의롭기까지 하면 당연히 좋은 쟁점이다. 그런데 다수와 소수가 나뉠 것이 뻔한 쟁점은 누구의 눈에도 다 보인다는 게 문제다. 늘 정의로운 다수 편만 따라가는 식으로 해서는 안전할지는 몰라도 지도자로 부상하긴 어렵다.

지도자는 지금 당장 무엇이 정의고 무엇이 불의인지 불명확할 때, 지금 당장은 어느 편이 다수고 어느 편이 소수가 될지 불확실할 때, 먼저 치고 나가는 사람이다. 붙어 싸우다 보면 대중의 판단이 서서히 형성된다. 그러다 다수가 '맞다, 네 말이 옳다'라고 동의하기 시작하면 지도자 반열에 올라서는 것이다. 왜냐하면 의견이 팽팽히 나뉠 때, 내가 한쪽을 택하면 상대방은 반드시 나와 반대되는 쪽을 선택하게 되어 있다. 그러니 정치에서 싸움은 필연적이다. 처음엔 어렴풋하던 사안을 쟁점화시키고 치열하게 싸운 끝에 내 편을 다수파가 되게 하는 능력, 그럼으로써 적을 소수파로 전락시키는 능력, 그것이 정치력이다.

적을 소수파로 만들 사안을 잡아채는 능력은 일종의 정치 감각이다. 신민당 총재이던 김영삼은 1979년 8월, YH무역 노동조합원들에게 마포 당사를 농성장으로 내주는 결정을 내린다. 박정희 정권은 경찰을 동원해 강제 해산 작전에 나섰고, 그 과정에서 끔찍한 사태가 벌어진다. 총재 이하 당직자들이 부상당하고 노조원 한 명이 추락사, 수백 명이 무참히 짓밟힌다. 사태는 일파만파로 번진 끝에 10.26 사건과 함께 유신은 마침내 막을 내리기에 이른다. 평소의 김영삼은 결코 친노동적이라 할 수 없는 정치인이었다. 단순한 정의감이 그를 노동자 편에 서는 결단을 내리게 했을 수도 있다. 어쨌든 결과를 놓고 보면 김영삼이야말로 탁월한 정치 감각을 가졌다고 볼 수 있다.

이처럼 쟁점을 찾아내 국민적 이슈로 끌어가는 능력은 정치인에게 축복과 같은 재능이다. 어떤 현안이 불거졌을 때, 가장 먼저 관점과 입장을 정리해 여론을 형성해가는 정치인을 국민은 주목한다. 문제의 기본 성격을 잘 짚은 데다, 해법에서도 충분히 현실적이라면 더할 나위 없다. 그런 말이나 글은 가치 투쟁의 주춧돌이 된다. 거기서부터 다른 정치인의 글이 갈래를 치며 갑론을박을 벌인다. 먼저 치고 나가면서, 기본 구도를 쫙 가르는 식견과 방도를 갖춘 글이야말로 최고의 메시지다.

2021년 4.7 보궐 선거 이후 패배한 민주당의 20~30대 초선 의원 5명이 발표한 반성문은 전형적인 메시지로서의 글이라 할 수 있다. 우선 발표 시점이 4월 9일로 가장 빨랐다. 같은 9일 전체 초선 의원 79명, 11일에 다시 20~30대 초선 의원의 두 번째 입장문, 12일 재선 의원, 13일 삼선 의원의 입장문이 이어졌다. 2030 의원의 글은 말 그대로 기폭제였다. 민주당 당원과 지지층 내에서 격론이 벌어졌다. 쟁점은 '조국 패인론'이었다. 일부 강경한 당원들은 '배은망덕'이라며 반발했다. 여기서는 정치적 판단을 배제한 채 정치 글의 논조와 논지가 지녀야 할 미덕의 관점에서만 살핀다.

곧이어 3장에서 상술하겠지만 정치 글의 논조는 가독성을 최고 목표로 두어야 한다. 명확하고 적확한 표현이 중요하다. 2030 의원 다섯 명의 글은 가독성이 그다지 좋지 않다. 메시지로서 글이 갖는 선도성과 초석을 놓는 역할은 충분히 했지만, 글만 놓고 본다면 한마디로 난삽하다. 우선 전문을 그대로 옮긴다.

〈더불어민주당 2030 의원 1차 입장문〉

관행과 오만에 눈 감지 않고 혁신의 주체가 되겠습니다

우리 당은 금번 재보궐선거에서 참패했습니다. 선거 중 한때 광범위한 조직과 지지층 집결로 흐름을 바꿀 수 있다는 잘못된 희망도 가졌지만 국민들은 냉엄한 투표로 응답하셨습니다. 선거 유세 현장과 삶의 현장에서 만난 20대 30대 청년들은

민주당에 싸늘하고 무관심했고, 지난 1년 동안 많은 분들의
마음이 돌아섰음을 현장에서 느꼈습니다.
돌아선 국민의 마음, 그 원인은 결코 바깥에 있지 않습니다.
그 원인은 저희들을 포함한 민주당의 착각과 오판에 있었음을
자인합니다.
이번 재보궐선거를 치르게 된 원인이 우리 당 공직자의 성 비위
문제였음에도 불구하고, 우리 당은 당헌·당규를 개정해 후보를
내고, 피해자에 대한 제대로 된 사죄도 없었으며, 당내 2차
가해를 적극적으로 막는 조치를 취하지 않았습니다. 이 문제를
회피하고 외면할 수 있지 않을까 하는 오만함이었습니다.
검찰 개혁은 종전에 많은 국민들이 공감하는 정책이었으나,
추미애-윤석열 갈등으로 점철된 추진 과정에서 국민들의
공감대를 잃었습니다. 오만과 독선으로 보일 수 있는 행동들이
국민들께 피로와 염증을 느끼게 하였음에도, 그것이 개혁적
태도라 오판했습니다.
조국 장관이 검찰 개혁의 대명사라고 생각했습니다. 그래서
검찰의 부당한 압박에 밀리면 안 된다고 판단했습니다. 하지만
그 과정상에서 수많은 국민들이 분노하고 분열되며 오히려
검찰 개혁의 당위성과 동력을 잃은 것은 아닌가 뒤돌아보고
반성합니다.
'내로남불'의 비판을 촉발시킨 정부 여당 인사들의 재산
증식과 이중적 태도에도 국민에게 들이대는 냉정한 잣대와
조치를 들이대지 못하고 억울해하며 변명으로 일관해왔음을

인정합니다. 분노하셨을 국민께 사과드립니다.
또한, 과거 민주화 운동으로 역사적 성취를 이룬 국민들의 헌신과 희생에 늘 감사하고 경의를 가지면서도, 한편으로 민주당이 오늘날 더 이상 약자가 아니라 기득권의 한 축일 수 있다는 점을 냉정하게 성찰하지 못했습니다. 민주화를 이루어낸 국민의 위대함은 민주당만의 전유물이 아님을 잊은 건 아닌지 아프게 성찰합니다.
청년 없는 청년 정책을 펼치고, 청년 일자리 대책을 마련해온 것도 청년들을 낙심하게 만들었습니다. 많은 청년들의 분노를 산 소위 '인국공 문제' 역시 청년층이 분노하는 이유를 제대로 살피지 않고, 우리가 지향하는 가치를 그분들께 가르치려고 한 오만함이 청년들과 민주당의 소통을 단절시킨 한 원인이었다고 아프게 자평합니다.
이번 재보궐선거의 참패 원인을 야당 탓, 언론 탓, 국민 탓, 청년 탓으로 돌리는 목소리에 저희는 동의할 수 없습니다. 책임 있는 정치 세력이 선거에서 표로 심판받고도 자성 없이 국민과 언론을 탓하는 경우는 있을 수 없습니다. 지금은 오로지, 우리의 말과 선택과 행동을 되돌아봐야 하는 시간입니다.
오늘 이 자리에 선 청년 의원들은 고백합니다. 지난 1년간, 우리는 경험이 부족한 초선 의원임을 핑계 삼아, 어렵고 민감한 문제에 용기 있게 나서지 못했고, 정부와 지도부의 판단에 의존했으며, 국민의 대표로서 치열하고 엄밀하지 못했습니다. 특히 청년들 옆에 온전히 서지 못했습니다.

가장 혁신적이고 당내의 주류적 관행과 기득권 구조에 비판적이었어야 할 우리 청년 의원들까지도 오만했고, 게을렀고, 용기가 없었습니다. 그 모습이 민주당에 대한 국민들의 기대를 더욱 꺾었을지 모릅니다.

지난 재보궐선거 과정에서 우리가 느낀 국민들의 냉정한 표정과 마음을 기억하며, 지금부터 우리 청년 의원들이 더 겸손하게, 성실하게, 용기를 내겠습니다. 민주당 내에서 할 말을 하는, 국민의 목소리를 대변하는 주체 세력으로 나서겠습니다.

바뀌어야 할 당의 관행과 기득권 구조, 국민들과 공감하지 못하는 오만과 독선, 국민 설득 없이 추진되는 정책들에 대해 더 이상 눈감거나 침묵하지 않겠습니다. 또한, 청년의 상황과 입장을 더 근본적으로 이해하고, 국방, 부동산, 교육, 경제 등 모든 분야 정책에 청년들의 현실과 감수성을 반영하겠습니다.

'청년의 대변인, 청년의 소통 창구'가 되겠습니다.

때로는 개혁의 주체가 되면서도, 동시에 자발적인 내부 혁신의 대상이 되기도 하는, 책임지는 민주당을 만들겠습니다. 반드시 국민의 눈높이에 맞는 민주당, 기대에 부응하는 민주당을 국민들께 돌려드리겠습니다.

더불어민주당 2030 국회의원

2021년 4월 9일

오영환, 이소영, 장경태, 장철민, 전용기

2030 의원의 글이 다소 어지러운 데 비해, 79명 초선 의원 전원의 명의로 발표한 글은 훨씬 정연하다. 읽는 순간 직관적으로 비교되기에 연이어 인용한다.

〈더불어민주당 초선 의원 공동 입장문〉

민심은 옳습니다

이번 보궐선거에서 보여주신 국민의 질책을 아프게 받아들이고 통렬하게 반성합니다. 앞으로 철저한 반성과 성찰의 시간을 충분히 갖겠습니다. 지난 10개월간 초선 의원들로서 충분히 소신 있는 행보를 보이지 못했다는 비판에 대해서도 경청하겠습니다.
더불어민주당의 당헌·당규에 의하면 이번 보궐선거에서 민주당은 후보 공천을 하지 않았어야 합니다. 그러나 우리는 이 당헌·당규를 시행도 해보지 않고, 국민적 공감 없이 당헌·당규 개정을 추진하여 후보를 낸 뒤 귀를 막았습니다. 초선 의원들로서 그 의사 결정 과정에 치열하게 참여하지 못한 점 반성합니다. 진심 없는 사과, 주어 목적어 없는 사과, 행동 없는 사과로 일관한 점, 깊이 반성합니다.
어느새 민주당은 '기득권 정당'이 되어 있었습니다. 우리가 모든 것을 할 수 있다는 과신, 일단 시작하고 계획을 만들어가면 된다는 안일함, 그리고 우리의 과거를 내세워 모든 비판을

차단하고 나만이 정의라고 고집하는 오만함이 민주당의 모습을
그렇게 만들었습니다.
국민과 제대로 소통하지 않고 현장을 도외시한 채 일방적으로
정책 우선순위를 정했고, 민생과 개혁 모든 면에서 청사진과
로드맵을 치밀하게 제시하지 못하였습니다. 우리 안의 투명함,
우리 안의 민주성, 우리 안의 유능함을 확보하지 못했습니다.
청년 유권자들을 가르치려 들었습니다.
국민들은 끝이 잘 보이지 않는 재난 속에서 한계상황을
버티느라 사투를 벌이고 있는데, 저희들이 그 처절함을
제대로 공감하지 못했습니다. 오늘 오전 우리 당 소속
20, 30대 청년 의원들이 발표한 반성과 성찰의 내용에도
깊이 공감하고 동의합니다. 변해야 합니다. 변하겠습니다.
저희 초선 의원들부터 달라지겠습니다. 민주당 혁신에
앞장서겠습니다. 당 혁신의 주체가 되겠습니다.
정책 전반과 당의 운영 방식, 업무 관행, 태도 등에 대해
철저하게 점검하고, 쇄신안을 마련하겠습니다. 이를 위해 초선
의원 전체 모임을 공식화하고 당 혁신 논의를 위한 조직을
결성하겠습니다. 초선 의원총회를 수시로 개최하고, 성역 없이
끝까지 토론하겠습니다. 당 지도부 구성의 변화를 위해서 적극
나서겠습니다. 국민의 눈에 당의 변화가 보이도록 하겠습니다.
기존의 방식을 탈피하겠습니다.

존경하는 국민 여러분.

1년 전의 초심으로 돌아가겠습니다. 당을 바꾸고, 현장에 밀착하겠습니다. 더불어민주당이 국민의 눈높이에 맞는 정당, 국민의 기대에 부응하는 정당으로 다시 태어나도록 하겠습니다.

더불어민주당 21대 초선 의원 일동

두 입장문은 모두 기자회견을 통해 발표되었다. 대부분 의원은 자신의 소셜 미디어에 따로 포스팅하지 않았다. 기사화된 전문을 그대로 옮긴 인용문은 맞춤법이 틀린 부분을 수정하거나, 문단 나누기를 추가로 하지 않았다. 그 점을 고려하더라도 두 글 중 어느 글이 가독성이 좋은지는 읽는 순간 금방 알 수 있다.

2030 의원의 글은 명확성과 적확성이 떨어진다. 우선 명확하지 않은 부분이다. '검찰 개혁은 종전에 많은 국민들이 공감하는 정책이었으나, 추미애-윤석열 갈등으로 점철된 추진 과정에서 국민들의 공감대를 잃었습니다. 오만과 독선으로 보일 수 있는 행동들이 국민들께 피로와 염증을 느끼게 하였음에도, 그것이 개혁적 태도라 오판했습니다. 조국 장관이 검찰 개혁의 대명사라고 생각했습니다. 그래서 검찰의 부당한 압박에 밀리면 안 된다고 판단했습니다. 하지만 그 과정상에서 수많은 국민들이 분노하고 분열되며 오히려 검찰 개혁의 당위성과 동력을 잃은 것은 아닌가 뒤돌아보고 반성합니다.'

조국 장관 가족이 저질렀다는 범죄 혐의와 일가에 대한 검찰 수사의 정당성은 대단히 논쟁적인 문제다. 진보 지식인이자 문재인 정부 핵심 인사의 공정성을 중심에 놓고 보느냐, 아니면 윤석열 총장이 지휘한 검찰 수사의 정당성 여부를 중요하게 보느냐에 따라 완전히 다른 결론을 내릴 수 있기 때문이다. 그런데 위의 문장은 2030 의원들이 어느 관점을 취하고 있는지가 분명치 않다.

무엇보다 주어를 밝히지 않고 있다. 주어가 민주당인지, 아니면 2030 다섯 의원인지가 혼동을 일으킨다. 만약 주어를 민주당이라고 생각해보자. 이렇게 된다. '추미애-윤석열 갈등으로 점철된 추진 과정에서 국민들의 공감대를 잃었습니다. (우리 민주당은) 오만과 독선으로 보일 수 있는 행동들이 국민들께 피로와 염증을 느끼게 하였음에도, 그것이 개혁적 태도라 오판했습니다'가 된다.

반면 우리 다섯 의원을 주어로 생각하면 완전히 달라진다. '추미애-윤석열 갈등으로 점철된 추진 과정에서 국민들의 공감대를 잃었습니다. 오만과 독선으로 보일 수 있는 행동들이 국민들께 피로와 염증을 느끼게 하였음에도, (우리 젊은 의원들은) 그것이 개혁적 태도라 오판했습니다. 조국 장관이 검찰 개혁의 대명사라고 생각했습니다. 그래서 검찰의 부당한 압박에 밀리면 안 된다고 판단했습니다.'

이렇게 주어를 달리하고 위치를 어디로 하느냐에 따라 두 문장은 완전히 다른 의미를 지닌다. 위의 문장은 민주당이 잘못한 일을 2030 의원들이 나서서 반성하는 모양새가 된다. 만약 이게 2030 의원이 원래 하고자 했던 말이라면 읽는 이가 '아니, 자기들이 민주당의 지도부인가? 왜 다섯 의원이 전체 민주당을 대표한다는 듯이 저렇게 말하지?'라고 생각할 수 있다. 실제 당원들이 반발한 지점이기도 하다.

반대로 아래 문장은 입장문을 낸 다섯 의원이 오판했고 되돌아보고 반성한다는 의미가 된다. 그러면 입장문을 내는 주체, 잘못한 주체, 반성하는 주체가 하나로 통일된다. 그러면 읽는 이들도 '아, 민주당 소속의 젊은 다섯 의원은 자기들이 미처 깨닫지 못한 채 국민 정서와 괴리되었음을 반성하는구나'라고 명확히 이해할 수 있다. 그런데 주어를 넣지 않음으로써 입장문은 젊은 의원이 내는데 잘못은 당이나 당원이 했고, 반성은 당이 한다는 건지 자신들이 한다는 건지 헛갈리게 해놓았다.

두 번째 혼동도 있다. 2030 의원들은 무엇이 잘못이라는 건지 헛갈리게 말하고 있다. 검찰 개혁이 소위 추-윤 갈등으로 변질한 게 국민과 괴리된 결정적 이유라는 건지, 아니면 조국 장관이 검찰 개혁의 대명사가 아닌데 대명사로 착각한 것부터가 잘못이라는 건지 명확하지 않다. 둘은 분명히 차원이 다른 문제다. 달라도 많이 다른 문제다.

조국의 잘못이 크냐, 검찰 개혁이 더 중요하냐의 견해차가 1차 쟁점이었다. 2차 쟁점이 더 있다. 조국 장관은 검찰 개혁의 당위성을 드러냈으나 추미애 장관이 검찰을 어설프게 다루다 역공을 초래했다는 지적이다. 2030 의원들은 이것들을 뒤섞고 있다. 이런 예민한 문제를 다룰 때일수록 정확해야 한다. 애초에 검찰 개혁 자체가 잘못이라는 건지 추진 과정이 잘못이라는 건지, 조국 장관이 잘못했다는 건지 추미애 장관이 잘못했다는 건지, 그걸 정확하게 구분하지 않으면 오해와 반발을 초래하기 마련이다.

어쩌면 2030 의원들은 글을 헛갈리게 쓴 게 아니라, 실제로 패인 분석에서 자기들도 헛갈리고 있는 것 아닌가 싶다. 만약 그랬다면 더 큰일이다. 이런 '지르는' 메시지를 낼 때는 자기 생각에 대해 어디 가서도 자신 있게 말할 수 있을 정도로 확신이 들 때라야 한다. 그런 것 같기도 하고 아닌 것 같기도 할 때 이렇게 지르면 뒷감당이 안 된다. '메시지로서의 글'은 선도성과 초석 기능을 하기 때문이다. 일파만파를 부르는 건 메시지를 내놓은 이로선 정치적 기회다. 다섯 명의 2030 의원은 이 메시지 덕분에 적어도 정치사회 내에선 꽤 이름이 알려졌을 것이다. 큰 소득이다. 반발이 쏟아지는 것도 정치에선 나쁘지 않은 일이다. 반발이 있으면 호응도 있는 법이다. 그러나 뼈아픈 게 있다. 백범의 글귀처럼 눈밭을 처음 걸을 때 뒤따라올 사람을 항상 생각해야 한다. 발걸음이 어지러우면 뒤에 오는 이들이 앞서 걸어간 이를 욕하게 되어 있다.

2030 의원의 글과 달리 전체 초선 의원의 글은 혼동의 여지가 없다. 문장이 대부분 간결해 명확하다. 문장 하나에 하나의 뜻만 담아 읽기만 하면 그냥 이해된다. 글에 속도감이 있다. 반성의 깊이나 향후 각오의 굳기가 과하지도 무미건조하지도 않다. 표현도 적확하다. 지나칠 정도로 단정한 나머지 패배에 따른 반성문으로서 비장미가 조금 아쉬울 정도다.

논조를 넘어 논지를 살펴보자. 3장에서 논하겠지만 논지에 영향을 미치는 요소는 '마음을 울려라', '정치적 올바름에 얽매이지 말되 항상 의식하라', '서사를 구성하라'의 세 가지다. 2030 의원들은 논조의 실패에 대비되는 논지의 훌륭함을 보여주고 있다. 이런 대목이다.

> 오늘 이 자리에 선 청년 의원들은 고백합니다. 지난 1년간,
> 우리는 경험이 부족한 초선 의원임을 핑계 삼아, 어렵고 민감한
> 문제에 용기 있게 나서지 못했고, 정부와 지도부의 판단에

의존했으며, 국민의 대표로서 치열하고 엄밀하지 못했습니다.
특히 청년들 옆에 온전히 서지 못했습니다.
가장 혁신적이고 당내의 주류적 관행과 기득권 구조에
비판적이었어야 할 우리 청년 의원들까지도 오만했고,
게을렀고, 용기가 없었습니다. 그 모습이 민주당에 대한
국민들의 기대를 더욱 꺾었을지 모릅니다.

2030 의원의 입장문이기에 담을 수 있는 마음과 서사가 여기 있다. 핑계나 대고 용기 내지 못했음을 고백하고 뉘우치는 마음이 보인다. 그에 더해 청년 대표성으로 국회의원이 되었음에도 정작 청년들을 온전히 대표하지 못했다고 실토한다. 청년은 자신들의 서사다. 마음과 서사를 담음으로써 글이 주장하는 논지에 진정성을 더하고 있다. 아쉬운 것은 정당 정치에 대해 좀 더 고민했다면 어땠을까 하는 점이다.

조국의 언행 불일치와 위선을 비판하는 이들은 주로 반대편이다. 추미애 장관의 소득 없는 검찰 개혁 작업에 대한 비판은 좀 더 광범하게 나타난다. 그런데 2030 의원들은 4.7 보선에서 민주당이 참패한 것을 다수파의 지위에 있던 민주당이 소수파로 전락했고, 그건 곧 정치적 정당성을 잃어버렸기 때문이라 판단한 듯하다.

그래서 누구든지 글을 읽는 순간 '선거에서 지고 나자, 무조건 모든 걸 잘못했다고 시인하는구나'라고 느끼게 된다. 그러니 민주당 당원이나 지지층은 심각한 의문에 빠질 수밖에 없다. '그럼 검찰 개혁을 하자는 게 잘못이었단 말인가? 아니면 조국을 옹호한 것이 잘못이란 말인가? 당은 실제로 조국을 옹호한 적이 없고, 옹호했다면 결국 당

원이나 지지층인데 그럼 우리 때문에 선거에 졌다는 말인가? 추미애의 잘못이라 하더라도 거물 정치인이 잘못한 거지, 그걸 왜 당원과 지지층에게 덤터기 씌우는 거지?' 등등 의문이 꼬리에 꼬리를 문다.

글에 나타난 생각이 명확하지도, 표현이 적확하지도 않기 때문이다. 그 바람에 2030 의원들은 자신을 포함하는 정당 엘리트가 아니라, 평당원이나 지지층을 탓하는 것처럼 비친다. 세상에 어느 프로야구팀이 시합에 졌다고 서포터나 팬을 탓하던가? 그러지 말고 전체 초선 의원들처럼 자기비판과 반성 기조로 갔으면 어땠을까? 그런 기조 위에, 모든 조직이 빠지게 마련인 경직성과 경로 의존성을 비판하는 식으로 진행했다면 난삽함이 치열함으로, 좌충우돌은 일목요연으로 나타났을 터이다.

이 모든 시비에도 불구하고 2030이나 전체 초선 의원의 두 글은 사흘 뒤에 발표된 재선 의원의 입장문보다는 훨씬 낫다. 재선의 입장문은 여기 인용해 읽는 게 시간 낭비가 될 글이다. 국민의 마음을 감동케 하는 대목도, 설득력 있는 논리도 갖추지 못했다. 반성한다면서 앞으로 무얼 어떻게 하겠다는 대안 제시도 없다. 초선이 아니라 재선이다. 재선이면 당의 허리다. 그런데도 읽는 이의 마음을 울리지도, 치열한 고민도, 실천도, 서사도 없는 맹물 맛의 글을 냈다. 면피용일 가능성이 짙다.

다. 홍보: 겸손하게

정치인은 연예인과 비슷한 직업이다. 둘 다 자신을 끊임없이 홍보해야 한다. 정치에서 알려지지 않은 행위는 존재하지 않았던 행위나 다름없다. 홍보에는 전략이 있다. 캐릭터를 어떻게 설정한 것인지, 어떤 콘셉트로 갈 건지, 어떤 홍보 수단을 이용할 건지 등을 정해야 한다. 무엇보다 대놓고 노골적으로 홍보할 것인지 아니면 자연스럽고 겸손하게 할 것인지, 홍보 방식이 중요하다. 연예인은 어느 쪽이든 다 해도 된다.

그러나 정치인은 연예인과 달리 대놓고 노골적으로 홍보하면 망한다. 잘못하면 보여주기식이라든가, 가식적이라든가, 전시용이라는 비난을 받는다. 정치인은 권력을 행사하는 사람이기 때문이다. 정치인의 홍보는 홍보하는 것 같지 않게 해야 한다. 어쩔 수 없이 티가 날 때도 최대한 겸손하게 해야 한다.

홍보하는 티가 나지 않게, 겸손하게 홍보한다는 건 어떻게 하는 것일까? 두 개의 포스팅을 보자. 우선 박수영 의원(국민의힘, 부산 남구갑)의 '홍보로서의 글'이다.

국회의원 쫌 만납시다

토요일은 지역 주민들을 뵙는 날입니다.
오늘은 날씨가 좋아서 그런지 정말 많은 분들이 오셨네요.
구구절절 각자가 가진 사연이 참 다양합니다.
제일 안타까운 것이 이미 재판에서 진 사연들입니다. 들어보면 분명 억울한데 법률적 준비가 없이 소송으로 들어가 패한 경우들입니다.

> 테이블 세 개 있는 오래된 가게가 조금 무허가로 달아냈다고 과태료를 부과하고 그것도 모자라 경찰에 고발까지 한 구청 직원이 있더군요.
> 물론 무허가 건축물은 단속해야 하지만 테이블 세 개밖에 없는 구멍가게이고 그나마 코로나로 손님도 줄었는데 꼭 지금 시점에 고발까지 해야 했는지 안타깝습니다.
> 행정은 예술인데 가진 재량권을 걷어차니 예술작품이 나올 수가 있겠습니까?
>
> 박수영 의원, 2021년 4월 17일

박수영 의원은 행정부 공무원 출신이다. 그는 자신이 매주 토요일마다 지역구민을 직접 만나 민원을 듣고, 해결하려 한다는 홍보를 저 글로 하고 있다. 전혀 홍보하는 것 같지 않다. 주민의 처지에 감정을 이입하고 안타까워한다. 고위 공무원 출신답게 앞뒤 꽉 막힌 구정을 살짝 돌려 비판하면서, '민원이 있으면 즉시 바로 갖고 오시라'는 광고를 하고 있다. 짧은 글 안에 서너 가지 메시지가 함께 녹아 있다.

한편 아랫글은 박 의원과 비교하기 위해 찾아낸 다른 의원의 홍보성 포스팅을 필자가 얼개만 가져오고 완전히 새로 각색한 글이다. 편의상 글 주인을 A 의원이라 부른다.

> 의원실이 발의한 첫 법안이었던 종합부동산세법 개정안이 국회에서 통과되었습니다. 뜨거운 쟁점인 만큼 정부 부처는 물론 사회 각계각층의 의견 차이를 해소하느라 여간 고심하지

않았습니다. 4.7 재보궐선거 이후 이 법은 '민주당'의 주요 추진 법안이 되었고, 원내 대표단을 중심으로 많은 관심과 노력을 쏟아주었습니다.
법 통과는 여야를 초월한 경제 전문가 의원들의 협력이 큰 역할을 했습니다. '국민의힘'의 기재위 위원들도 같은 당 법사위 위원 설득에 나서주셨습니다. 앞으로도 세법 처리에서는 이런 여야 협력이 좋은 모델이 되었으면 합니다.
이 법의 통과로 공시 가격 9억 원 이상에 부과하던 1가구 1주택 종부세가 이제 공시가 상위 2%에만 부과하게 되었습니다.
다주택자와 다르게 본인의 귀책사유가 없는 1주택자에게 부동산 가격 구조에 대한 책임을 묻는 것은 맞지 않기 때문입니다. 개정안을 통해 투기 및 부동산 과다 보유를 방지하기 위한 종부세의 취지를 지킬 수 있을 것입니다.

A 의원

A 의원은 실물 경제 전문가이자 세법에 밝은 민주당의 비례대표다. '종부세'는 처음 도입되던 참여정부 때부터 늘 쟁점이 된 세목이다. 2021년 4월 서울시장 보선에서 LH 직원의 투기 의혹 사건에 공시지가 상승으로 인한 재산세 인상이 맞물려, 종부세는 다시 한번 여당에게 뜨거운 감자가 되었다. A 의원은 이러한 사정을 누구보다 빨리 감지 했을 터이다.

그러나 정작 A 의원의 글은 무엇보다 건조하다는 느낌이 든다. 종부세법 개정안이 통과된 사실을 홍보하면서, 의례적인 감사 인사와 공문서 투의 법안 요약, 자신이 발의한 법안이 통과된 데 대한 약간의 자부심이 전부다. 이런 글쓰기가 안타까운 이유는 글쓴이가 서 있는 자리 때문이다.

자리가 뒤바뀌어 있다. 국회의원이 홍보할 때는 항상 겸손해야 한다. 그렇지 않으면 권력을 가진 이가 잘난 척까지 한다는 소리를 듣는다. 겸손하게 하는 방법은 무엇일까? 듣는 이를 높이고 말하는 이를 낮추면 된다. 듣는 이를 어떻게 높일까? 내가 하려는 말을 듣는 이를 중심으로 뒤집으면 된다. 예컨대 '제가 여러분이 춥지 않도록 방을 따뜻하게 덮여놨어요'가 아니라 '여러분 방이 춥진 않으세요? 차가우면 제가 불을 더 넣겠습니다'라고 해야 한다. 듣는 이는 국민이고, 수요자고, 높다. 말하는 이는 정치인이고, 공급자고, 낮다. 홍보는 항상 수요자 중심으로 말해야 한다.

A 의원이 '종부세법'을 통과시킨 건 자기로서는 잘한 일이다. 그래서 자랑스럽게 말했다. '공시 가격 9억 원 이상에 부과하던 1가구 1주택 종부세가 이제 공시가 상위 2%에만 부과하게 되었습니다. 다주택자와 다르게 본인의 귀책사유가 없는 1주택자에 부동산 가격 구조에 대한 책임을 묻는 것은 맞지 않기 때문입니다.' 그러나 이는 딱 봐도 공급자 관점이다.

수요자 중심으로 바꾸어 보자. '오랜 저축으로 장만한 집이 점점 가격이 올라 종부세 대상이 되었지만, 이제 은퇴해 별다른 소득이 없는 어르신 가구가 점점 많아지고 있습니다. 이분들에게 종부세는 그야말로 큰 부담입니다. 집값이 오른 게 본인 잘못이 아닌데, 세금을 두들겨 맞으니 억울하게 느끼십니다. 거기다 실제 세금 낼 돈도 없으니 그도 문제입니다. 그런 억울함이 없도록 대한민국 상위 2%만 내도록 개정했습니다. 실제 세금 낼 돈이 없는 경우에는 나중에 집을 팔거나, 상속 증여로 현금이 생길 때까지 유예할 수도 있게 했습니다.'

이렇게 국민을 중심에 놓고 글을 쓰면 저절로 몸을 낮추게 되고, 몸을 낮추다 보면 설명도 친절해진다. 무엇보다 이해하기 쉬운 글이 된다. 박수영 의원에겐 있고 A 의원에겐 없는 것, 그것은 '수요자 마인드'다. 글 쓰는 이가 국민의 자리로 가서 거꾸로 바라보는 것, 내가 전달하고자 하는 내용을 그대로 말하지 말고 무엇을 국민이 궁금할까를 다시 생각해보는 것, 내용을 듣는 이 관점으로 재구성하는 것, 그것이 정치에서 홍보하는 자의 자세다.

그걸 놓치면 아무리 좋은 일을 했어도, 국민에게 알리는 데는 실패한다. 국민은 뻣뻣한 글을 좋아하지 않는다. 눈에 잘 들어오지 않는다. 이는 종부세 과세 대상 축소가 정의로운 정책인지와 별개의 문제다.

라. 무기: 제대로 싸우는 법

서문에서 정치는 말과 글로 하는 전쟁이라고 했다. 말과 글은 정치의 무기다. 무기는 적을 공격하는 데 쓴다. 그러나 실제 정치인들은 적을 공격하는 글을 자주 쓰지 않는다. 무기로서의 글은 오히려 소셜 미디어나 언론에서 더 많이 발견된다. 이런 글을 쓰는 이들을 과거엔 논객이라 불렀다. 지금은 평범한 시민들도 정치적 글을 많이 쓴다. 21대 초선 의원들도 무기로서 글을 그리 많이 쓰지 않는다. 야당 의원들 가운데 몇 명 눈에 띄는 정도다.

대표적인 사례는 조수진 의원(국민의힘, 비례)이다. 그가 쓴 글은 모두 열 개의 문단으로 이루어져 있다. 그중 두 개의 문단을 인용한다.

> 문재인 정부가 아끼고 사랑한다는 고민정 의원이 지난해 4월 총선에서 경합했던 오세훈 전 서울시장을 향해 "(서울) 광진을 주민들로부터 선택받지 못했다"고 조롱했다. 천박하기 짝이 없다. '고민정'이란 사람의 바닥을 다시금 확인했다.
>
> 조선 시대 후궁이 왕자를 낳았어도 이런 대우는 받지 못했을 것이다. '산 권력'의 힘을 업고 당선됐다면 더더욱 겸손해야 할 것이 아닌가. 선거 공보물에 허위 학력을 적은 혐의, 선거운동원 자격 없는 주민자치위원의 지지 발언을 게재한 혐의에도 무탈한 것만 해도 겸손해야 마땅할 일이다.
>
> 조수진 의원, 2021년 1월 26일

조수진 의원은《동아일보》정치부 기자 출신이다. 주로 민주당을 출입했다. 오랜 정치부 기자 경험이 아니라면 쓸 수 없는 내공 있는 글이다. 전체 글에는 허태열과 노무현, 두보와 문재인, 이인영까지 출연진부터 화려하다. 짧은 글 안에 한국 정치사의 한 대목과 '정치는 생물'이라는 김대중 대통령의 어록까지 자유자재로 구사하고 있다. '개관사정(蓋棺事定)'이란 고사까지 얹어 글의 무게를 더했다.

과유불급이라 했던가. 문제는 '조선 시대 후궁이 왕자를 낳았어도 이런 대우는 받지 못했을 것'이라는 대목에서 터졌다. 당사자나 민주당은 물론이고, 같은 당 내부에서도 잘못이라는 지적이 쏟아졌다. 결국 이틀 뒤 조 의원은 포스팅을 내리며 사과의 글을 올렸다. 치명적 실수다. 그러나 그게 전부일까?

국민의힘에는 같은 기자 출신인 최형두 의원(창원시 마산합포구)이 있다. 그 역시 무기로서의 글을 자주 포스팅한다. 그의 글을 보자.

> 전세 대란 속에 한겨울 서울에서 이사를 앞두고 있는 밤입니다.
> 잠실에서 마지막 밤. 아마 다시는 이 동네에 살기 어려울
> 듯합니다. 90년 결혼, 원당 주공 연탄보일러 아파트 전세
> 입주 이후 서울 시내 여러 곳을 몇 년 단위로 숱하게 이사
> 다녔습니다.
>
> 마산 출신 부부가 물려받은 재산 없이 맞벌이로 두 아이 키우며
> 살아왔습니다. 떠나온 동네마다 추억이 가득합니다. 마산처럼
> 우리 집이 있었다면 서울에서도 이사하지 않고 한곳에 오래
> 살았겠지만 몇 년에 한 번씩 이사 다니는 것도 나쁘지는
> 않았습니다.
> 마산에서 태어난 큰아이가 은평구에서 초등학교를 다니고,
> 둘째 아이가 나고…… 어느 동네 전세 살 때는 상상만 하던
> 외국대학원 입학 허가를 받아 기뻐했고 어떤 동네 아파트 살

때는 "어쩌다 공무원"이 되고…… 다른 동네 이사 가서는 선거에
떨어져 좌절도 하고……
그래도 워싱턴 특파원 다녀온 뒤 지난 10년은 아파트
공급이 넉넉했던 덕분에 강동 송파 신축 아파트에서도
살아보았습니다.

집값이 폭등하고 전세 대란으로 보증금이 한꺼번에 몇 억이
오르고 월세도 수십만 원 더내어도 전세(반월세) 구하기가
하늘의 별따기였던 지난 몇 개월, 간신히 재개발 예정 오래된
아파트를 전세로 구해서 내일 이사합니다. 부족한 돈은 부부가
'영끌'해서 빌렸습니다. 강북에 오래된 20평대 아파트가 있지만
임대 기간이 남아 있어 팔기 어려운 실정이었습니다.

이사 들어갈 집 도배를 하고 청소를 했지만 오래된 아파트로
이사한다는 사실에 가족들의 마음이 무겁습니다. 더욱이 이사
들어가는 아파트 재개발이 시작되면 임차 기간을 보장받을 수
없는 조건이어서 앞으로 얼마나 살 수 있을지 알 수 없습니다.
그래도 추운 겨울에 이사할 집을 구할 수 있어서 얼마나
다행이냐고 서로 위안해보지만 울적한 마음들이 쉽게 풀리지
않는 듯합니다. 그나마 우리 부부는 맞벌이여서 어찌해볼
도리라도 있었는데…… 날씨마저 추워지니 전세 대란 집값
폭등으로 걱정할 이웃들 생각에 공연히 신경이 쓰입니다.
앞으로 몇 년을 살지 모르지만 새로운 서울 전셋집에서도

좋은 추억 많이 쌓이길 기도하며 잠을 청합니다.

최형두 의원, 2020년 11월 23일

부동산 문제는 이 글이 나온 이듬해 4월 재보선에서 여당이 참패한 가장 큰 원인이었다. 글을 쓰기 넉 달 전에 임대차 3법이 통과되었다. 임대료 상승을 억제하는 법들이 전세 대란을 불러왔다는 야당의 비판에 직면했다. 최 의원의 글은 잔잔하지만, 읽는 이들에게 어떤 논리적 설명보다 강력한 분노를 일으킨다. 자신이 살아온 이야기를 풀면서 서사를 구성하고, '날씨마저 추워지니 전세 대란 집값 폭등으로 걱정할 이웃'을 언급함으로써 읽는 이의 공감까지 끌어내고 있다.

조 의원의 글과 최 의원의 글은 똑같이 무기로서의 글이다. 그러나 서술 방식은 하늘과 땅 차이다. 조 의원의 글에는 독기가, 최 의원의 글에는 온기가 흐른다. 글 쓰는 이의 마음이 다르다. 조 의원의 글에는 지식이, 최 의원의 글에는 서사가 담겨 있다. 무엇보다 조 의원은 '여성'을 비하하는 표현을 사용함으로써 정치적 올바름을 정면으로 위배했다. 최 의원은 '세입자'의 편을 드는 정치적 올바름까지 장착하고 있다. 무기라고 해서 무조건 살벌해야 하는 건 아니다. 적을 날카롭게 공격하되 글쓴이의 품격을 지켜야 한다. 정치인은 싸워야 하지만, 싸우면서도 조심해야 한다.

조 의원의 글에서 두 구절만 빼보자. '조선 시대 후궁이 왕자를 낳았어도 이런 대우는 받지 못했을 것이다'라는 대목은 당연히 빼야 하고, '천박하기 짝이 없다. 고민정이란 사람의 바닥을 다시금 확인했다'라는 줄까지 빼면 아무 문제 될 게 없다. '후궁'이니, '천박'이니,

'바닥'이란 말을 쓰지 않고도 고민정 의원에게 일침이 되고 남았을 것이다. 물론 이런 공격성이 정치에서 아주 무용한 것은 아니다. 오히려 인기 요인이 되기도 한다. 실제 그 후 조 의원은 비례 초선이면서도 전당대회에 출마해 최고 위원에 당선되는 기염을 토한다. 득표율 1위였다.

상대 당을 좀체 공격하지 않으려는 의원과 공격하는 글에 과도한 적의를 싣는 의원 사이 그 어디쯤에, 무기로서 글이 견지해야 할 적정선이 있다. 야당은 공격하고 여당은 방어하는 게 원래 정치 본연의 모습이다. 싸우라고 있는 게 정치다. 정치더러 싸우지 말라고 하는 소리는 헛소리다. 싸우되, 제대로 싸워야 한다. 그리고 실제로 점점 제대로 싸우는 중이다.

국회의원은 법률과 예산을 쥐고 있다. 법은 만들면 되고, 예산은 투입하면 된다. 누구를 위한 법을 만들고, 누구에게 얼마의 예산을 쓸 건지를 놓고 여야는 치열하게 싸워야 한다. 관전자들은 좀체 동의하지 않겠지만 실제 보좌진들이 하는 일을 기준으로 보면, 점점 이런 싸움이 주가 되고 있다.

그런 점에서도 최형두 의원의 공격 포인트가 조수진 의원의 그것보다 훨씬 좋다. 최 의원은 제대로 싸우는 법을 보여주고 있다. 상대를 조선 시대 후궁에 비유해 후려치는 건 아무리 글을 잘 써봤자 '욕하기'다. 무기에 해당하는 글이 좋은 글인지 아닌지는 '욕하기'에 해당하는지 아닌지에 달려 있다. 사람을 욕하는 글은 좋은 '무기로서의 글'이 아니다. 좋은 무기 글은 법과 예산을 누구를 위해 만들고 쓸 건지를 놓고 다투는 글이다. 그걸 놓고 다툴 때는 얼마든지 가차 없고,

무자비해도 된다.

상대방을 공격할 때 상대를 직접 공격 대상으로 삼을 게 아니라, 상대의 주장이나 논리를 하나의 노선과 정책으로 치환시킨 다음 그걸 공격해야 한다. 그러면 인신공격도 정책 논쟁으로 변환된다. 누군가를 패는 게 아니라, 잘못된 주의 주장을 분쇄하는 모습이 된다. 형식의 전환 없이, 그리고 정책 내용을 매개로 넣지 않고 날것 그대로 자꾸 남을 욕하면 결국 글 주인이 누추해진다. 욕이란 진흙과 같아서 던지는 순간 나도 같이 더러워질 각오를 해야 한다.

무기로서 글이 더 많이 나와야 한다. 그 글은 내용에서는 가급적 국회의원의 권력인 입법과 예산을 다루고, 형식적으로는 어떤 사람이 아니라 그 사람의 태도나 주장을 개념화한 다음, 그 개념을 공격하는 방식이어야 한다. 신랄하게 욕해줘야지 하는 마음으로 글을 쓰다 보면, 그 글이 어느새 자신을 욕되게 하고 있다.

마. 선언: 뻔뻔하게

정치에서 선언은 특별한 의미를 지니는 중요한 문서다. 대개 선언에는 기본 철학, 정세 분석, 기존 노선 비판, 전략 전술, 향후 행동 목표와 지침 등을 선동적 문구로 서술한다. 여기에 왜 자신이 당선되어야 하는지 이유를 추가하면 출마 선언문이 된다. 2021년 4월에 치러진 더불어민주당 당 대표 선거와 국민의힘 원내 대표 선거 후보들의 출마 선언문을 살펴보자.

민주당 대표 선거의 후보는 모두 세 명이었다. 그 전에 미리 말해둘 것이 있다. 보통 압도적 선두 주자가 있는 전당대회에서는 선두 주자의 출마 선언문이 제일 밋밋하다. 득표 전략이 그렇다. 압도적 다수 당원이 자신을 찍을 터이니 굳이 특정 노선을 강조하거나, 특정 지역을 부각하거나, 특정 의제를 내세우지 않는다. 괜히 그랬다간 그 특정성에 반하는 그룹의 반발을 불러올 수 있기 때문이다. 그냥 두루뭉술하게 누구나 동의하는 이야기만 한다. 반면에 주류에 맞서 틈바구니를 비집고 들어가 역전을 도모해야 하는 약자(under dog)는 선언문에 엄청 공을 들인다. 위기의식을 강조하고, 특단의 대책을 던지고, 결연한 실천 의지와 사즉생의 각오를 피력한다.

출마 선언문을 잘 쓴 후보가 반드시 이긴다는 법은 없다는 점을 염두에 두고, 더불어민주당 당 대표 선거 후보 중에 '선언으로서의 글'을 가장 잘 쓴 이를 꼽자면 우원식 의원이다. 길지만 일독의 가치가 있기에 가급적 전문을 인용한다.

우원식 당 대표 출마 선언문

존경하는 국민 여러분
사랑하는 당원 동지 여러분
국민의 손을 놓쳐 잃어버린 길,
다시 국민 속에서 찾기 위해 광장으로 나왔습니다.
광장은 나라다운 나라를 만들고 싶은 수많은 국민의 뜻이
모였던 곳입니다.
촛불이 시작된 이 자리에서 광장이 가르쳐준 국민의 눈높이를

새깁니다.

다시 국민 속에서 길을 열겠습니다.

민주당은 국민의 신뢰를 잃었습니다. 위험 신호는

충분했습니다.

하지만 국민의 마음을 제대로 헤아리지 못해 그냥

지나쳤습니다.

국민에게서 멀어져 있었고, 삶의 현장에서 떨어져 있었습니다.

국민의 기대와 희망에 큰 상처를 입힌 잘못, 바로잡겠습니다.

국민께서 민주당이 갈 길을 알려줬는데 엉거주춤해서는 안

된다고 생각했습니다.

국민의 절대다수 을들과 함께, 국민 삶의 현장에서 뛰어온 제가

민주당의 당 대표가 되고자 합니다.

다시 국민 속으로, 현장으로 들어가 국민의 신뢰를

회복하겠습니다.

당장 이번 전당대회부터 친문 비문 대회가 아니라 민생 대회로

만들겠습니다.

혁신하고 단결해서 민주당을 다시 국민 속에 세우겠습니다.

(중략)

존경하는 국민 여러분, 당원 동지 여러분

민생위기를 돌파하기 위해 세 가지를 우선 추진하겠습니다.

첫째, 부동산 문제에 접근하는 시각부터 국민의 눈높이에

맞추겠습니다.

주택 시장 안정과 실수요자 보호라는 대원칙을 후퇴시켜서는

안 됩니다.
투기 근절은 단호하게, 공급·대출·세제는 유능한 변화를
추구하겠습니다.
2.4 대책 기조를 흔들림 없이 지키겠습니다.
촘촘하게 마련된 투기 방지와 개발이익 환수 방안은 반드시
지키겠습니다.
내 집 한 채 갖고 싶은 평범한 소망을 지킬 수 있도록 주거
사다리를 제대로 놓겠습니다.
3기 신도시, 공공 재개발을 차질 없이 진행해 저렴한 내 집
마련을 돕겠습니다.
토지임대부 분양주택, 분양주택처럼 질 좋은 평생 주택도 대량
공급하겠습니다.
부동산 버블은 걷어내고 큰 빚 얻지 않고 내 집 장만하는 꿈만은
놓치지 않겠습니다.
당에 부동산 대책 기구를 설치하겠습니다.
정부 부동산 정책을 종합적으로 점검하고, 민심이 닿아 있는
당이 중심이 되어 전열을 정비하겠습니다.
정부 정책과 주거 현장의 요구를 일치시키겠습니다.

둘째, 코로나 19와 싸우는 국민께 힘을 보태고, 벼랑 끝으로
내몰린 민생의 회생을 위해 자영업자들의 회생을 위해
민주당이 꼭 필요하다는 믿음을 쌓겠습니다.
국민의 방역 역량은 세계 최고인데, 코로나 민생 재정 지원책은

선진국 수준에 한참 못 미칩니다.
이 불균형, 바로잡겠습니다.
재정이 화수분이 아니라지만, 국민의 인내도 화수분이
아닙니다.
국민이 낸 세금, 국민의 주머니로 돌려드리는 상식
관철하겠습니다.
재정 지원책 마련과 집행에 주도권을 확실히 가져오겠습니다.
재정의 주인인 국민에게 실제로 도움이 되는 재난 지원책
마련을 서두르겠습니다.
집합 금지명령에 대한 손실보상 제도, 재난 지원금 강화,
자영업자를 포함하는 전국민고용보험 등 사회안전망, 임대료
멈춤법 추진과 임대료의 공정한 조정 등
자영업자가 감당하고 있는 어려움을 여러 측면에서 해결할 수
있도록 종합적인 정책을 수립하겠습니다.
국민이 주신 180석을 민생 입법의 수단으로 쓰겠습니다.

셋째, 민생 최고위원회와 민생 뉴딜연합으로 민생 정치의 틀을
짜겠습니다.
1930년대 미국 민주당의 30년 집권을 가능하게 한 뉴딜
연합처럼 한국판 민생 뉴딜연합으로 사회적 약자들을 확
끌어안아야 합니다.
더 큰 민생 개혁, 일회성 아닌 지속적인 민생 개혁을 추진해야
합니다.

을들의 교섭권을 보장하는 입법을 추진하고, 180석 여기에 쓰겠습니다.
대한민국의 미래도 치열하게 준비하겠습니다.
불평등, 양극화에 맞서 강력한 사회경제 개혁으로 코로나 시대를 극복하겠습니다.
정의로운 전환을 토대로 양질의 일자리와 성장의 두 마리 토끼를 잡는 4차 산업혁명 시대를 만들겠습니다.
원전, 석탄 기득권에 맞서 에너지 전환을 통한 새로운 성장 동력을 만들겠습니다.
복지제도 확충과 균형 발전을 병행해 저출산 고령화 위기를 극복하겠습니다.
국가 균형 발전의 기둥을 세우겠습니다.
수도권 비대화와 지방 소멸로 대한민국은 극단적 불균형의 상황으로 가고 있습니다.
기어이 인구가 줄어들기 시작했습니다.
대한민국의 경쟁력을 위협하며 국민의 삶도 파괴하고 있습니다.
수도권은 글로벌 경제 중심, 지방은 특화된 메가시티 전략으로 지방의 소멸을 막고 골고루 잘사는 나라를 만들겠습니다.

사랑하는 당원 동지 여러분
문재인 정부의 성공을 지키는 것은 민주당원 모두의 사명입니다.

문재인 정부 성공과 정권 재창출을 자기 일로 여기지 않는 당원은 없습니다.
가장 확실하게 정권 재창출의 길로 들어서는 방안을 가지고 단결하면 됩니다.
민생이 방안이고, 현장이 답입니다.
다시 국민 속으로 들어가야 민주당이 살아납니다.
민생에서 성과를 내야 문재인 정부를 성공시키고 정권을 재창출할 수 있습니다.
정권 재창출에 성공해야 문재인 정부가 온전히 평가받을 수 있습니다.
당을 정권 재창출의 베이스캠프로 만들어야 합니다.
앞으로 11개월, 당 대표의 가장 중요한 역할입니다.
이번 전당대회를 통해 국민께 분명한 신호를 보내야 합니다.
5월 2일 저녁, '민생 대표가 나왔다', '민주당이 달라지고 있다'고 국민들께서 평가할 수 있어야 합니다.
좌도 우도 아닌 아래로, 현장으로 향해야 합니다.
당 대표가 당의 중심을 확고히 세우고 흔들리지 않아야 합니다.
당에 민생의 강물이 제대로 흐르게 하는 당 대표가 필요합니다.
민생을 잘 알고, 현장과 소통이 잘돼야 합니다. 우원식이 적임입니다.
을지로위원회를 민주당과 국민을 잇는 징검다리, 정당 사상 최고의 민생 실천 프로그램으로 만든 우원식이 당 대표가 되겠습니다.

아래로 현장으로 파고들어 국민과 눈높이를 같이하고, 기득권이 아닌 많은 국민들이 180석으로 '민주당이 우리를 보호하고 있구나' 하는 확신을 갖도록 하겠습니다.
그래서 500만 표 더 가져오겠습니다.
민주당을 원팀으로 만들 수 있는 당 대표여야 합니다.
공정한 경선 관리는 기본입니다.
대선 주자들이 포부와 능력을 마음껏 발휘할 수 있어야 합니다.
당 대표가 대선 주자들을 원팀으로 우뚝 세워주는 역할을 해야 합니다.
자신을 앞세우지 않고 낮은 곳에서 대선 주자들을 빛내주는 당 대표, 우원식이 제일 잘할 수 있습니다.
당의 단합과 정권 재창출만 보고 우직하게 나아가는 당 대표여야 합니다.
한결같이 국민과 당이 우선이어야 국민과 당원이 불안하지 않습니다.
안심할 수 있는 당 대표, 우원식이 하겠습니다.
문재인 정부의 성공, 우원식이 하겠습니다.
정권 재창출, 우원식이 하겠습니다.

사랑하고 존경하는 당원 동지 여러분
우리 당의 경쟁 상대는 국민의힘이 아닙니다. 어제의 민주당입니다.
모진 세월을 겪어내고 마침내 역사적인 첫 정권 교체를 이룬

> ‘김대중의 민주당’, 특권과 반칙 없는 사람 사는 세상에 모든 것을 바친 ‘노무현의 민주당’, 국민주권 실현과 권력기관 개혁의 포문을 연 ‘문재인의 민주당’, 얼마나 가슴 벅찬 역사였습니까.
> 그러나 이제 우리는 이 당당한 길 위에 굳건히 서서 어제의 민주당보다 더 나은 민주당을 만들어야 합니다.
> 그것이 우리가 가야 할 길이고, 그것이 국민께 보답하는 길입니다.

출마 선언문은 실제 낭독하거나 연설한다는 걸 전제하고 작성해야 한다. 우원식 의원의 선언문은 철저하게 연설문으로서의 호흡과 운율을 지키고 있다. 실제 원고를 소리 내어 읽어보면 알 수 있다. 문장과 문장이 적절한 길이에서 딱딱 끊어진다. 선언문은 기본 철학, 현 정세 분석, 기존 노선 비판, 전략적 목표와 전술적 방침, 향후 행동 계획 등을 두루 갖추고 있다.

그러나 아쉬운 점이 있다. 출마 선언문을 작성할 때 가장 염두에 두어야 할 사항은, 왜 자신이 당선되어야 하는가를 정확하게 제시해야 한다는 사실이다. 출마 선언문은 정치 평론가가 어떤 당이 처한 상황을 서술하고 그래서 무엇이 문제인지, 어떤 방향으로 해결해야 하는지 그 방안을 제시하는 기고문을 쓰는 게 아니다. 당원들은 후보의 분석력을 보고 투표하는 게 아니다. 출마 선언문에는 강변에 가까울 정도로, ‘오로지 나만이 할 수 있다. 나에겐 비책이 있다. 내가 지닌 장점이 지금 절실하게 필요하다’라는 점을 강조해야 한다.

자신의 강점과 비교 우위를 자신의 정치 이력과 성공담에 기초해 실감 나게 피력해야 한다. 나아가 뻔뻔스러울 정도로, 불굴의 투지와 비범한 지도력과 당장 실천에 옮겨 지지율을 올릴 수 있는 특효 처방이 자신에게 있노라 떠벌려야 한다. 이길 것이 확실한 후보라면 그리 안 해도 된다. 설명 안 해도 당원들이 다 알고 있고, 그래서 당선이 유력하니 구구하게 긴말할 필요 없다.

하지만 다른 후보들은 이길지 질지 한번 붙어보자 하고 범같이 덤벼야 한다. 간절하고 용감하게 싸워야 한다. 우원식 의원이라면 '을지로위원회'를 오래 했던 경험으로부터 자기만의 서사를 끌어낼 수 있었을 것이다. 바로 그 서사와 '위닝샷'을 연결하는 내용을 추가했더라면 하는 아쉬움이 있다.

거의 비슷한 시기에 국민의힘 원내 대표에 출마한 김기현 의원의 출마 선언문은 그 점에서 탁월한 바 있다.

김기현 원내 대표 출마 선언문

"지략(智略)적 투쟁과 인화단결로 국민의힘을 야권 연대의
중심축으로 만드는 '변화와 혁신의 통합형 리더'가
되겠습니다!"
존경하는 국민 여러분!
사랑하는 국민의힘 당원 동지와 당직자, 보좌진 여러분!
그리고, 선배, 동료 의원 여러분!
저는 오늘 국민의힘 원내 대표에 도전하고자 합니다.
17년 전인 2004년 저는 새로운 정치를 꿈꾸며 여의도에 첫발을

디뎠습니다. 엄혹한 야당 국회의원으로 시작해 마침내 집권
여당이 되었으나, 그 후 우리 당이 잘못한 탓으로 민심을 잃고
다시 야당이 되었습니다. 이렇게 여당과 야당을 오가는 냉혹한
현실 속에서도 저는 17년 전의 그 초심, 그 열정, 그 패기를 잃지
않고 지금도 유지하고 있습니다.
특히, 지난 4년간 특권과 반칙으로 얼룩진 문재인 정권의
위선과 오만, 무능과 내로남불로 인해 자랑스런 대한민국이
나락으로 떨어지고 있는 오늘의 현실에 참을 수 없는 분노를
느끼고 있습니다.
저는 문재인 정권의 헌법 파괴, 법치 파괴 행위를 직접 몸으로
체험한 피해자입니다. 대통령의 30년 지기를 당선시키기 위한
선거 공작으로 피눈물 나는 고통과 모욕을 겪었습니다. 불법과
탈법으로 선거제도를 짓밟고, 거짓과 위선으로 자유민주주의를
유린하며, 특권과 반칙으로 법치 시스템을 난도질한 오만한
정권에, 저 김기현은 온몸으로 맞서 부딪치며 싸웠고, '의리와
뚝심'으로 지금까지 헤쳐 나왔습니다.
문재인 정권에 있어 아킬레스건일 수밖에 없는 울산시장 선거
공작 사건, 그 핵심 축인 저 김기현이 앞장서 문재인 정권에
대한 국민 심판을 완성해내겠습니다.
이를 통해 대한민국의 자유민주주의를 지키겠다는 가치에
공감하는 야권 세력을 하나로 통합하여 국민이 믿고 맡길 수
있는 수권 정당의 초석(礎石)을 제대로 놓겠습니다.
첫째, 오만한 힘자랑에 빠진 거대 여당에 맞서 '제갈량의

지략'으로 국민 승리를 견인하겠습니다!
민주당은 180석을 넘나드는 의석이 마치 국민에 대한 무력 탄압의 도구라도 되는 양 오만한 힘자랑에 빠져 있습니다. 이에 맞서는 우리 국민의힘은 101석에 불과해 정면충돌만으로는 상황을 돌파해 나갈 수 없다는 점을 우리는 지난 1년의 투쟁 경험을 통해 잘 알고 있습니다.
저는 과거 4년 동안 야당 국회의원으로서의 투쟁 끝에 정권을 탈환한 경험도 있고, 여당 시절 원내 수석 부대표로서 국회 원내 업무를 실무적으로 총괄하면서 대선 승리를 이끌었던 경험도 있습니다. 당 대변인으로 정무적 감각을 쌓았고, 당 정책위 의장으로서 원내 업무를 지휘한 경험도 있습니다.
당의 대표적인 '전략통·정책통'으로 숙련된 노련함을 겸비하고 있는 제가 17년에 걸친 정치 현장 노하우를 바탕으로, 살아 있는 현 권력에 대항해, 그 존재만으로도 협상의 우위를 점할 수 있는 도덕적 상징성으로 싸울 땐 단호하게, 우회할 땐 슬기롭고 지혜롭게 우회할 줄 아는 제갈량의 '지략형 야전 사령관'으로 원내 투쟁을 이끌겠습니다.
(중략)
넷째, 넘볼 수 없는 '도덕적 우월성'으로 여당을 제압하겠습니다!
언론 보도에 따르면, 울산시장 선거 공작을 위한 하명 수사 당시 울산 경찰청 황운하 청장이 저 김기현을 잡으려고 무려 39번이나 영장을 신청했다고 합니다. 현 정권의 이처럼 악랄하고 집요한 핍박과 불법적인 공격에도 저는 조금도 굴하지 않고 혈혈단신으로 맞서 싸워 마침내 이기고, 도리어 이 정권의 핵심 인물들을 법정에 세운 강단(剛斷)과 뱃심이 있습니다.
이 정권이 청와대와 경찰, 행정부처까지 동원해 저를 죽이려 했음에도 오히려 오뚝이처럼 살아남은 김기현입니다. 이제 그 도덕적 우월성과 뱃심으로, 특권과 반칙, 불법과 범법, 위선과 거짓 등 국민감정에 반하는 모든 '내로남불'을 종식시키고, 더 높은 '도덕적 우월성'으로 여당을 제압해 우리 당에 대한 국민의 신뢰를 회복하겠습니다.

다섯째, '덧셈과 포용의 통합형 정치'로 대선 승리를 견인하겠습니다!
저는 특정 계파에 속하지 않아 당내 비토 세력이 거의 없습니다. 그런 면에서 대선을 앞두고 당 내외의 여러 인물과 세력을 통합하면서 우리 당의 대선 후보를 공정하게 선택해 세우는 데 있어서 최적의 적임자라고 생각합니다.
국민들에게 실망을 주었던 과거를 다시 연상시키거나 그로 인한 불필요한 당내 불협화음을 사전에 예방하는 데 있어, 제가 가장 적임자라고 말씀드리고 싶습니다.
101명의 의원님 한 분 한 분과 더 격의 없는 소통과 공감을 통해 '뺄셈과 배제의 정치'가 아닌, '덧셈과 포용의 정치'로 역동적인 통합의 리더십을 보여 드리겠습니다.

여섯째, 험난한 야당의 길에서 힘들게 싸우시는 의원님들을 적극 지원하겠습니다!
패스트트랙 사태 당시 여당의 악법을 온몸으로 막아내느라 헌신하신 의원님들에 대한 당 차원의 적극적인 지원과 배려가 반드시 필요합니다. 또, 선거법이나 예기치 않은 송사로 고통받는 의원님에 대한 지원도 절실합니다. 기존의 제도를 보완해 원내 대표 직속으로 법률과 언론 네거티브 대응팀을 구성해 원내 대표가 직접 대응 상황을 점검하고, 함께 싸워나가겠습니다.

존경하는 선배, 동료 의원 여러분!
저는 지난 2013년 당시 집권 여당의 원내 수석 부대표로서 야당과 정부조직법 개정안을 놓고 밤낮없이 40회에 걸친 마라톤협상을 벌이며 '링거 투혼'을 펼친 바 있습니다.
당시 기사에도 소개되었을 정도로 1인 3역을 도맡아 협상을 주도하느라 골병도 들었지만, 정국 주도권을 놓치지 않기 위해 투혼을 불살랐습니다. 일도 해본 사람이 더 잘한다고, 협상도 투쟁도 해본 제가 더 잘할 수 있습니다.
저는 17년의 정치 인생 동안 주류에 기대거나 편승하지 않고, 특정 계파에 속하지 않은 채 험난한 비주류의 길을 마다하지 않고 실력으로 승부해왔습니다.
당이 아무리 흔들리고 어려울 때도 저는 단 한번도 '정통 우파의 뿌리'인 우리 당을 떠나지 않고 '의리와 뚝심'으로 당을 지켜왔습니다.

당내 반목과 분열의 책임에서 자유로운 제가 '통합형 서번트 리더십'으로 국민의힘을 중심축으로 한 야권 통합의 사명을 이뤄내겠습니다.

이념에 갇히기보다 실용을 좇겠습니다.

(하략)

2021년 4월 18일

국민의힘 원내 대표 후보 김기현

울산시장을 지낸 김기현 의원의 출마 선언문에서 가장 결정적 대목은 이 부분이다. "울산시장 선거 공작을 위한 하명 수사 당시 울산 경찰청 황운하 청장이 저 김기현을 잡으려고 무려 39번이나 영장을 신청했다고 합니다. 현 정권의 이처럼 악랄하고 집요한 핍박과 불법적인 공격에도 저는 조금도 굴하지 않고 혈혈단신으로 맞서 싸워 마침내 이기고, 도리어 이 정권의 핵심 인물들을 법정에 세운 강단과 뱃심이 있습니다. 이 정권이 청와대와 경찰, 행정부처까지 동원해 저를 죽이려 했음에도 오히려 오뚝이처럼 살아남은 김기현입니다. 이제 그 도덕적 우월성과 뱃심으로, 특권과 반칙, 불법과 범법, 위선과 거짓 등 국민감정에 반하는 모든 '내로남불'을 종식시키고, 더 높은 '도덕적 우월성'으로 여당을 제압해 우리 당에 대한 국민의 신뢰를 회복하겠습니다."

김 의원은 선언문에서 원내 대표 선거의 성격을 자신을 중심으로 재규정하고 있다. 단순히 야당의 원내 대표를 뽑는 게 아니라, 자신과 정권 간의 대결 구도로 만든 것이다. 자신을 당선시키는 건 '울산시장 선거 공작'을 물고 늘어져 끝장을 내라는 응원이며, 자신을 낙선시키는 건 정권의 야당 탄압에 면죄부를 주는 셈이라는 프레임이다. 그러면서 자신의 서사를 곳곳에서 반복하고 있다. 비주류 소장파 초선으로 출발해, '링거 투혼'을 펼친 원내 협상가에, 제갈량의 지략을 가진 후보라고 한다. 무려 제갈량이다. 그것도 세 번을 반복하고 있다.

출마 선언문엔 이처럼 강변을 마다하지 않는 뻔뻔스러움이 있어야 한다. 선언이기 때문이다. 호언장담이 있어도 유권자들은 이해해준다. 마르크스의 《공산당 선언》만큼 호언장담이 어디 있겠는가? 더욱이 선거라면 이골이 난 선수끼리 치르는 원내 대표 선거다. 그러니 김 의원의 제갈량 참칭(?) 정도는 충분히 양해되고도 남는다. 하지만 국민의힘보다 보름 앞서 치러진 민주당의 원내 대표 선거에서는 저런 선언문이 발견되지 않는다.

우원식 의원의 선언문에서 나오는 자기 이야기는 이런 정도다. "저는 26살, 평화민주당 말단 간사로 정치를 시작해 부대변인, 정책위 의장, 사무총장, 법사위원장으로 일했습니다…… 저는 19대 대선 당시 당의 정책위 의장과 선대위 정책 본부장을 맡아 촛불혁명에 담긴 국민 여러분의 염원을 대선 공약에 담아냈고, 3기 민주 정부의 국정 과제를 다듬었습니다." 약력에 다 나와 있는 얘기를 또 나열할 거면 선언문에 굳이 넣을 필요가 있나 싶다. 너무 점잖다.

낙선한 박완주 의원의 출마 선언문에는 자기 자랑이라곤 아예 한 줄도 없다. 순진한 건지 고지식한 건지 알 수 없다. 출마 선언문은 객관적 정세 분석 보고서가 아니다. 지극히 주관적이어야 한다. 대놓고 자기과시를 해야 한다. 자신을 드러내지 않는 박완주 의원의 선언문은 유권자에게 '이 후보는 서사가 없나?'라는 의심을 부를 수 있다. 진짜 자기 서사가 없다면, 아직 당내 선거에 나올 만큼 무르익지 않았다는 뜻이다. 공천만 받으면 당선되는 국회의원 선거와 당내 선거는 완전히 다르다. 평가는 냉정하고, 표는 살벌하게 갈린다. 제갈량이라 들이댈 정도로 깊은 내공이 있거나, 최소한 두꺼운 얼굴이라도 있어야 한다.

국회의원은 원래 나서기 좋아하고, 되고 싶어 '환장'한 사람이 결국 하는 법이다. 진짜 험한 자리다. 욕먹는 게 일과인 직업이다. 점잖고 겸손한 이는 정치 입문부터가 어렵다. 내가 잘나고 똑똑하니, 알아서 모시러 오겠지? 알아서 찍어주겠지? 천만에 그런 거 없다. 더욱이 당내 선거다. 당내 선거는 후보 혼자 이기고 지는 차원이 아니다. 당의 지도부를 구성하는 중요한 선거다. 다가올 선거에서 당이 죽고 사는 문제다. 이런 선거에서 누구에게 표를 줄까?

내가 되면 앞으로 무얼 하겠다고 말하는 후보일까, 아니면 이미 숱한 일을 성공적으로 해왔노라 말하는 후보일까? 당연히 후자다. 지금까지 해온 걸로 미루어 보건대, 더 큰 일을 맡겨도 잘할 것 같은 후보에게 표를 준다. 기본 철학, 정세 분석, 기존 노선 비판, 전략적 목표와 전술적 방침, 향후 행동 계획이 윗돌이라면, 그동안 후보가 정치적으로 해온 일이나 걸어온 이력이 아랫돌이다. 위아래가 맞아떨어져야 맷돌이 돌아가고 곡식이 갈린다.

김기현 의원의 선언문이 지닌 파괴력은 그렇게 윗돌에 맞는 아랫돌에서 나온다. 적어도 논리적으로는 그렇다. 선언으로서 글은 당

차게 써야 한다. 자기를 치켜세우고 내가 앞에서 이끌겠노라고 큰소리 펑펑 쳐야 한다. 원래 '내가 하면 누구보다 잘할 자신이 있다'는 생각 때문에 뛰어들었다는 게 모든 정치인이 하나같이 회고하는 정치 투신의 동기다.

바. 설득: 논리와 사실은 힘이 세다

일방적으로 주장하는 건 쉽다. 그러나 타인의 생각을 바꾸기 위해 설득하는 건 진짜 어렵다. 그 어려운 일을 직업으로 삼은 이들이 정치인이다. 어떤 정치인이 발휘하는 설득력의 크기는 그가 지닌 권력의 크기를 결정한다. 설득력은 권력으로 전화된다. 정치인이 설득력이 있으려면 두 가지를 가져야 한다. 하나는 논리, 다른 하나는 실천이다. 논리는 강력한 힘을 갖고 있다. 인지심리학에선 사람이 절대 이성적으로 행동하는 게 아니라든가, 자기 생각과 어긋나는 사실이나 말은 아예 안 받아들인다는 연구 결과를 내놓는다. 왜 그럴까?

자기 생각과 안 맞지만, 논리적으로 맞는 말이기 때문이다. 맞는 말인데 내 생각과 부딪치니 듣기 싫고, 그러니 아예 귀를 막아버리는 것이다. 논리적으로 별로 안 맞는 말이라면 다 듣고 나서 무시해도 된다. 생각할수록 일리 있는 말은 처음부터 안 듣는 게 낫다는 걸 우리는 본능적으로 안다. 그래서 이성적이고 싶지 않은 것이다. 이성적이면 내 생각과 다른 타인의 논리적 말에 승복해야 한다. 요컨대 확증 편향이나 인지 부조화 이론은 역설적으로 논리가 얼마나 강력한 것인지 보여준다.

설득력을 높이는 또 다른 방법은 진정성 있는 실천이다. 백 마디 말보다 한 번의 진정성 있는 행동이 중요하다는 점을, 글 쓰는 이들은 잊지 말아야 한다. 말과 글에는 태생적 약점이 있다. 하기 쉽다는 점이다. 반면 실천은 어렵다. 어려운데 하니까 진심이 느껴지는 것이다. 말만 해서는 진정성이 약하다. 오히려 말빚만 자꾸 늘어난다. 말빚이 무거워지기 전에 행동해야 한다. 할 수 없이 밀려서 하면 진정성이 반감된다.

가장 좋은 실천은 손해를 자청하는 것이다. 가진 것을 내려놓고 스스로 가시밭길을 걷는 희생과 헌신은 어떤 말보다 설득력 있다. 따라서 글 쓰는 참모는 최고 의사 결정 회의에 참여해야 한다. 용기, 결단, 정치적 명운을 건 선택, 감행, 백척간두 진일보를 결정하는 회의에 들어가 주장해야 한다. 말과 행동을 일치시키는 전략이 수립되도록 해야 한다.

세대론은 주로 정치권의 86그룹을 비판하는 용도에 쓰인다. 시대적 과제를 해결할 능력은 없으면서, 기득권자가 된 주제에 심지어 훈계하려 든다는 비판이다. 툭하면 도덕성을 내세우지만 정작 자기들도 도덕적이지 않다는, 그래서 위선자라는 비난도 포함된다. 세대론이 자본주의적 불평등의 원천인 계급 모순을 은폐하는 효과가 있고, '86세대=좌경 운동권=문재인 정권'이라는 보수 세력의 색깔 공세에 이용당한다는 반론도 있다. 하지만 세상에 문제가 많으면 욕은 기성세대와 정치권이 먹는 게 당연하다. 기성세대와 정치권의 공집합이 바로 86그룹 정치인이다. 그러니 너무 억울해할 필요는 없다.

오히려 반성할 지점은 다른 데 있다. 86그룹은 30년 전 학생운동을 하던 때 이후 정치를 하면서 한 번도 자신을 희생한 적이 없다. 대신 온갖 좋은 말은 다 했다. 정의, 평등, 민주…… 반면 김대중의 헌신, 노무현의 희생, 그들의 정신적 지주라 할 김근태의 산화를 그들은 행한 적이 없다. 그러니 누렸다면 누렸다고 할 수 있다. 말은 반드시 말빚을 낳는다. 젊은 세대를 비롯해 국민은 지금 86세대 정치인을 향해 왜 말빚을 갚지 않느냐고 차가운 눈으로 지켜보고 있다. 반박의 여지가 없는 비판이다.

논리적 설득력으로 다시 돌아가자. 모든 논리는 완벽하지 않다. 젠더 갈등을 생각해보자. 젠더 문제에 하나의 완벽한 논리적 해법이 있을까? 젊은 남성의 관점에 맞는 논리는 젊은 여성의 관점에도 맞을까? 젊은 남성과 젊은 여성이 다 동의하는 논리는 나이 든 세대의 관점에 맞을까? 모든 여성이 동의하는 논리는 모든 남성이 동의할까? 그 반대는?

모두 원천적으로 불가능한 일이다. 모두를 만족시킬 그런 논리는 없다. 논리는 상대적이다. 다만 나는 나의 논리가, 너는 너의 논리가 있을 뿐이다. 다만 그 각각의 논리가 각각 그럴듯해야 한다. 논리적 완결성이 있어야 한다. 그럴 때 우리는 논리적 설득력이 있다고 한다. '논리적 설득력이 있지만, 내 생각과 달라서 내가 안 받아들일 뿐 나름의 일리는 있다'라고 말하는 데까지가 인간이 할 수 있는 최선이다.

그러니 글 쓰는 이들은 완벽한 논리를 구성하려고 하면 안 된다. 누가 봐도 다 동의할 수밖에 없고, 설득되어 모두 한마음으로 움직일 수 있는 논리를 욕심내면 안 된다. 객관적 사실에 기초한 이론이 있고 그 이론으로 현상을 분석해 내린 결론이라면, 그건 누구도 부정할 수 없는 완벽한 논리다. 그러나 그런 완벽한 글을 쓰려면 논문을 써야 한다. 정치 글을 논문 쓰듯 쓸 수는 없다.

2010년 정계에서 물러난 손학규 지사가 강원도 춘천에 칩거하다가 2년 만에 복귀하면서 선언문을 냈다. '함께 잘사는 나라를 만들겠습니다'라는 제목이었다. 그걸 읽어본 기자들이 다 한마디씩 했다. 무슨 논문 읽는 줄 알았다고…… A4 열세 장 분량이다. 정치인은 교수가 아니고, 국민은 대학원생이 아니다. 설득으로서 정치 글을 쓸 때 주의해야 할 점이다. 논리적 설득력을 갖춘다고 논문을 쓰면 안 된다. 모든 이를 설득할 완벽한 논리는 없다. 의견이 갈리는 쟁점에서 나는 어느 관점에 설 것인지 먼저 결정하고, 그 입장에서 논리성만 갖추면 충분하다. 그것만 하는 것도 힘들다.

설득으로서의 글은 좀체 찾기 어렵다. 쓰기 어려우니 그런 글이 별로 많지 않다. 윤희숙 전 의원(국민의힘, 서울 서초갑)의 글을 보자.

> 지난 1년간 국회에서 있었던 모든 폭거를 능가하는 법이 발의됐습니다. 중앙은행의 책무든 금리든 모든 것을 무시하고, 돈을 찍어서 맘껏 쓰겠다는 법입니다. 이런 법에 김남국, 최강욱, 이재정, 황운하 등 60명이 넘는 여당 의원이 참여했습니다. 한 경제 신문 기사는 '이렇게 손쉽게 엄청난 결정을 하는 자들은 공무를 말을 자격이 없다'고 일갈하고 있습니다.
>
> "코로나 극복을 위한 손실 보장 및 상생에 관한 특별법안"은 국채를 발행하고, 한국은행의 매입을 강제하는 내용을

담았습니다. 일명 '부채의 화폐화(중앙은행이 돈을 찍어 국채를 직접 인수해 정부의 호주머니가 되는 것)'를 법제화하는 것입니다.

이렇게 하는 선진국이 있을까요? 없습니다. 오히려 금지하는 나라가 많습니다. 돈을 써야 할 때는 대량의 국채 발행으로 인해 금리가 얼마나 오르는지, 시장에 무리가 될지를 한국은행이 시장 상황을 보고 스스로 판단해 국채를 적당량 매입하는 것이 정상적 방식입니다. 그래야 금융시장에서 신호등 역할을 하는 가격, 즉 시장 금리를 왜곡하지 않을 수 있습니다. 중앙은행이 자주적이고 독립적으로 이런 판단과 결정을 하는 것 역시 우리 한은법의 기본 정신이고요.

이런 식으로 한다면, 1. 자금 조달 시장의 가격 체계 자체가 망가지게 되니 금융시장은 '망쪼'의 길로 들어서게 됩니다.

2. 맘껏 돈을 찍어서 지출을 충당하곤 한다면, 인플레 위협도 따논 당상이고요. 3. 무엇보다 중앙은행의 고유 역할인 통화 신용 정책을 이렇게 국회의원들이 주무르게 된다면 중앙은행이라는 제도 자체가 무너지는 것이고, 이런 나라가 국내외 금융시장에서 신뢰받거나 신용등급을 유지하는 것은 불가능합니다.

그런데 왜 이런 법을 만들겠다는 걸까요? 선거용 선심을 마음껏 쓰기 위해 국채를 왕창 찍되, 당장 시장에 미치는 영향이 국민들 눈에 잘 안 보이도록 한국은행이 강제로 매입하게 하겠다는 것이지요.

> 그러니 선거라는 빈대를 잡자고 한국 경제라는 집 전체를 다 태워버려도 좋다는 것입니다. 아니면 자기가 무슨 짓을 하고 있는지 이해할 능력이 없던지요.
> 이들 국회의원들에 대해 기사에 소개된 한국은행 직원은 이렇게 한탄하고 있습니다. "경제에 대한 기본 지식도 없는 사람들이 왜 그렇게 자신 있게 얘기하는 거지요? 한국 경제가 그들의 마루타입니까?"
>
> 윤희숙 의원, 2월 3일

윤 전 의원은 경제학 박사이자, KDI에서 재정 복지 정책을 총괄했던 연구자 출신이다. 전공자답게 짧으면서도 정곡을 찌르는 비판을 하고 있다. 적어도 글 자체만 놓고 보면 논리적으로 완벽하다. 누구든지 글을 읽고 나면 여당이 진짜 큰일 날 짓을 벌이고 있다고 우려할 법하다. 설득력이 높은 글이다. 물론 반론은 가능하다.

법안 명에 이미 나와 있다. '코로나 극복을 위한' 법이다. 평상시라면, 발권력을 가진 한국은행에게 국채를 떠맡기고 재정을 확보해 이를 세출로 집행하면 당연히 금리가 떨어지고, 인플레 발생 가능성이 커진다. 한국은행 독립성이 훼손되는 것도 사실이다. 그러나 여당은 이렇게 반박한다. '코로나 방역 지침에 따른 자영업자들의 영업 손실, 유동 인구 감소에 따른 골목 경기 침체, 전반적인 유효 수요 감소로 인한 경기 하강, 비정규직이나 여성 고용의 감소와 가계 위협 등 당장 국민이 힘들다. 국민 다 죽고 나서 한국은행 독립성이 무슨 소용이란 말인가?'

누구 논리가 더 설득력이 있는지는 읽는 이가 판단할 일이다. 그래도 야당의 누군가가 여당 의원들이 낸 법안을 깔끔한 논리를 갖추고 즉시 비판하는 건, 야당의 존재 이유다. 설득으로서 글은 이래야 마땅하다. 비판하는 덴 A4 한 장이면 되지만, 그걸 반박하는 데는 열 배 노력이 필요한 법이다. 저 글이 페이스북 포스팅에 그치지 않고, 보수 언론을 통해 확산된다고 상상해보라. 정치는 진리를 다투는 게 아니다. 어느 쪽이 다수의 지지를 받는지를 다투는 게임이란 걸 잊지 말아야 한다.

윤 전 의원의 포스팅처럼 논리를 깔끔하게 구성한 글은 설득력이 높다. 설득력을 높이는 또 다른 방법이 있다. 잘 알려지지 않거나 간과했던 사실을 꺼내어 명쾌하게 설명하는 방식이다. 서울시 정무수석을 지낸 허영 의원(민주당, 춘천시 철원군 화천군 양구군 갑)의 글을 보자.

국민의힘은 부동산 관련 가짜 뉴스로 여론을 호도하며
부동산 시장 불안을 조장하지 말기 바랍니다

최근 국민의힘 김종인 위원장은 재보궐 선거를 앞두고 부동산 정책을 발표하며 박원순 전 시장이 약 400여 곳의 정비 사업을 폐지해 주택 공급이 제대로 이뤄지지 않았다고 주장했습니다.
하지만 이는 전혀 사실이 아닙니다.
서울시 자료에 따르면, 박 전 시장 재임 기간 정비 구역이 해제된 곳은 총 390곳입니다. 이 중 242곳은 추진 주체가 자진 해산한 것이며, 46곳은 일몰 기한이 도래해 해제된 것입니다.
99곳은 직권 해제됐습니다. 이 모든 것은 그 당시 여야가 합의해 통과시킨 도시 및 주거환경정비법에 근거해 이뤄진 것입니다.
자진 해산은 추진 주체, 즉 조합이나 추진 위원회가 있는 곳과 없는 곳으로 구분할 수 있는데, 두 가지 유형 모두 지역 주민들의 요구가 있는 경우에 한해 해제가 가능합니다. 또한 일몰 기한이 도래해 해제된 곳도 일정 기간 사업이 진행되지 않을 때 해제하게 되어 있습니다. 시장의 직권으로 해제된 경우도 주민의 요구가 있거나 사업이 원활하게 진행되지 않은 등, 법이 정한 범위 내에서 이뤄진 것입니다.
박 전 시장이 재건축·재개발 사업을 막아선 것이 아닙니다.
이명박 정부의 '묻지 마 뉴타운' 개발 추진의 부작용을 해소하기 위해 사업을 중단할 곳과 추진할 곳을 구분해 정리한 것입니다.
해제된 곳 중 일부 지역은 주민들이 원하는 경우 도시 재생 사업을 진행하고 있습니다.
혼란과 갈등을 어렵게 봉합했더니, 주택난의 원인을 제공했다는 식의 억지 주장을 펼치고 있는 것입니다. 기초적인 사실관계조차 확인하지 않은 채, 왜곡된 정보로 여론을 호도하고 국민을 혼란케 하는 것은 부동산 시장 안정에 결코 도움이 되지 않습니다.
또한 국민의힘은 재개발·재건축 확대 및 활성화를 위해 초과 이익 환수제도, 분양가 상한제 등을 폐지하겠다고 합니다. 이는

> 부동산 투기 방지와 서민 주거 안정을 위한 모든 안전장치를
> 없애겠다는 것입니다.
> 부동산 정책의 근본적인 목표는 투기 근절과 서민 주거
> 안정입니다. 이는 정권에 따라 바뀔 수 있는 것이 아닙니다.
> 국민의힘이 부동산 문제를 해결하겠다는 의지가 있다면, 즉각
> 철회하기 바랍니다.
> 더불어민주당은 정부와 함께 실수요자들의 내 집 마련과 서민
> 주거 안정을 위해 흔들림 없이 나아가겠습니다.
>
> 허영 의원, 1월 17일

사실관계에 아예 눈감거나, 살짝 왜곡해 자신의 논지를 펼치는 글들이 사방에 넘친다. 특히 언론 기사의 정확성이 갈수록 떨어진다. 속보 경쟁에 내몰린 나머지, 사실을 제대로 확인 안 하고 기사를 쓰기 때문이다. 다 억지고 강변이다. 오죽하면 언론 스스로 '팩트 체크' 코너를 개설하겠는가? 짜깁기와 베끼기, 엉터리와 가짜가 횡행하는 시대다. 이럴 때 사실을 들어 억지와 강변을 반박하는 글은 설득력이 높다. 허영 의원의 글은 간단한 사실 확인으로 박원순 시장의 재개발 정책에 대한 왜곡을 벗기고 있다.

물론 그래봤자 언론은 꿈쩍도 안 한다. 더욱이 '박 시장이 재개발 사업을 쉽게 허가해주지 않으니까, 추진위가 진이 빠져 자진 해산한 거 아니냐?'라는 반박도 가능하다. 허 의원이 실제 추진된 실적을 보여주거나, 서울시의 행정 조치가 아니라 시장 논리 때문에 재건축이 활발하지 않았다는 자료를 추가했으면 더 완벽했을 것이다.

이처럼 사실을 확인해 억지를 깨뜨리는 데는 적잖은 시간과 노력이 필요하다. 국회의원은 자료 요구권이 있어 일반인이 입수하기 어려운 정부 자료를 받아볼 수 있다. 문제는 무엇이 어디에 있는가를 아는 것이다. 글 쓰는 보좌진은 자료 입수 경로를 다양하게 확보하고 있어야 한다. 국회 지원 조직인 도서관이나 예산정책처, 입법조사처 등도 활용할 수 있다. 큰 글을 쓸 때는 공부를 많이 해야 한다. 평소 작은 글을 쓸 때는 오히려 자료를 너무 많이 보지 말아야 한다. 딱 필요한 만큼만 보면 된다. 너무 세부적이고 전문적인 자료는 봐봤자 글만 어려워진다. 책에 실린 것에 더해 추가 자료가 필요하다면, 전공자에게 물어보면 된다.

세상이 아무리 혼탁해도 정연한 논리와 객관적 사실은 힘이 세다. 거기에 말을 넘어 실천으로 뒷받침된 정치는 설득력이 크다. 듣기 싫지만 맞는 말은 반대편의 가슴을 열어젖히지 못하나, 소극적 지지층 중에 상대적 고학력자의 귀에 들어가 쏙 박힌다. 그런 이들이 주변에 논리를 전파한다.

무엇보다 설득력 있는 글을 써낼 줄 알아야 유망한 정치인이 될 수 있다. 반지성주의가 횡행하고, 논리 정연한 정치인을 찾기가 점점 힘들어지고 있다. 그럴수록 대중은 지성을 갖춘 정치인을 목말라한다. 마른 모래가 물을 더 잘 빨아들인다.

2장

무엇을, 어떻게 쓸까?

정치 글은 한사코 점잖으면 안 된다. 누가 봐도 옳은 소리만 하고, 시비 걸릴 말은 피하는 태도는 위선적이다. 너도 잘못이고, 나도 다 잘한 건 아니라는 양비론은 무책임하다. 구경꾼처럼 한발 물러서서 관조하거나, 남의 얘기하듯 하는 태도는 비겁하다. 소소해서도 안 된다. 확실한 주장이 없는 글은 밍밍하다.

대한민국에서는 모든 게 정치화된다. 어떤 사안도 정치적 관점으로 바라보아야 한다. 정치적 시비를 가리고 자기 판단을 당당하게 밝혀야 한다. 특히 정치적 사안은 적극적으로 자기 입장을 세워야 한다. 판단이 서지 않으면 차라리 침묵하는 게 낫다. 판단할 생각을 아예 안 하면서 슬금슬금 뭉개는 게 더 나쁘다. 정치 현안에 대해 자기 생각을 정리하고 이를 글로 밝히는 글이 '정치 글'이다. 이런 정치 글을 부지런히 써야 한다. 소통이랍시고 신변잡기나 늘어놓는 건 정치인의 자세가 아니다.

가. 좋은 정치 글

이 책은 어떤 글이 '좋은 글'인가를 묻지 않는다. 무엇이 '좋은 정치 글'인가를 묻는다. 명문을 쓰는 법이나, 어떻게 써야 아름다운 문장이 된다거나, 논리적이고 감동적인 글은 어떻게 써야 하는지를 말하려는 게 아니다. 정치 글은 일반 글과는 다른 운명을 가진다.

정치 글은 첫째, 항상 보도될 수 있음을 의식하거나 보도를 목적으로 써야 한다. 둘째, 온라인으로 전파되며, 특히 글에 최적화된 플랫폼인 페이스북을 중시해야 한다. 셋째, 적과 동지가 확연히 갈라져 있는 만큼 어정쩡하게 써서는 안 된다. 자기편을 위한 무기를 제공하는 게 정치인의 임무다. 이 세 가지는 정치 글을 쓸 때 늘 의식해야 할 기본 출발점이다.

둘째로 든 페이스북 중시론은 사실 좀 민망한 이야기다. 특정 앱을 정치 글의 활동 무대로 다룬다는 게 어쭙잖다. 하지만 정치 기사를 일별해보면 금방 알 수 있는 것이 페이스북에 올린 정치인의 글이 거의 실시간으로 기사화되고 있다. 모든 정치인이 페이스북 메시지를 열심히 올리고 있다. 현실이 그러하다. 좋은 정치 글은 무엇을, 어떻게 쓴 것일까? 대개의 글이 그렇듯이 글은 어떤 사람의 생각과 마음이다. 생각은 '무엇'에 해당하고, 마음은 '어떻게'에 해당한다. 정치 글에 담아야 할 생각은 다음과 같다.

우리는 글 주인인 정치인의 생각을 대신 쓴다. 어떤 생각을 써야 할까? 철저하게 '정치적인' 생각이어야 한다. 정치인의 하루, 만난 사람, 나눈 대화, 먹은 음식, 방문한 장소, 참석한 행사, 했던 생각, 일상 모든 것이 다 글감이 된다. 단 정치적 의미가 있을 때만이다. 그래야 글의 모티브로 삼을 수 있다. 정치적 의미가 부여되지 않는 건 잡담에 불과하다. 이걸 착각하면 안 된다. 내가 한 행동이니까, 내가 참석한 행사니까, 글감이 된다고 생각하면 착각이다. 자기가 무슨 대단한 사람이라고 일거수일투족이 다 글감이 되겠는가?

그건 첫 번째 '보도의 원칙'에 위배된다. 그 행동 혹은 행사가 뉴스감이 되는가, 안 되는가를 먼저 생각해봐야 한다. 뉴스가 안 되겠다 싶으면 글로 쓰지 말아야 한다. 사소한 일상에 불과한 정치인의 글을 누가 보겠는가? 그런데도 소소한 일상사를 늘어놓는 정치인이 많다. 십중팔구 자아도취다.

어떻게 해야 할까? 정치적 의미를 부여해야 한다. 정치적 의미가 있는지 없는지 어떻게 판단할 수 있을까? 기자가 보고 기사로 쓰거나, 관련한 주제로 쓰던 기사에 인용하거나, 기사로 다루지 않더라도 관심을 끌 정도면 정치적 의미가 있다고 할 수 있다. 물론 의미를 부여했다고 해서 다 기사화되는 건 아니다. 하지만 그 정도로 공들인 글이라야 독자들이 반응한다. '눈팅'만 하고 지나갈 글을 양산하기보다, 읽는 이의 뇌리에 기억되고 가볍게라도 반응해줄 글을 한 땀 한 땀 써야 한다. 구체적으로 어떻게 한다는 걸까? 초선 의원들의 페이스북 포스팅을 인용해 설명한다.

> 오늘 운동복 차림으로 국회에 출근했다. 이번 주는 지역구에도 못 내려가고 휴일도 잊은 채 국정감사를 준비하고 있다.
> 국무총리실, 국무조정실, 공정거래위원회에 이어 다음 주부터는 금융위원회, 금융감독원, 국가권익위원회 등 45곳의 정부 기관을 감사할 예정이다. 가끔 고개 들어 창밖 높고 푸른 가을 하늘을 보며 아쉬운 가을의 끝자락을 잡아본다…….

아마 정무위 소속인가 보다. 국정감사를 열심히 준비하고 있다는 이야길 하고 싶은 듯하다. 그러나 잡문이다. 저런 글은 일기장에 써야 한다. 국회의원이 의정 활동 열심히 하는 건 당연한 일이다. 저런 글은 어떻게 쓰면 좋을까? 기자가 만약 저 글을 본다면, '어떤 의원이 휴일에 출근한 걸 은연중 자랑하는구나'라는 생각보다, '올해 정무위에서 어떤 이슈들이 쟁점이 될 건지 얘기나 좀 해주지' 싶을 것이다.

새삼스레 피감 기관 명단을 줄줄이 읊을 게 아니다. '지금 파고 있는 기관이 어딘데, 무엇이 문제인 듯하다. 왜 이 문제가 중요한가 하면 이런 이유가 있어서인데, 그래서 대안이 될 만한 게 어떤 게 있을 듯하고, 무엇보다 이런 문제를 일으킨 원인을 철저히 따지려 한다.' 그

뒤에 '어느새 아쉬운 가을의 끝자락을 잡아본다'라고 쓰는 건 무방하겠다. 그렇게 쓸 때 '정치 글'이 된다.

또 다른 초선 의원의 글이다.

> 집에서 5시에 나와서 6시부터 국회 본회의장에서 국회에서 밤을 샌 동료 의원님들과 필리버스터를 지켜보고 있습니다. 여야 의원분들이 주장하는 것을 들어보면 같은 문제임에도, 동시대를 살고 있음에도, 세상을 바라보는 인식이 왜 이렇게 차이가 나는지 참 답답합니다. B 의원님은 기득권을 위한 인식과 국민을 위한 인식의 차이라고 하지만…… 요새 민생이 너무 힘듭니다. 역사와 민생 앞에 당당하고 싶습니다.

현장 생중계 느낌이다. 3인칭 관찰자 시점에, 나름 답답하다는 자기 느낌도 적고 있다. 답답함의 이유를 남의 입을 빌어 짧게 인용하고, 각오를 맨 끝에 결론 삼아 덧붙였다. 하지만 저 글은 관전자의 관점이다. 참전자의 것이 아니다. 세 번째 원칙, 즉 수용자가 이미 적과 동지로 나뉘어 있는 정치 환경에서 어느 쪽에도 소구력이 없는 한가한 글이다. 이런 잔잔한 글은 좋은 '정치 글'이 아니다.

우선 필리버스터에 나선 여야 의원의 주된 주장이 뭔지를 요약하고, 상대 당의 주장이 왜 올바르지 않은지 이유를 분석해 비판하는 내용이 들어가야 한다. 나아가 비판 논점이 이미 개진된 다른 분석과는 다른, 참신하면서 본인 특유의 철학이 들어가 있으면 더욱 좋다. 그럴 때 기자들의 관심을 끌 수 있다. 기자의 관심을 끌 정도면 지지층의 주목도도 높아진다. 페이스북 같으면 '좋아요' 수가 늘고, 친구 신청이 쇄도할 것이다.

정치인의 글은 정치 그 자체다. 상대의 부당함을 공격하든가, 자신의 대의를 선전하든가, 같은 주장을 하더라도 남과 다른 새롭고 날카로운 시각을 제공하든가, 셋 중 하나는 해야 한다. 자신의 일상사를 담담하게 전하는 글도 좋은 글이 될 수 있다. 하지만 그건 일반인의 경우다. 정치 글은 다르다. 정치인이 그런 글을 자주 쓰면 자신이 소소한 정치인에 불과함을 자백하는 꼴이다.

> 오늘은 24절기 중 첫눈이 온다는 절기 '소설'입니다. 올해는 눈 대신 겨울을 재촉하는 비가 내렸습니다. 다음 주에는 비가 그치면서 기온이 영하로 뚝 떨어진다고 합니다. 본격적인 추위에 대비 잘하시길 바랍니다. 저는 이번 주말에도 어김없이 지역에 내려와 지역 사무실에서 지역 현안과 민원 등을 챙겨보고 당직자들과 △△산 △△폭포까지 정화 활동도 하고, 제3회 ○○컵 장애인 파크골프 어울림대회, ○○ 새마을배 전국 동호인 테니스대회, 2020 ○○ U-9 아이스하키대회에 참석하여 시민분들과 함께 시간을 보냈습니다. 체육 운동으로 건강도 챙기고 생활의 활력을 찾는 열정적인 시민분들을 뵐 때마다 저도 힘이 납니다. 돌아오는 한 주도 시민 여러분의 열정 담아 국회에서 ○○ 발전을 위한 의정 활동에 최선을 다하겠습니다. 쌀쌀해진 날씨에 건강 유의하시기를 바랍니다.

국회의원도 사람이다. 사람의 온기가 느껴지는 따뜻한 글이다. 냉정한 것보다 따뜻하게, 싸우기보다 친근하게, 날카롭기보다 포용적으로, 오만하기보다 겸손하게 비치기를 당연히 바란다. 더욱이 국민들로부터 정치인의 언행이나 태도가 지탄받고 있다. 표독스럽고 강퍅하고 예의 없는 나머지, 보수 정치인은 막말이란 비난을, 진보 정치인은 싸가지 없다는 욕을 자주 먹는다. 그래서 저렇게 포근한 글을 썼을 수 있다.

점잖은 정치인이 되는 게 국민이 바라는 정치인이 되는 길인 양 여겨진다. 덕(德)이라고 한다. 동양에서 덕은 지도자가 갖추어야 할 최대의 가치요, 덕목이다. 지도력은 타인을 덕망으로 감화시킴으로써 자신을 스스로 따르도록 하는 능력을 말한다. 한국 사회는 덕에 기초한 지도력을 갖춘 이가 최고 지도자가 되어야 한다는 고정관념이 뿌리 깊다.

그러나 이 말은 정확히 이해해야 한다. 피상적으로 접근하다간 낭패를 본다. 따뜻하고 친근하고 포용적이고 겸손하면 과연 지도자가 될 수 있을까? 적과 싸우려 하지 않고, 상대를 비판하지 않고, 국민 앞에 나서서 내가 이끌어보겠다며 오만할 정도의 자신감을 내보이지 않고도 정치인으로 성공할 수 있을까?

지금 우리 정치 지형은 진영 대 진영으로 쪼개져 있다. 온라인에서 활동하는 수용자들 대부분은 정치 고관여층이다. 내 글을 읽어볼 이들은 어차피 나와 같은 당파성을 지닌 이들이다. 한마디로 나와 같은 진영이다. 그런 곳에서 점잖고 우아하게, 관조적이고 평론하듯이, 잔잔한 글이나 쓰고 있으면 그들 눈에 띄기나 할까? 자신의 가치를 대변해줄 정치인이라고 믿어줄까? 장차 이 나라를 자신이 원하는 방향으로 이끌어갈 지도자로 보고 따라와 줄까?

단언컨대 그렇지 않다. 위에 인용한 글은 전형적인 자기 자랑 글이다. 봉골레 파스타와 글라스에 담긴 와인을 예쁘게 찍어 올린 다음, '불금 저녁, 지난 한 주도 바쁘게 살았다. 모처럼 즐기는 나만의 여유, 항상 무언가에 쫓기듯 살아야 하는 현대인의 애환을 오랜만에 만들어본 파스타에 와인 한 잔으로 달래본다. 열심히 살아낸 나를 위해, 치얼스!'라고 써서 인스타그램에 올린 글이나 다를 바 없다.

점잖고 우아한 정치인을 국민이 좋아할 것이라고? 천만에, 그렇지 않다. 만약 민주당 소속 정치인이 점잖고 포용적이면 누가 좋아할까? 중도층이 좋아한다. 싸우지 않고 겸손하면 누가 좋아할까? 보수층이 좋아한다. 반대로 국민의힘 소속 정치인이 점잖고 포용적이어도 중도층이, 싸우지 않고 겸손하면 진보층이 좋아한다. 점잖고 겸손하나, 싸우려 하지 않는 게 일종의 이적 행위가 되는 세상이다.

자기 지지층은 안 좋아하는데 중도층이 좋게 보고, 남의 지지층만 좋아하는 정치인은 절대 성공할 수 없다. 그렇게 하고도 정치적으로 성공할 수 있다는 근거를 제시한다면, 우리는 덕을 갖춘 정치인이 최고 지도자가 되어야 한다는 말에 흔쾌히 동의할 것이다. 중도층이 좋아해봤자 담담하게 좋아하지, 뜨겁게 좋아하지 않는다. 어떤 가수의 노래를 좋아하지만, 음반이나 음원은 돈 주고 사지 않는 미지근한 팬 수십만이 무슨 소용인가? 심지어 남의 당 지지층이 좋아해주는 건 어떤 정치인에게 '죽음의 입맞춤(Kiss of Death)'일 수 있다. 확장성이란 열성 지지층을 이미 가진 정치인일 때나 장점이다.

눈사람을 만든다 치자. 눈사람을 크게 만들고 싶으면 코어를 단단히 뭉쳐야 한다. 그래놓고 굴려야 계속 커진다. 코어가 약하면 조금 커지다가 말고 중간에 퍽 깨진다. 정치인도 그와 똑같다. 중도적이고 확장력이 있다고 하는 정치인일수록 어느 정도까지는 크지만, 그 이상은 절대 못 큰다. 핵심 지지층이 없기 때문이다. 핵심 지지층 없는 확장성은 장식품이 되기 일쑤다.

정치 글은 한사코 점잖으면 안 된다. 누가 봐도 옳은 소리만 하고, 시비 걸릴 말은 피하는 태도는 위선적이다. 너도 잘못이고, 나도 다 잘한 건 아니라는 양비론은 무책임하다. 구경꾼처럼 한발 물러서서 관조하거나, 남 이야기하듯 하는 태도는 비겁하다. 소소해서도 안 된다. 확실한 주장이 없는 글은 밍밍하다.

대한민국에서는 모든 게 정치화된다. 어떤 사안이라도 정치적 관점으로 바라보아야 한다. 정치적 시비를 가리고 자기 판단을 당당하게 밝혀야 한다. 특히 정치적 사안은 적극적으로 자기 입장을 세워야 한다. 판단이 서지 않으면 차라리 침묵하는 게 낫다. 판단할 생각을 아예 안 하면서 슬금슬금 뭉개는 게 더 나쁘다. 정치 현안에 대해 자기 생각을 정리하고 이를 글로 밝히는 글이 '정치 글'이다. 이런 정치 글을 부지런히 써야 한다. 소통이랍시고 신변잡기나 늘어놓는 건 정치인의 자세가 아니다.

나아가 이런 정치 글을 정치적 실천과 함께하는 것이 정치 글만 쓰는 것보다 훨씬 효과적이다. 실천하고 그 실천한 내용을 글로 쓰고, 글을 통해 제기한 문제의식을 다시 실천으로 옮겨야 한다. 그게 진짜 정치다. 진짜 정치는 광범하고 폭발적인 지지를 얻게 되어 있다. 왜 진짜 정치라고 할까? 물론 정치인의 말과 글은 그 자체로 정치 행동이다. 하지만 말과 글로만 하면 대개 문제 제기에 그치고 만다. 정치는 문제 제기도 중요하지만 문제 해결을 해야 한다. 그것이야말로 정치의 본령이기 때문이다.

문제를 해결하기 위해 국회의원이 할 수 있는 일은 많다. 법안을 제출하고 통과시키기 위해 동분서주하는 것은 기본이다. 법안에 반대하고 저지하느라 혈안이 된 상대 당과 치열하게 논쟁하고, 정당성을 언론에 알리고, 자기 나름의 메시지로 국민을 설득하는 것도 중요한 정치 행동이다. 시민 단체와 연대하고, 서명 운동을 조직하고, 집회 시위에 참석하는 것도 필요할 때는 해야 한다. 이런 행동과 글이 맞물려 돌아가는 순간, 글의 힘은 극대화된다. 말이나 글로만 하는 정치는 한계가 있다. 행동하는 정치가 진짜 정치다. 지도자의 떡잎은 거기서부터 알아볼 수 있다.

나. 자기 생각을 쓰라

정치 글은 정치적 사안을 갖고 써야 한다는 말은 사실 너무 당연한 말이다. 어떤 사안이든 정치적 관점으로 다루어야 한다는 말도 당연하다. 문제는 그게 그리 쉽지 않다는 사실이다. 정치적 사안을 소재로 글을 쓰는 건 '큰 정치'다. 그러나 지금 정치인들은 '작은 정치'에 너무 익숙해 있다. 야구로 치면 '빅 볼'이 아니라 '스몰 볼'을 하는 셈이다. '빅 볼'은 홈런과 장타를 중시하는 정통적 방식이다. 반면 '스몰 볼'은 작전을 많이 구사한다. 한 점 한 점 점수를 뽑는 데 주력해 투수 교체가 잦고 번트나 스퀴즈 등 자잘한 플레이를 마다하지 않는다.

국회의원들이 왜 작은 정치에 익숙해져 갈까? 재선하는 데 유리하기 때문이다. 재선은 공천이 관건이다. 공천은 당내 경선이 가장 중요하다. 지역구 당원과 시민이 경선 투표권을 갖는다. 그래서 이들 두 그룹을 독자로 간주하고 글을 쓴다. 그러니 소재가 주로 지역구 이야기다. 공약 이행 상황, 민원 진척 현황, 지역구 행사, 지역구민 만난 이야기, 민생, 장바구니 물가, 골목 상권 경기, 가족 이야기, 날씨다. 큰 정치 이야기는 가끔 한다.

다음 쪽의 표는 실제 국회의원들이 페이스북에 어떤 글을 올리는지 조사한 결과다. 대상은 원내 대표를 제외한 원내 부대표 전원이다. 이들은 정당의 원내 활동 전반을 조율한다. 국회에서 일어나는 모든 일에 대해 가장 빨리, 그리고 널리 정보를 접한다. 이들은 정치 현안에 대해 당의 대응 방향을 토론하고, 입법을 둘러싼 여야 협상 방침을 정한다. 초선인 부대표들은 의욕적으로 의정 활동에 임한다. 지역구도 열심히 관리한다. 처음 등원한 만큼 감회도 깊다. 그러니 페이스북에 쓸 것도 많다. 부대표단을 조사 대상으로 선정한 이유다.

조사 대상 기간은 첫 등원을 한 2020년 6월 1일부터 12월 31일까지 6개월로 했다. 더불어민주당의 원내 부대표는 모두 열다섯 명, 국민의힘은 열 명이다. 민주당은 부대표 중 수석 부대표 한 명과 선임 부대표 두 명을, 국민의힘은 수석 한 명을 재선으로, 나머지는 전부 초선 의원으로 임명했다.

부대표들이 올린 글은 다섯 가지로 분류했다. 정치, 정책, 국회 활동, 지역구 활동, 일상이다. 자명하게 구분되지 않는 것도 있다.

〈더불어민주당 원내 대표단〉

정당	의원명	정치	정책	국회	지역구	일상	계	비고
더불어민주당	김영진							수석부대표/모든 포스팅을 의원실(보좌진)이 전담=제외
	전재수	4	0	10	10	5	29	선임부대표
	조승래	6	6	26	18	15	71	선임부대표
	김용민	98	47	43	2	26	216	국회 동정과 지역구 활동은 의원실 보좌진이 역할 분담=제외
	김원이	5	2	50	36	9	102	
	문정복	7	2	92	54	57	212	
	문진석	7	2	110	57	38	214	
	박상혁	5	6	91	108	42	252	
	윤건영	41	45	152	81	79	398	국회 동정과 지역구 활동은 의원실 보좌진이 역할 분담=제외
	이성만	0	2	152	21	50	225	
	이소영	1	6	127	45	45	224	
	이용빈	10	29	120	43	75	277	
	이원택	0	2	51	29	18	100	
	임호선	0	2	57	29	16	104	
	홍성국	1	3	52	10	9	75	
	계	185	154	1,133	543	484	2,499	
	비율	7.4%	6.2%	45.3%	21.7%	19.4%	100%	

정책과 국회 활동이다. 국회 활동으로 분류한 글은 어떤 법안을 제출했다거나, 본회의에서 어떤 법들을 처리했다는 식으로 자신의 활동을 알리는 수준이다. 기사로 치면 스트레이트성 기사다. 반면 정책은 어떤 법안을 거론하며 이 법이 왜 중요한지, 어떤 의미가 있는지, 여야 간에 벌어진 공방에서 자기는 왜 찬성하거나 반대하는지, 상대 당이

〈국민의힘 원내 대표단〉

정당	의원명	정치	정책	국회	지역구	일상	계	비고
국민의힘	김성원	14	58	282	104	50	508	수석부대표
	권명호	8	19	74	61	17	179	
	김승수	6	18	7	1	2	34	
	엄태영	11	17	35	60	10	133	
	유상범	30	160	93	52	39	374	
	이용	2	5	67	0	18	92	
	이주환	11	18	80	32	10	151	
	전주혜	9	48	44	0	14	115	
	정희용	1	3	38	44	19	105	
	최승재	21	64	259	0	41	385	
	계	113	410	979	354	220	2,076	
	비율	5.4%	19.7%	47.2%	17.1%	10.6%	100%	

왜 잘못했다는 건지 등 자기 의견까지 밝힌 글이다. 기사로 치면 칼럼이다.

정치나 정책 글이 국회나 지역구, 일상 글의 빈도보다 낮을 것이라는 가설을 세우고 조사를 시작했다. 그에 더해 자기 생각이나 마음보다 동정이나 현황을 단순 게시하는 글이 많고, 이는 좋은 메시지 전략이 아니라고 주장하고자 한다.

의원실 명의로 올린 글은 집계에서 전부 제외했다. 의원 보좌진이 써서 올린 글은 거의 100% 국회, 지역구, 일상에 해당하는 포스팅이다. 따라서 보좌진이 썼다고 밝힌 포스팅까지 다 산입하게 되면, 국회, 지역구, 일상에 해당하는 글의 건수가 훨씬 더 많아진다. 이렇게 되면 가설이 지나치게 잘 입증되어버린다. 그래서 제외했다.

실제 본인이 쓴 글과 의원실에서 쓴 글을 명시적으로 구분하는 의원실도 있다. 윤건영 의원실과 김용민 의원실이 그 예다. 국회 동정과 지역구 활동은 글머리에 '○○○ 의원실'이라고 밝히고 올린다. 반면 정치나 정책은 별도 표시 없이 게재하고 있다. 원래 페이스북 계정은 본인이 쓴 글을 올리는 게 원칙이다. 남의 글은 '공유하기'로 가져오거나, 복사해 붙이기로 옮길 때도 원래 누구의 글인지 밝히는 게 불문율이다.

모든 포스팅을 의원실 보좌진이 작성해 올린 김영진 의원은 그 바람에 0건으로 처리했다. 사실 수석 원내 부대표는 대단히 바쁘다. 여야 협상의 실무를 전부 수석 부대표가 수행하기 때문이다. 지금 민주당은 174석의 거대 정당이다. 거기다 여당이다. 그 많은 자당 의원을 만나는 것부터 당·정·청 협의까지, 아마 하루가 어떻게 지나는지도 모를 것이다. 직접 글 쓸 시간이 없다 해도 전혀 이상하지 않다. 그래서인지 전담하는 비서관을 두고 비서관 이름으로 글을 올리되 의원과 의원실 계정에 친구 태그를 걸어 세 군데에 함께 포스팅하고 있다.

반면에 보좌진이 정치나 정책 글까지 다 쓰지만, 의원 이름으로 포스팅하는 경우도 많을 것이다. 보좌진이 쓴 것으로 보이는 글이지만 별도 표기가 없는 것은 당연히 집계에 포함했다. 보좌진이 썼어도 사전에 의원의 주문을 받거나, 쓴 글을 감수받거나, 수정 보완 지시를 받는 등의 과정을 거쳤다면 의원이 직접 쓴 글이나 다름없다. 설사 사전이나 사후에 그런 과정을 거치지 않았다 하더라도 별도의 작성자를 밝히지 않고 의원의 페이스북에 올린 글이라면, 의원이 직접 쓴 글로 보아야 한다. 정치적 책임은 의원의 것이지 보좌진의 것이 아니기 때문이다.

조사 결과는 세 가지로 요약할 수 있다. 첫째, 원내 부대표들은 정치나 정책에 관한 글보다 국회나 지역구 활동, 자신의 일상을 소재로 글을 쓰는 빈도가 훨씬 높았다. 전체 글의 9.7%만이 정치나 정책 글이었다. 가장 많은 것은 국회 활동(46.3%)이었다. 지역구 활동(19.4%)은 그다음으로 많았다. 국민의힘 열 명 중 세 명이 지역구가 없는 비례대표이니 그들을 제외하면 22.8%로 올라간다. 의원들은 자신이 그날 국회에서 했던 활동(본회의, 상임위, 법안, 질의 내용, 국정감사, 정책 토론회, 공부 모임, 행사, 면담)을 가장 많이 포스팅했다. 그 외로는 지역구 활동(19.4%)>일상 잡기(15.0%)>정책(13.0%)>정치(6.4%) 순이었다. 의원들이 정치적 의제보다는 지역구나 일상 활동을 더 많이 언급한다는 가설은 충분히 입증된다.

둘째, 여야가 달랐다. 정책 글의 비중이 여당은 6.2%에 불과한 반면 야당은 19.7%에 이르렀다. 정치와 정책 두 분야를 합쳐보아도 민주당은 6.8%이나 국민의힘은 12.6%로 두 배가량 더 높다. 야당의 정치 공세가 여당보다 두 배 정도 거셌다는 의미다.

21대 개원 후 가장 뜨거운 정치 쟁점은 검찰 개혁이었다. 추미애 법무부 장관은 윤석열 검찰총장을 징계했고, 2개월 정직에 처했다. 그러나 법원은 집행 정지 처분을 내렸다. 정치적으로 여당은 야당에게 패배한 셈이다. 야당의 법사위 소속인 유상범, 전주혜 부대표는 자신의 페이스북 포스팅 중 절반을 정치적 비판으로 채웠다. 반면 여당에선 같은 법사위 소속인 김용민 의원이 포스팅의 절반을 정치 분야로 작성했다. 놀라운 것은 윤건영 의원을 제외하고는 여당 부대표 누구도 정치 분야에 대해 발언하지 않았다는 사실이다. 아예 한마디도 안 하거나 겨우 한 번 한 이들도 다섯 명이나 된다. 그 뜨거운 공방전 한 가운데 서서 이토록 차분할 수 있는 인내심이 자못 놀랍다.

셋째, 첫 번째와 두 번째 결과가 양적이라면 질적 측면에서 관찰되는 바가 있었다. 부대표들의 포스팅이 대부분 동정 위주로 작성된다는 사실이다. 어디서 무엇을 했다, 무슨 회의에 참석했다, 어떤 법안을 통과시켰다, 누구를 만나 어떤 대화를 나누었다. 즉 내가 오늘 어떤 일을 했다는 글이 대부분이었다. 이들은 정치인의 메시지를 자신의 동정을 알리는 홍보 수단으로 이해하는 듯하다. 또 페이스북에서 자신의 글을 보는 사람은 결국 '페친'들이고, 그들은 국회의원인 나에 대해 관심이 있거나 호감을 지닌 지지자일 터, 그러니 나의 일거수일투족을 궁금해할 것으로 보는 듯하다. 연예인이 자기 팬들 보라고 인스타그램에 일상을 포스팅하는 것과 아주 흡사하다.

그래서 글들이 천편일률적이다. 패턴이 비슷해 단조롭다. 눈에 보이는 활동만 기록하다 보니 피상적이다. 회의하고, 밥 먹고, 어디에 가고, 누구를 만나고……. 사진으로 찍으면 그냥 알 수 있는 것들이다. 자, 그래서 사진으로 찍어 올렸다 치자. 어떨까? 나란히 서서 손가락 하트나 'V'를 하는, 거기서 거기인 사진들이 끝도 없이 이어질 것이다. 사진으로 올린 일거수일투족이 흥미로울 수 있는 건 한창 잘나가는 배우나 가수뿐이다. 국회의원은 아이돌이 아니다. 물론 반려견 산책시키는 것도 뉴스가 되는, 대선 주자급이면 또 모르겠다.

페이스북에서 친구나 팔로워가 많은 유명인(파워 페부커)을 떠올려보자. 그들은 어떤 이들이고, 어떤 글을 올리기에 그렇게 많은 '좋아요'와 댓글을 받을까? 글에 정보와 논리, 재미가 있기 때문이다. 그들이 유명해서 팔로우하는 게 아니다. 신속 정확한 정보가 있거나, 설득력 높은 정연한 논리가 있거나, 보는 사람을 씩 웃게 하는 재미가 있기 때문이다. 글에는 자기 생각과 마음이 들어가야 한다. 하물며 정치인이다. 대중이 정치인에게 기대하는 건 뛰어난 자질과 능력이다. 거기에 인품까지 훌륭하면 더할 나위 없다. 정치인의 글에는 당연히 자신의 가치관과 판단, 세상을 바라보는 관점, 사람을 대하는 태도, 복잡하고 미묘한 문제를 해결할 원칙과 방도 등등이 녹아 있어야 한다.

어떤 사안을 다루며 자기 생각을 펼치는 글쓰기에 익숙한 부대표는 여당의 홍성국, 야당의 김승수, 최승재 의원 정도다. 이들 중 홍성국과 최승재는 각각 금융인과 소상공인이었으며, 김승수는 행정부 고위 공무원 출신이다. 특히 최승재 의원은 코로나 시대 소상공인의 처지를 대변하며 너무나 부지런히, 그리고 집요하게 정부 정책을 비판한다. 김승수 의원은 포스팅 횟수는 적지만 하나하나가 정부 여당을 혹독하고 논리 정연하게 비판한다는 점에서 단연 발군이다. 이들은 모두 자신의 전문성에 기초한 논리를 글에 담고 있다는 공통점을 갖고 있다.

초선인 이들보다 더 모범적인 페이스북 사용자는 김성원 의원이다. 그는 총 스물다섯 명의 여야 부대표 중에 가장 많은 508회의 포스팅을 했다. 조사 대상 기간 중 매일 2.8건의 글을 올린 셈이다. 수석 부대표가 눈코 뜰 새 없이 바쁜 직책이란 사실이 무색할 정도다. 더 놀라운 것은 한두 줄에 불과할지언정 대부분 글에 자신의 논리와 주장을 개진하고 있다는 점이다.

중요한 것은 '아침에 일어나 엄마가 차려준 밥과 국을 먹고 학교에 갔다. 쉬는 시간에 영희와 놀았다. 학교가 끝나고 학원에 갔다가 집에 돌아오니, 엄마가 간식을 주셨다. 간식이 맛있었다'라는 식의 포스팅은 아무짝에도 쓸모없다는 점이다. 그런 철수의 일기장에는 선생님이 빨간 펜으로 이렇게 첨삭 지도를 하신다. '철수야, 다음에는 너만의 생각이나 느낌을 말해보렴.'

정치나 정책적 사안에 자신만의 생각과 마음을 담아 글로 써야 한다는 주장은 당위론에 그치지 않는다. 실제로 호응도도 높아진다. 포스팅을 보는 대중들의 눈은 날카롭다. 의원이 쓴 글인지, 의원실에서 쓴 글인지 금방 알아본다. 실제 살펴본바, 의원 글이 의원실 보좌진의 글보다 많게는 두 배 정도 '좋아요'가 많다. 국회나 지역구 활동을 그대로 전달한 동정 글보다, 정치나 정책적 사안을 다룬 글에 '좋아요'와 댓글이 훨씬 많이 달린다. 여당 의원이 야당을 공격하거나, 야당 의원이 대통령 혹은 여당을 통렬하고 예리하게 비판하는 글에는 '좋아요'나 댓글 숫자가 두 배 이상 올라간다. 독자들의 시선이 무서울 정도로 정확하다.

그렇다고 '좋아요'와 댓글 수를 올리기 위해 무조건 모든 글을 의원이 직접 쓸 수는 없다. 모든 포스팅을 정치적 사안이나 해석으로 쓸 수도 없다. 소셜 미디어에는 홍보성 포스팅도 해야 하고, 단순히 사실을 전달해야 할 때도 있다. 그런 점에서 의원과 의원실 보좌진의 글을 구분해 서두에 밝히는 윤건영 의원이나 김용민 의원의 방식은 모범이다. 하지만 의원이 직접 쓰는 글과 보좌진이 쓰는 글을 구분하는 건, 정치를 처음 시작한 초반기에는 가능하고도 바람직한 자세라고 할 수 있다. 그러나 5~10년 정치를 하면서 그렇게 할 수는 없다. 언젠가는 자기 대신 글을 쓸 보좌진이 있어야 한다. 처음엔 지시받아 쓰다가, 좀 뒤엔 같이 쓰다가, 나중엔 알아서 혼자 쓸 글쟁이를 키워야 한다. 초선 때부터 연습해야 한다. 그래야 시간이 흐른 뒤, 호흡이 척척 맞는 자기 글쟁이가 탄생한다.

다. 모바일 시대의 정치 글쓰기

우리는 소셜 미디어의 글을 대개 스마트폰 화면으로 읽는다. 종이책으로 읽을 때, PC 화면으로 읽을 때, 전자책을 리더기로 읽을 때, 우리는 각각 다른 질감을 느낀다. 같은 글이라도 어떤 매체를 통해 읽느냐에 따라 가독성이 다 다르다. 가독성은 두 가지로 나누어볼 수 있다. 하나는 눈에 잘 들어오느냐, 아니냐의 문제다. 세대에 따라 종이책에 쓰인 활자가 눈에 더 잘 들어오는 층이 있고, 스마트폰의 활자가 더 눈에 잘 들어오는 연령대가 있다. 다른 하나는 눈으로 따라가며 활자를 읽었을 때 얼른 머릿속에 들어오느냐, 아니냐의 문제다. 긴 문장도 잘 이해하는 사람이 있고, 중문이나 복문으로 이루어진 문장은 이해하기 어렵다는 사람도 있다. 문단도 마찬가지다. 문단을 잘게 나누는 게 좋다는 이들도 있고, 한 페이지만 넘지 않는다면 문단 길이는 관계없다는 이들도 있다.

스마트폰 화면은 손바닥만 하다. 글씨는 작다. 다 읽으면 밑에 있는 글을 스크롤해 끌어올려야 한다. 젊은이들이 긴 글을 싫어하는 게 종이책보다 폰으로 글을 더 많이 읽기 때문 아닐까 싶다. 소셜 미디어 글은 길면 길수록 좋지 않다. 대개 스마트폰 한 화면에 공백 제외 300자 정도가 들어간다. 거기다 하나의 글을 네 번 이상 스크롤 하면 그다음부턴 한꺼번에 휙 넘겨버린다. 그러므로 총 900~1,000자 정도가 최대치로 생각하고 써야 한다. 대개 A4 한 장은 1,400자 정도다. A4 3분의 2 정도로 한 꼭지를 마치는 게 폰으로 읽는 글의 최적 분량이라 할 수 있다.

문장 역시 짧을수록 좋다. 문장이 길면 여러 줄이 된다. 스마트폰의 행간은 좁다. 그러니 여러 줄 내려가다 보면 행을 건너뛰기 쉽다. 거기다 문단까지 길면 가독성이 떨어지기 마련이다. 이는 앞서 말한, 눈에 잘 들어오느냐 아니냐의 문제와 직결된다. 요컨대 소셜 미디어의 글이 눈에 잘 들어오려면 문장과 문단은 짧을수록 좋다. 그에 더해 문단과 문단 사이는 한 줄씩 떼어주는 게 읽기에 편하다.

문제는 이 분량으로 정치나 정책 사안을 다루는 글을 쓴다는 게 대단히 어렵다는 점이다. 첫째, 정치 글은 보도자료와 같기 때문이다. 기자들은 정치인이 쓰는 소셜 미디어의 글을 늘 지켜보고 있다. 기사를 쓰기 위해서다. 그대로 옮기는 식으로도 쓰고, 일부분을 인용해서 쓰기도 한다. 따라서 기자들에게 포스팅은 보도자료나 다름없다. 보도자료를 쓸 때 수칙이 있다. 육하원칙을 따라야 한다. '누가, 언제, 어디서, 무엇을, 어떻게, 왜'가 반드시 들어가야 한다. 따라서 기본 요건을 갖추는 것만으로도 포스팅이 일정 이상 길어지지 않을 수 없다.

둘째는 다루는 글감이 정치나 정책일 때, 쉽게 몇 마디로 설명할 수 없는 것들이 많다. 복잡하게 얽히고설킨 문제도 많다. 특히 정책일 때는 그 자체로도 어려운 이야기다. 세상에 단순 명쾌한 정책은 잘 없다. 셋째, 항상 글에서는 '왜'가 중요한 법이다. 특히 정치적 공방 글에서는 이 '왜'가 논리 정연하게 전개되어야 한다. 세게 공격한다고 감정적 표현을 구사하면 오히려 설득력이 떨어진다. 소셜 미디어에서 정치 글을 쓸 때, 가장 난제는 짧은 분량이란 제약이다. 이 문제를 해결하는 게 정치 글쓰기의 시작과 끝이다. 어떻게 해야 짧게 쓸 수 있을까?

글을 길게 만드는 위협 요인을 제거해야 한다. 물론 글을 짧게 만드는 가장 효과적인 방법은 생각을 다듬는 것이다. 우선 금기가 있다. 글을 길게 만드는 세 가지 원인이 있다. 지식인이 흔히 빠지는 오류, 정치인이 흔히 저지르는 착각, 소셜 미디어에 흔히 나타나는 매너리즘이다.

모든 지식인에겐 자기가 아는 모든 걸 말하고 싶어 하는 나쁜 습관이 있다. 지식인이 정치 글을 쓰면 흔히 글이 길어진다. 문체도 현학적으로 되어 번잡스러워진다. 어려운 건 물론이다. 나중에 줄이기도 어렵다. 글의 구조가 종횡무진이라 들어내야 할 곳을 특정하기 어렵기 때문이다. 정치 글은 많이 아는 사람보다 필요한 만큼만 아는 이가 훨씬 잘 쓴다.

정치인은 모든 행동에 항상 누군가를 의식한다. 자신이 자주 만나는 사람, 지역구 주민, 최근에 만난 기자, 얼마 전 공부 모임에서 만난 교수 등등. 이들이 내 글을 어떻게 볼까를 자기도 모르게 의식한다. 음식이라 치면 원래 오첩반상으로 시작해 칠첩, 십이첩으로 점점 글이 늘어난다. 그들 구미에 맞을 법한 구절을 자꾸 집어넣으려 하기 때문이다. 그럴 필요 없다. 당원과 지역구 지지자, 두 그룹만 생각하면 된다. 정치나 정책 글은 당원을, 국회와 지역구 활동은 지역구 유권자 중에 나에게 표를 준 지지자를 염두에 두고 쓰면 된다. 애초에 반대쪽 당 지지자들은 내 소셜 미디어 글을 보지 않는다. 중도층 혹은 무당파를 글로 설득하겠다는 생각도 뜻은 가상하나, 실제 설득된다는 보장이 없다.

두 가지 문제가 있다. 중도층은 정치적 판단에서 늘 신중한 이들이다. 그래서 자신을 중립의 위치에 두는 이들이다. 이들에겐 너무 강한 주장을 하면 안 된다. 날카롭기보다는 점잖아야 하고, 내세우기보다는 겸손하게 숙이고 들어가야 한다. 자, 그러면 글이 어떻게 되겠는가? 두루뭉술해진다. 뜨뜻미지근해진다. 빙빙 에두르게 된다. 그래서는 적극 지지자를 못 만든다. 점잖은 정치인에게는 점잖은 지지자만 생긴다. 그들은 너무 점잖은 나머지 늘 관망한다. 저 정치인이 잘되면 좋겠는데 생각만 하지, 화끈하게 달려들어 도와주지 않는다.

중도층을 의식하고 글을 쓰면 안 되는 또 다른 이유는 중도층이 누구의 글을 읽고 마음이 돌아서는 유권자가 아니기 때문이다. 식자들이나 언론이 흔히 오해하는데, 중도층은 쉽게 마음을 정하는 이들이 아니다. 야구장 관중석에도 룰이 있다. 대개 1루 쪽에 홈팀 응원단이 앉는다. 반대로 3루는 원정팀 응원단이 차지한다. 이들은 야구 관람보다 응원가를 부르고, 율동을 따라 하느라 정신이 없다. 상대 팀 강타자가 타석에 들어서거나, 투수가 견제구를 연거푸 뿌리면 야유를 보낸다. 수비 실책을 하면 박장대소하며 놀린다. 그러던 응원단이 돌변해 먹던 음식 쓰레기에 빈 병을 마구 던질 때가 있다. 자기 팀이 무기력하게 졌을 때, 역전당했을 때, 라이벌 팀에게 크게 패했을 때 등이다. 그게 팬들의 속성이다.

반면 일반 관중은 홈베이스 뒤에 주로 앉는다. 이들은 어느 팀의 팬도 아니기 때문에 어느 팀도 잘 응원하지 않는다. 오로지 경기에 집중한다. 양 팀 투수 공의 구속과 구질을 하나하나 분석하고, 타자의 타격 자세를 놓고 그 장단점을 지적한다. 관전자이자 평론가다. 이들은 그날 이긴 팀에게 박수를 보내고, 잘 때리거나 잘 막은 선수를 칭찬한다. 이들이 바로 중도층과 비슷하다.

정치에서 중도층은 결과를 중시하는 유권자층이다. 집권 여당이라면 정책적 산출, 자신에게 돌아오는 실질적 혜택, 경기 호전, 민생 같은 것들이 중요하다. 야당이라면 국회에서 정부 여당의 실정을 비판하는 한편, 대안을 제시해 입법화한 성과를 본다. 그에 더해 한 가지 더 있다면, 어느 당이 더 혐오스러운가 하는 정도다. 어느 당도 마음에 쏙 들지 않기 때문에 막판까지 고민하다 결국 덜 싫은 쪽을 찍기 때문이다. 중도층은 말로 움직이지 않는다. 말로 될 것 같으면 처음부터 무당파가 되지도 않았다.

그러므로 야구 선수는 팬을 위해 서비스해야 하고, 정치인은 지지층을 의식하고 글을 써야 하는 게 기본이다. 어차피 반대편은 남의 당 글까지 보지 않는다. 중도층 중에 무당파나 상대 당의 소극적 지지층을 글로 설득하겠다는 것도 순진한 생각이다. 프로야구 팀은 1루 쪽 응원단을 향해 인사하고 팬 서비스를 하지, 3루를 향해서는 하지 않는다. 심지어 홈베이스 뒤쪽 관중도 크게 의식하지 않는다. 그들까지 신경 쓰다간 자칫 루틴만 깨진다. 물론 정치가 3루나 홈베이스 쪽을 의식해야 할 때도 있다. 특히 정책이 그렇다. 비정치적 정책은 지지층,

비지지층 가리면 안 된다. 선거가 다가오면 정치도 중도층의 선호를 따라야 한다. 그러나 정치 글은 철저하게 지지층을 향한 메시지여야 한다.

마지막으로 정치인의 소셜 미디어 글에는 매너리즘이 약간씩 있다. 자신의 활동을 사람들이 궁금해할 것으로 생각한다. 그거 착각이다. 괜히 미주알고주알 중계할 필요 없다. 괜히 쓸데없는 글 주절주절 늘어놓는 시간만 아깝다. 그래봤자 국회 안에서, 혹은 지역구 다니며 했던 통상적 활동이다. 본회의에서 통과시킨 법, 회의 끝나자마자 10분이면 포털 사이트에 다 나온다. 의원총회 결과, 상임위 발언 내용, 어떤 날의 일정, 그런 것 별로 궁금해하지 않는다. 어차피 국회의원들 하는 일 비슷비슷하다. 그게 흥미롭고, 의미 있고, 특별해 보이는 건 본인뿐이다. 300명의 국회의원이 다 하는 일인데, 유독 자기 혼자 신기하다. 초선의 가슴 벅찬 의정 활동을 이해 못 하는 바는 아니나, 국민 역시 초보가 아니다. 사실 재선, 삼선의 글 중에도 국회의원이면 으레 하는 활동을 지루하게 설명하는 것들이 많다.

국회의원에 당선되면 많은 것이 달라지는데, 가장 큰 변화는 자신을 바라보는 눈이라고 한다. 자신이 주인공 대접을 받는 게 확연히 느껴진다. 평소 같이 밥 먹던 사이인데도, 국회의원이 되자 자기 말에 전부 귀를 쫑긋 세우고 주목하더란다. 조금만 재미있는 말을 해도 박장대소를 해주고, 국회에서 돌아가는 이야기를 해주면 그렇게 주의 깊게 들으면서 맞장구를 쳐주더란다. 그 버릇이 그대로 소셜 미디어 글에 나타나는 꼴이다. '실친'들이니까 그런 거다. '페친'들은 그렇지 않다. 단순히 국회의원이라서가 아니라, 내가 지지하는 당 소속 의원이고, 내가 관심 있거나 좋아하는 정치인 스타일 같아서 '친신'하고 팔로우하는 것이다. 그들이 여느 국회의원이 다 하는 통상적 활동과 뻔한 일상에 무슨 큰 관심이 있겠는가?

이 세 가지는 소셜 미디어 포스팅에서 하지 말아야 할 금기다. 이것만 지켜도 긴 글을 부르는 원인을 제거할 수 있다. 글을 짧게 쓰는 본격적인 비결은 결국 좋은 글을 쓰는 방법과 직결된다.

라. 좋은 정치 글의 사례: 카이사르와 처칠

과거 우리가 책이나 종이 신문에서 글을 읽을 때, 다 읽고 나서 좋았다거나, 별로였다고 글쓴이에게 피드백하는 일은 극히 드물었다. 그러나 인터넷 시대, 우리는 화면으로 읽은 거의 모든 글에 대해 즉각 반응을 보일 수 있다. 소셜 미디어에 올라온 글, 포탈에 뜬 기사, 언론사 사이트의 기사, 심지어 거기에 단 댓글에까지도 추천과 반대를 누를 수 있다. 모든 독자는 이제 작은 발언권을 가지게 되었다. 좋다, 화난다, 힘내라, 후속 기사를 원한다, 웃긴다 등등 작지만 가볍지 않은, 반응의 종류까지도 선택할 수 있다.

반면 모든 글쓴이는 독자의 반응에 신경이 쓰인다. 예전의 신문 칼럼니스트는 원고를 보내고 나면 끝이었다. 그러나 지금은 인터넷에 올라온 자기 글에 독자들이 어떻게 반응하는지 궁금하지 않을 수 없다. 기사 밑에 달리는 댓글과 댓글에 붙는 공감과 반대의 숫자를 보며, 자기 글에 대한 평가를 가늠하게 된다. 특히 정치 분야 글들이 더더욱 혹독한 운명에 처해 있다. 매일 기사를 쓰는 정치부 기자는 늘 예민해져 있고, 정치인은 팔로워와 '좋아요' 숫자에 목숨을 건다. 심지어 댓글을 단 독자마저도 반응에 신경 쓴다. 모든 글 쓰는 이들이 독자의 반응에 죽고 사는 세상이 되었다. 필자와 독자의 관계가 터질 듯한 긴장감으로 팽팽하다.

이런 환경에서 '좋아요'를 많이 받으려면 글을 어떻게 써야 할까? 어떻게 하면 적극적 지지를 끌어낼 글을 쓸 수 있을까? 여기저기 퍼 날라지고, 댓글에 대댓글이 끝없이 달리며 갑론을박으로 성지가 되는 포스팅을 터트릴 수 있을까? 답은 간단하다. 글로 싸우면 된다. 상대 정당이나 상대 당의 정치인과 세게 붙으면 된다. 독하게 공격하고, 끈질기게 물고 늘어지고, 우리 편의 정당성에 대비되는 상대편의 부당성을 날카롭게 비판하면 된다. 그러면 '좋아요' 숫자가 폭발적으로 늘어난다. 형식은 그리 중요하지 않다. 비문이 섞여도, 문장이 거칠어도, 어려운 단어가 곳곳에 보여도 큰 상관없다. 언론인들이나 식자들은 싸우지 말라고 하지만 의미 없는 말이다. 싸우면 얻는 게 얼마나 많은지 누구보다 잘 알고 있는 게 정치인이다. 그런 이들이 평론가들의 공자님 말씀에 넘어갈 리 없다.

문제는 한사코 싸울 수만은 없다는 점이다. 정치 1~2년 하고 마는 거 아니다. 기본이 4년, 재선이나 삼선을 하면 10년이다. 처음부터 끝까지 싸움만 하는 정치는 불가능하다. 지금은 김대중과 노무현이 건너온 비타협적 투쟁의 시대가 아니다. 싸울 땐 싸우고, 결과물을 낼 때는 내야 하고, 대중적 인기를 끌어야 할 땐 말랑말랑한 정치도 해야 한다. 그래서 쓰는 글의 절반은 여전히 정치적이고 전투적이어야 하지만, 나머지 절반은 사회, 경제, 복지 등 국민의 먹고사는 문제를 다루거나, 국민의 일상과 함께하는 인간적 모습을 다루어야 한다.

사실 '좋아요'를 많이 받는 글과 '좋은' 글은 반드시 같지 않다. '좋아요'를 많이 받고 못 받고는 글의 내용이 결정한다. 정치 글은 문학이 아니다. 교양을 쌓기 위해 읽는 글도 아니고, 정보를 얻기 위한 글도 아니다. 오로지 우리 편이 이기는 데 복무하면 된다. 그러나 좋은 글은 내용을 초월한다. 어떤 내용을 담든, 좋은 글이 되려면 형식이 중요하다. 그리고 그 형식 때문에 숱한 글쓰기 책이 발간되었다. 글쓰기나 글짓기를 위한 지침서는 크게 두 종류다. 대부분은 문장론을 다룬 책이다. 문장을 멋있고 아름답게 쓰거나 고치는 방법을 담고 있다. 그런 책의 이상은 문학적 글쓰기다.

가끔 실용적 글쓰기를 다룬 책들도 있다. 어떤 논리를 펼치기 위해 논증하거나(유시민), 독자를 설득하기 위해 어떻게 글을 쓰는 것이 좋은가(강준만)를 설명하는 책이다. 대개 간결하면서도 정확한 문장을 강조한다. 이처럼 시나 소설 같은 문학적이고 예술적인 글과, 에세이나 칼럼 같은 실용적인 글은 확연히 다르다. 용도가 다르니 형식도 다르고, 잘 쓴 글의 기준도 다르다.

정치 글의 문장과 문체는 어떠해야 좋다고 할 수 있을까? 우선 사례부터 살펴보자. 정치인 중에 누가 글을 잘 썼을까? 그가 쓴 글의 문체는 어떠했을까? 카이사르와 처칠은 둘 다 군인 출신이다. 거대한 전쟁을 직접 지휘했다. 정치적으로도 거물이었다. 각각 《갈리아 전기》(이하 전기)와 《제2차 세계대전》(이하 대전)을 썼다. 《전기》는 키케로가 '옷을 다 벗어버린 순수한 알몸뚱이 같은 문장'이라고 상찬했던 라틴어 문장의 정수다. 처칠은 노벨 문학상을 받았다. 평화상이 아니라 '문학상'이다.

카이사르가 쓴《전기》의 한 대목이다.

> 카이사르는 아군이 불리한 장소에서 싸우고 있는 데다 적의 수가 점차 늘어가고 있는 것을 보고 앞일을 염려했다. (중략) 그리고 그 자신은, 데리고 있는 군단을 이끌고 약간 전진하여 전황을 지켜보기로 했다. 전투는 장렬한 백병전이 되었다.
> 적은 지리상의 지점과 많은 인원수에 의지했고, 아군은 뛰어난 무용에 의지했다.
> 그때였다. 카이사르가 적을 분산시킬 속셈으로 오른쪽에서 다른 길로 올라가게 했던 하이두이족이, 아군의 오른쪽에 갑자기 나타나 아군을 크게 혼란시킨 것이다. 그들의 무기가 적의 것과 비슷했다. 원군의 표시인 오른쪽 어깨의 노출은 보았으나, 그것을 그만 적의 책략이라고 잘못 생각했던 것이다.
> 그때 앞의 백인대장 루키우스 파비우스와, 그와 함께 성벽을 올라간 자들이 적에게 포위되어 살해된 채 성벽에서 내던져졌다. 또 한 사람, 성문을 부수려고 하던 같은 군단의 백인대장 페트로니우스도 많은 부상을 입었다. 그는 죽음을 각오하고, 자신을 따르던 부하들에게 말했다.
> "내 몸과 너희들을 동시에 구할 수는 없다. 공명심에서 위기에 처하게 되었으니 너희들만은 살리고 싶다. 기회를 만들 테니 그때 달아나라." 그리고 다음 순간, 적 속에 돌진하여 두 사람을 죽이고, 다른 자들을 성문에서 약간 후퇴시켰다.

부하가 구출하려 하자 소리쳤다.
"나를 구하려 해도 헛일이다. 피를 너무 많이 흘려서 체력이 없어. 어서 가거라. 자, 움직일 수 있을 때 군단이 있는 곳으로 돌아가라니까." 이리하여 잠시 뒤 쓰러질 때까지 싸움을 계속하면서 부하들을 구출했다.

아군은 곳곳에서 압박을 받아 46명의 백인대장이 목숨을 잃었다. 그러나 이러한 때를 위해 제10군단이 약간 평탄한 곳에서 대기하고 있었으므로, 적의 추격은 면할 수 있었다. 그리고 이번에는 작은 진영에서 나와 높은 곳을 점거하고 있었던, 부관 섹스티우스가 이끄는 제13군단의 몇몇 대대가 그들을 구출했다.
평지에 이르자, 각 군단은 모두 그곳에서 걸음을 멈추고 전열을 수습했다. 한편, 베르긴게토릭스는 언덕 기슭에서 다시 보루 속으로 부대를 이동했다. 이날 잃은 병사의 수는 700명 가까이에 이르렀다.

이 글의 묘사는 마치 영화 〈글래디에이터〉의 첫 10분을 보는 듯하다. 화면과 음성이 동시 지원된다. 박진감이 넘친다. 내친김에 《전기》의 속편인 《내전기》까지 보자.

카이사르의 반격

이 모든 소식(원로원과 폼페이우스의 카이사르 제거 계획)을
전해 들은 카이사르는 병사들을 집합시켜, 그의 적들이
수차례에 걸쳐 그에게 저지른 부당 행위들을 낱낱이 설명했다.
"그들은 나의 위신을 질투하고 비하하여 폼페이우스를 그들
편으로 끌어들였다. 그러나 본인은 변함없이 폼페이우스를
지지했으며, 그가 출세하고 명성을 높이도록 도움을 주었다.
그들은 지금 로마 역사에 새로운 전례를 만들었다. 지금까지는
호민관(카이사르의 편)의 거부권을 되살리기 위해 군사력을
이용했다. 그러나 이제는 거꾸로 군사력이 호민관의 거부권을
억압하고 유린하고 있다. 술라조차도 호민관의 모든 특권을
박탈할 때, 그들이 자유롭게 거부권을 행사할 권리만큼은
남겨두었다. 그런데 폼페이우스는, 호민관의 권리를 되살린
공로는 인정하나 정작 그들이 한 번도 빼앗기지 않았던 권리, 즉
거부권을 박탈하고 말았다.
총독들에게 로마를 구할 대책을 촉구하는 원로원 최종 권고는
로마인들에게 무장할 것을 요구하는 포고이다. 이는 악법이
제정되거나 호민관들이 난동을 일으키거나, 혹은 군중이
반란을 일으켜 로마를 지배하는 신전과 산들을 점령했던 때를
제외하고는 결코 선포된 적이 없었다.
그리고 이전 시대의 원로원 최종 권고들은 사투르니누스나
그라쿠스 형제의 몰락을 가져왔다는 점에서 의미가 있었다.

그러나 최근에는 이런 일이 벌어진 적도, 계획된 적도 없었다. 문제가 되는 법안이 하나도 제출되지 않았고, 어떤 반란도 일어나지 않았다.
본인은 9년 동안 그대들의 총사령관이었다. 로마를 위한 그대들의 노고는 본인의 지휘와 하늘의 도움으로 빛나는 전과를 만들어냈다. 그대들은 수많은 전투를 승리로 이끌었고 갈리아와 게르마니아 온 지역을 평정했다. 이제 나 카이사르는 나의 명성을 지키고 적들을 격퇴할 것을 그대들에게 호소하는 바이다."

《전기》는 기원전 58년부터 50년까지, 《내전기》는 49년부터 48년까지의 기록이다. 한꺼번에 몰아 썼으니 일기는 아니다. 은퇴 후 집필한 회고록도 아니다. 글의 목적은 분명하다. 자신에 대한 로마 시민의 지지를 호소한다. 원로원의 정적들을 향해 자신의 정당성을 내세운다. 카이사르는 종일 뒤집어쓴 전쟁터의 먼지를 씻고 습관대로 소식(小食)으로 저녁을 마친 뒤, 로마로 돌아갔을 때 자신의 입지를 확보할 '정치글'을 썼다.

《전기》가 힘 있는 문장이라면, 《내전기》는 논리적인 문장이다. 《전기》에서 인용한 글은 카이사르 문체의 세 가지 특징을 보여준다. 첫째, 자신의 감정을 드러내지 않는다. 어쩌면 자신의 실수 때문에 초래된 혼란이다. 고대 전투의 기본 살상력은 육체에서 나왔다. 그러나 근육은 금방 지친다. 전투력의 우위를 유지하기 위해서는 새로운 근력을 적시에 투입해야 한다. 병력의 축차 투입에 대한 정보를 아군에게 정확히 알리지 않은 것은 중대한 실수다.

큰 패배를 당할 뻔했던 전투를 선방한 건 두 백인대장 덕분이었다. 어떤 전쟁에서건 자기 목숨을 던져 전우를 구한 이는 영웅으로 추앙된다. 영웅들을 향해 비장미 넘치는 헌사를 바칠 법도 한 카이사르는 그저 상황을 담담히 묘사하는 데서 그치고 있다. 차가울 정도로 담담하다. 그 결과 《전기》에는 카이사르의 초인적 풍모가 배어 나온다. 피와 살로 이루어진 보통 사람과 달라 보이기까지 한다. 흔들리지 않는 강철 같은 의지, 목표를 달성하고야 말 능력, 누구와 싸워도 이길 것 같은 무운. 마키아벨리가 말한 '비르투(virtu)'가 그의 글에 있다.

둘째는 글의 속도다. 모든 글에는 속도가 있다. 속도가 빠른 글은 차를 탔을 때 풍경이 앞에서 옆으로, 다시 뒤로 휙휙 스쳐 지나가는 글이다. 빠른 글은 섬세함을 포기하는 대신 핵심 줄거리를 파악하기 좋은 글이다. 산책하듯 주변을 이리저리 돌아다니는 글도 있다. 그런 글은 느리다. 잘 쓴 느린 글은 정치해서 영롱하되, 결국 하려는 이야기는 단순 소박한 경우가 많다.

카이사르 글의 속도는 딱 로마 군단 보병의 행군 속도다. 목적지를 향해 일말의 망설임 없이 저벅저벅 나아간다. 마구 내달리거나 우왕좌왕하지 않는다. 카이사르의 글은 빠르지도 느리지도 않다. 독자는 그와 같이 걷기만 하면 저절로 이해된다. 다시 생각할 필요가 없다. 독자는 카이사르가 보았던 그대로를 실시간으로 볼 수 있다.

카이사르 글의 세 번째 특징은 '에토스(ethos)'를 형성한다는 점이다. 자신이 직접 행했거나 겪었던 일을 나중에 기록했을 때 생기는 당연한 결과겠으나, 《전기》를 읽는 순간 누가 감히 카이사르의 능력과 됨됨이, 애국심을 의심할 수 있을까 싶다. 아리스토텔레스의 《수사학》이 말하는 에토스가 바로 이것이다. 만약 우리가 지금 어떤 정치인의 글을 읽는다고 해보자. 그런데 그의 글이 그의 실천과 정확히 일치하고 있다면, 사람들은 그 정치인을 어떤 눈으로 바라보게 될까? 십중팔구 무한한 신뢰감을 느끼게 될 것이다. 그것이 서사(敍事, Narrative)가 주는 힘이다. 서사를 가진 자만이 영웅이 될 수 있다. 다시 이야기하겠지만, 서사는 정치에서 대단히 중요한 요소다.

카이사르는 군사적 성취에 기초해 자신에 대한 에토스를 구축한 다음, 그로부터 자신의 미래 행동에 대한 정치적 정당성을 획득하는 데 성공했다. 그런 힘이 그의 두 저작에 있다. 이처럼 카이사르 글의 문체는 그의 비르투를 보여주는 동시에 인간적 속도로 진행해 쉽게 이해할 수 있고, 신뢰감이라는 에토스를 주는 대단한 장점을 두루 갖추고 있다.

처칠의 저작은 어떠할까? 《대전》은 처칠이 종전과 함께 수상직에서 물러난 후, 1948년부터 1953년까지 6년간 집필한 작품이다. 처칠은 서문에서 '나는 역사를 기술하려고 하지 않겠다. 그것은 후대의 몫이다. 그러니 이 저술은 미래에 유용한 역할을 할 역사에 기여하는 일'이라고 말했다. 즉 1차 사료로 규정한 것이다. 분량이 총 여섯 권(권당 900쪽)으로 어마어마하다. 그걸 1958년에 한 권으로 줄여 다시 냈는데, 한국에서 출간된 건 이 축약본이다. 그래도 1,500쪽에 이른다.

카이사르와 비교했을 때, 처칠은 글에 자신(의 마음)을 드러낸다. 《대전》은 크게 보면 정치적 체험담과 군사적 연대기의 두 가지 성격으로 나뉜다. 자기 이야기는 주로 정치와 전략을 다루는 체험담에 나타난다. 《대전》에도 언급하고 있지만, 우리 누구나 알고 있는 유명한 문구가 있다. 1940년 5월 하원에서 행한 수상 취임 연설의 한 대목이다. '내가 드릴 수 있는 것은 피와 노고와 눈물과 땀 말고는 아무것도 없습니다(I have nothing to offer but blood, toil, tears and sweat).'

이렇게 처칠은 자기 이야기를 한다. 카이사르가 극구 피했던 '속마음 겉으로 드러내기'다. 당시 상황에서 수상이 피와 눈물, 땀을 말했을 때, 그걸 비유적 표현으로 들은 영국 국민은 아무도 없었을 것이다. 처칠이 수상에 취임한 것은 5월 10일이다. 바로 그날 독일 국방군은 전격전을 개시했다. 마지노선을 우회해 네덜란드와 벨기에 국경을 돌파한 독일군은 영국이 파병한 대륙원정군을 거세게 몰아붙였다. 사흘 뒤인 5월 13일, 처칠은 의회를 찾아 저 연설을 했다. 그리고 일주일 후, 30만의 연합군은 됭케르크에 갇힌다.

절체절명의 위기였다. 이런 백척간두에 올라서 나(I)를 내세워 말하기는 쉽지 않은 일이다. 그런데 처칠은 나의 피를 바치겠다고 한다. 자신을 '나'라 하지 않고, '카이사르'라는 고유명사로 칭하며 《전기》를 써나갔던 카이사르와는 완전히 반대다. 아마 보통의 정치인이라면 이렇게 말했을 것이다. '우리 정부는 앞으로 필사즉생의 각오로 임할 것입니다. 전세는 호전될 것입니다. 국민 여러분이 용기를 잃지 않는다면 우리는 마침내 승리하고야 말 것입니다.'

대개 정치인은 어려운 상황에 빠졌을 때, 객관적으로 말하는 버릇이 있다. 나를 뒤로 빼고 우리는 앞에 세운달지, 정부나 국가 혹은 국민을 호명하며 그들을 이 상황의 주체로 앞장세우는 것이다. 그게 정치인의 본능이다. '내가 이 코로나 사태를 끝내겠습니다'가 아니라, 우리 다 함께 '코로나를 이겨냅시다'라고 말하는 식이다.

그러나 처칠은 자신의 '피와 눈물'을 말한다. 자신을 전열의 맨 앞에 내세우기를 주저하지 않았다. 어찌 보면 지나치게 비장하거나 선동적으로 들릴 수 있는 처칠의 연설은, 그러나 그의 정치인으로서 기질을 그대로 보여준다.

마찬가지로 터질 듯 긴장감이 가득한 《대전》의 한 대목이다. 1940년 6월, 파리를 빼앗기고 퇴각한 프랑스 레노 총리를 만나기 위해 처칠은 임시 수도 투르로 날아간다.

제2차 세계대전, '홀로 싸우다'

> 드골 장군이 문 입구에서 무심하게 무표정하게 서 있는 모습이 보였다. 나는 낮은 목소리로, 그리고 프랑스어로 혼자 말했다. "운명의 인물." 그는 의연하게 서 있었다. 정원에는 너무나 비참한 표정의 프랑스의 지도자급 인물이 100명은 넘게 있었다. 누가 클레망소의 아들을 내 앞으로 데려왔다. 나는 그의 손을 꽉 잡았다.
> 어느새 스핏파이어 편대는 공중에 떠 있었다. 쾌속 무사의 귀로에서 나는 아주 편하게 잠을 잤다. 그것은 현명한 판단이었다. 집의 침실로 가기 전에 해야 할 일이 너무 많았기 때문이다.*

* 윈스턴 처칠, 《제2차 세계대전》, 까치, 2016, 456쪽.

모든 그리스 비극은 주인공의 몰락 과정이다. 고귀한 신분의 영웅은 자신의 운명적 결함(hamartia)에서 비롯된 고통에 몸부림치다 결국 쓰러진다. 1차 세계대전 승전의 주역 프랑스는 그렇게 몰락했다. 힘 한번 못 써보고 독일에 무너진 비극적 상황을 처칠은 저렇게 그려내고 있다.

프랑스가 무너졌으니 다음 차례는 영국이다. 미국도 참전을 망설이고 있었다. 영국 혼자 남아 싸워야 한다. 그런데 세계의 운명을 어깨에 짊어진 최고 지도자는 저토록 간결하고 무덤덤하다.

처칠의 말과 글에는 비장미만 흐르는 게 아니다. 이미 50대 후반인 1932년에 낸 수상록, 《폭풍의 한가운데(Thoughts and Adventures)》에는 그의 개성이 곳곳에 묻어난다.

선거 이야기

> 선거라면 내가 누구보다도 전문가라고 할 수 있으며, 실제로 하원의원 선거를 나보다 많이 치른 현직 의원도 없다. 도합 15회나 치렀으니 한번 상상을 해보라.
> (중략)
> 그렇지만 어쩔 수 없는 노릇이다. 그렇다고 누가 대신해줄 수 있는 일도 아니지 않은가! 우리의 헌법은 이런 식으로 운용되어가고 있는 것이다. 우리는 모두 사슬에 묶인 갤리선 노 젓는 노예와도 같은 신세로, 감독이 휘두르는 채찍에 맞춰 일사불란하게 움직이며 점점 거세지는 풍랑을 묵묵히 헤쳐나갈

> 뿐이다.
>
> 물론 소란스러운 회합도 없지는 않으며, 사실은 이런 모임이 갑갑한 숨통을 터주기도 한다. 이런 모임에서는 우선 틀에 박힌 연설을 할 필요가 없다. 이곳에는 들뜬 군중이 있고 시기심으로 꽉 차 있는 반대파가 있으며, 그들의 턱은 분노에 찬 고함과 욕설로 뒤틀리고 있고, 당신을 자극하고 약 올리기 위해서 별의별 모욕을 퍼붓는다.
>
> 당신의 과거 행적은 물론이고 정치적인 신조나 때로는 개인적인 성격까지 물고 늘어지기 일쑤다. 야유와 비웃음이 여기저기서 터져 나오고, 악의에 찬 창백한 얼굴의 청년들과, 짧은 머리에 불도그 상을 한 젊은 여성들이 머리를 짜내서 만들어낸 기기묘묘한 추잡한 질문들을 퍼부어댄다. 시련이 아니냐고? 물론 그렇다.*

표를 먹고 사는 정치인이 맞나 싶다. 선거운동을 하는 자신을 자조적으로 비웃고, 대중을 향해서는 대놓고 이죽거리고 있다. 처칠은 반사회주의 노선을 표방했고, 노동계급과 여성운동에 대해 우호적이지 않았다. 글 곳곳에서 그런 태도를 내비친다.

처칠은 언론에 대해서는 '아첨쟁이 언론들', 여성 선거권 운동가들에게는 '유별나게 극성맞은 스코틀랜드 여장부', 자신을 패배시킨 사회주의자 후보에게는 '이 세상에 하늘나라를 실현하겠다는 될 성싶

* 윈스턴 처칠, 《폭풍의 한가운데》, 아침이슬, 2003, 289~292쪽.

지도 않은 주장을 내세우며……'라는 등의 딱지를 붙인다.**

지금 같으면 위험천만한 발언이다. 언론, 여성, 노동은 특히 정치인이 조심해야 할 3대 요소다. 어떻게 그게 가능했을까? 첫째는 당시 책을 읽을 수 있는 계층이 제한적이었을 가능성이다. 설사 처칠의 책이 비교적 널리 읽혔다 하더라도, 여성이나 노동과 관련된 발언이 당시 사회 인식에 비추어 대중적 공분을 불러낼 수준은 아니었을 수 있다. 둘째는 처칠 자신이 개의치 않았을 가능성이다. 귀족 출신에 사관학교를 거쳐 참전까지 한 군인이자 글까지 잘 쓴 기자 경력을 가진 유력 정치인이다. 처칠은 실제 1930년에 출간한《나의 젊은 시절》이란 책에 이렇게 썼다. '우선 아일랜드를 정복한 뒤 자치권 부여를 고려해야 하며, 총파업을 분쇄한 뒤 광부들의 불행에 귀 기울여야 한다.'

한마디로 처칠은 철저하게 위에서 아래로 내려다보는 권위적이자 보수적 인간의 전형이었다. 그게 글에서 드러나는 처칠의 인간적 면모다. 카이사르는 로마 시민을 자신의 적으로 돌리지 않기 위해《전기》를 썼다. 그러니 글에서 서권기(書卷氣)를 최대한 뺐다. 함부로 우쭐대지 않는다. 처칠은 그 반대다. 그의 수상직 취임사는 자신만만하다. 내무 장관, 재무 장관, 해군 장관, 육군 장관을 두루 거쳤으니 전시

** 이 당시 영국의 정당 체제는 구조적 변동기였다고 할 수 있다. 보수당과 양당 체제를 이루고 있던 자유당은 1918년 총선에서 불과 13.3%밖에 득표하지 못하면서 노동당에 의해 대체되고 있었다. 정치를 시작한 보수당에서 탈당해 자유당에 있던 처칠은 다시 자유당을 탈당하기로 한다. 그리고 보수당으로 옮기기로 하고, 1924년 보궐선거에 무소속 후보로 출마한다. 당시 선거구는 웨스트민스터로, 우리로 치면 정치 1번지인 서울 종로구쯤 된다. 보수당, 자유당, 노동당이 후보를 다 낸 가운데, 처칠은 40표라는 간발의 차이로 낙선한다. 선거에 진력을 내는 것도 무리는 아니다. 노동계급이 자신의 정치조직을 정당으로 발전시켜 제2당의 지위로 부상한 게 1922년이었다. 처칠은 '선거 이야기'에서 여성 선거권 운동가들이 자신의 선거 때마다 따라다니며 훼방을 놓았다고 투덜댄다. 여성들이 선거권을 행사한 건 1918년부터였다.

지도자로선 최적의 인물이다. 전쟁에서 이겨달라고 앉힌 수상인데, 출사표가 겸손하고 차분해서도 사실 말이 안 된다. '선거 이야기'에서도 대중 유세를 피곤해하는 태도가 역력하다. 얼마나 자신만만한지, 귀여운 구석도 있다. 처칠은 그림도 꽤 그렸다.

그림 그리기

어느 일요일, 어린이용 물감 상자를 둘러메고 야외로 나가 시골 풍경을 몇 번 습작하고 난 바로 다음 날 아침 나는 유화용 화구 일습을 장만했다.

물감, 이젤, 캔버스가 갖춰지니까 남은 일이라곤 바로 시작하는 일뿐이었다. 하지만 무엇부터 손을 댄다? 팔레트는 색채의 구슬들로 번쩍거리고 캔버스는 희고 반듯하니 서 있는데, 그림붓은 운명의 무게를 감당 못 한 채 소신 없이 공중에 떠 있는 듯했다.

조용한 거부감이 내 손을 타고 흘러 꼼짝 못 하게 묶어놓았다. 그러나 어쨌든 하늘은 파랬고, 당시에는 옅은 푸른색이었다. 파란 물감에 흰 물감을 섞어서 캔버스 위쪽에 칠하면 되는 것 아니겠나? 이것을 알기 위해 꼭 화가 수업을 받아야만 하는 건 아니겠지. 누구나 여기까지는 다 할 수 있는, 말하자면 출발선에 선 것이다.

> 드디어 나는 아주 조심스럽게, 가느다란 붓을 꺼내 팔레트 위에서 파란 물감을 갠 후, 앞에 딱 버티고 서 있는 순백의 방패에 극진한 예의를 다해서 콩알만 하게 칠해보았다.*

따로 화가 수업을 받지 않고도 그림 솜씨를 쌓은 자부심이 도저하다. 감출 수 없는 그의 엘리트 의식은 저작 곳곳에서 드러난다. 자부심에 가득 찬 엘리트가 자신이 빛날 수 있는 가장 좋은 시대를 만난 덕분이다. 조국에게는 승리를, 자신에게는 위인의 반열에 오르는 행운을 처칠은 누렸다. 그것이 처칠의 '포르투나(fortuna)'다. 그의 글은 자신의 행운에 힘입은 자신감을 드러내는 데 망설임이 없다. 이것이 과묵할 정도로 자기 절제에 강한 카이사르와, 자신을 드러내는 데 거침없는 처칠의 첫 번째 다른 점이다.

두 번째, 글의 속도에서 처칠은 카이사르보다는 조금 느리다. 카이사르가 보병의 행군 수준으로 이동하는 데 반해, 처칠은 기자처럼 꼼꼼히 살피며 걸어간다. 카이사르가 앞만 보고 저벅저벅 걸어간다면, 처칠은 주변도 살피고 허리를 숙여 길가에 핀 꽃도 유심히 보다가, 눈을 들어 먼 산도 바라보면서 나아간다. 자신의 경험이 그 자체로 역사가 될 터이니 최대한 자세히 기록해두려는 의무감 같은 게 느껴진다. 처칠이 정치를 체험담으로, 전쟁을 연대기로 촘촘히 서술한 것은 일이 벌어지던 당시 모든 상황을 자기 머리로 다 파악하고 있었다는 증거다. 그렇지 않고서는 절대 저렇게 꼼꼼하면서도 청산유수로 쓸 수 없다.

* 윈스턴 처칠, 《폭풍의 한가운데》, 아침이슬, 2003, 447쪽.

카이사르가 갈리아에서 전투와 전투의 연속으로서 전쟁을 지휘했다면, 처칠은 정치적 의사 결정부터 전략과 전술에 이르기까지 훨씬 넓은 시야에서 전쟁을 지휘했다. 그 때문에 글의 속도가 카이사르보다 느리지만 지루하지 않다. 오히려 입체감이 있다. 카이사르의 속도가 우리에게 카이사르가 본 것을 있는 그대로 보게 해준다면, 처칠의 속도는 우리를 처칠의 머릿속으로 끌고 간다. 앞뒤 맥락을 같이 살피고, 선택의 순간 갈등을 공유하게 만든다.

세 번째, 처칠의 글은 처칠을 어떤 모습으로 비치게 할까? 처칠이 《폭풍의 한가운데》를 쓴 정도에서 그쳤다면 글 잘 쓰는 정치인에 지나지 않았을 것이다. 그의 문장은 유려하다. '그림 그리기'의 인용문에서 보듯 묘사가 회화적이다. 실제 나이 마흔에 처음 붓을 잡은 이래, 따로 사사한 적이 없는 딜레탕트임에도 그림을 꽤 그렸다는 걸 보면 예술가적 기질이 있었다고 봐야 한다. 이는 어려서 학업에 별 뜻이 없다가 삼수 끝에 들어간 사관학교를 졸업하고 군문에 들어선 이후, 전 세계 전쟁터를 제 발로 찾아다닌 그의 무인 기질과 상반된다.

처칠은 전형적으로 시대가 만든 인물이다. 역사의 한가운데 있었던 당사자이자 참가자이자 관찰자다. 카이사르가 자신이 했던 일을 이야기했다면, 처칠은 자신이 한 일과 함께 지켜본 일을 다 이야기하고 있다. 자신이 한 일에 대해서는 자부심이, 함께한 일에서는 구체성이, 지켜본 일에 대해선 객관성이 도드라진다. 위기의 시대에 이런 사람보다 더 믿음이 가는 이가 또 누가 있을까 싶다.

처칠의 글은 그의 파란만장한 정치 이력을 성공으로 이끄는 원동력이었다. 《대전》에 나타난 글의 속도는 흐르는 강물처럼 유장하여 구체적이면서도 장엄하다. 그 결과 로마 시민이 카이사르에게 느꼈을 법한 신뢰감을 영국 국민은 처칠에게서 느꼈을 듯하다. 그와 함께 영국 국민은 처칠의 존재가 역사적 행운이었음을 확신했을 것이다. 처칠이야말로 포르투나의 정치인이었기 때문이다.

이제 애초의 질문으로 되돌아가 보자. 우리는 두 정치인의 고전에서 정치 글이 갖추어야 할 좋은 문장과 문체의 예를 찾고자 했다. 둘 사이의 공통점은 무엇이었을까? 공통점은 두 사람의 문장이 모두 짧다는 사실이다. 문법에서 말하는 단문이나 중문이냐가 중요하진 않다. 단문도 긴 건 길다. 짧은 중문이나 복문도 많다. 중요한 건 문법이 아니라 길이다. 문장이 너무 길면 문장 끝부분에서 문장 첫 부분이 잘 기억나지 않는다. 그러면 다시 앞으로 돌아가게 된다. 한 문장을 두 번 이상 읽지 않아도 되도록 하는 것, 그것이 짧은 문장을 구사하는 이유다.

문장을 짧게 쓰면 또 다른 효과가 생긴다. 한 문장으로 하나씩만 말하게 된다. 한 문장 안에 여러 개의 행동이나 이미지나 뜻을 욱여넣지 않게 된다. 저절로 글이 정연해진다. 요리로 치면 재료를 한꺼번에 때려 넣은 잡탕이 아니라, 하나의 접시에 한 가지 음식만 담는 방식이다. 찌개는 안에 어떤 재료가 들었는지 금방 구분되지 않는다. 반면 단품으로 차린 식탁은 무엇이 나왔는지 쉽게 구분된다. 더욱이 단품 요리를 시간순으로 내면 더 잘 기억하게 된다. 단품을 차근차근 순서대로 내놓기, 그것이 시대를 건너뛴 두 글쟁이의 신기하기까지 한 공통점이다.

문장을 짧게 쓰는 것과 별도로 글의 속도도 중요하다. 카이사르의 속도가 처칠보다 조금 더 빠르다. 《전기》가 《대전》보다 장면 전환의 속도가 빠르기 때문이다. 첩보 영화인 〈본 아이덴티티〉 시리즈는 획기적 편집 기법을 보여준다. 액션 장면이 불과 몇 초마다 전환된다. 장면이 휙휙 지나간다. 관객이 주인공이 된 듯 착각하게 만든다. 보는 이의 호흡이 더불어 빨라진다. 장면 전환을 빨리하면 호흡이 짧아지고, 호흡이 짧아지면 속도감이 느껴진다. 〈본〉 시리즈는 속도가 주는 쾌감이 가득한 영화다.

반면 전쟁영화 〈1917〉은 전체 영화가 한 테이크다. 장면과 장면 사이를 끊지 않고 다 연결해버렸다. 극단적인 롱 테이크다. 그럼으로써 관객을 끌고 간다. 주인공과 분리하되, 멀리 떨어지진 못하게 붙잡고 간다. 관객은 눈을 떼지 못한다. 전쟁을 바로 옆에서 지켜보는 듯하다. 현장감을 주면서도 유유히 굽이치는 강물처럼 보는 이를 하염없이 잠기게 한다.

글의 속도를 결정하는 첫째 요소는 문장의 숫자다. 쓰고자 하는 내용을 같은 분량으로 썼을 때, 문장의 개수가 많을수록 글의 속도는 빨라진다. 〈본 아이덴티티〉처럼 장면을 잘게 쪼개듯이, 문장의 길이가 짧아질수록 속도는 빨라진다. 그러면 읽은 이의 호흡이 빨라지면서 박진감이 느껴진다. 반대로 문장을 길게 하면 호흡이 느려지면서 유려함이 느껴진다.

문장의 길이와 함께 속도를 결정하는 둘째 요소는 글쓴이의 과잉 친절 혹은 욕심이다. 뭘 자꾸 더 많이 집어넣으려 하는 글이 있다. 오늘 처음 만난 사람을 글로 묘사한다고 치자. 어떤 이는 그의 특이점을 찾아내 묘사하고, 어떤 이는 머리부터 발끝까지 전부 설명하려 든다. 이때 특이점 중심 글은 속도가 빠르고, 모든 걸 설명하는 글은 속도가 느리게 되어 있다. 예컨대 '그의 코는 약간 붉었다. 바짓가랑이에는 어제 흘린 듯한 막걸리 자국이 보였다'는 식으로 묘사하면 특이한 행색을 통해 그 사람이 술꾼일 가능성을 드러낸다. 그러나 그게 처음 만나 뵌 분에 대한 예의가 아닌 듯하니, '그의 눈은 두 개고, 코는 하나며, 입 또한 하나이더라. 몸통에 달린 팔은 두 개고, 다리 역시 두 개였다'라고 쓰면 어떨까? 이렇게 친절이 넘친 나머지 뻔한 얘기를 주절주절하다 보면 글은 느려질 수밖에 없다. 읽는 이로선 '그래서 어떻다는 거야?' 하고 답답해진다.

욕심이 글을 느리게 하는 이유는 이런 경우다. 2박 3일간 제주도 여행을 다녀온 후기를 블로그에 쓴다 치자. 사흘 동안 갔던 곳과 먹었던 음식을 시간 순서대로 빠짐없이 다 기록한 글은 그 속도가 느리다. 반면 갔던 곳 중에 가장 인상 깊었던 곳, 먹은 것 중에 사연 있는 음식만 선택해 왜 인상 깊었고, 어떤 사연이었는지만 설명하는 글은 속도가 빠르다. 생략과 비약이 없는 글은 느려진다. 뻔하지 않고 독특한 글은 빠르다.

셋째 요소는 같은 말을 이렇게도 하고 저렇게도 하는 중언부언이다. 사람은 글을 쓸 때 자기가 아는 모든 걸 글에 집어넣으려 한다. 이게 생각 욕심이라면 마음 욕심도 있다. 자기 마음을 이렇게도 설명하고, 저렇게도 표현하려 한다. 그래야 더 자세하고 정확해질 것 같다. 그러나 그렇지 않다. 오히려 문제를 일으킨다. 자기한테는 자초지종이겠지만 다 읽어야 하는 상대방에겐 중언부언으로 들린다. 쓰는 이는 섬세하고 싶었겠으나 읽는 이는 답답하다. 치밀하고 싶었겠으나 복잡해 보일 뿐이다.

좋은 글을 쓰려면 가능한 형용사나 부사를 빼라고 한다. 왜 그럴까? 형용사나 부사를 쓰면 훨씬 글이 섬세해지는데? 표현이 훨씬 풍부해지는데? 그렇지 않다. 형용사나 부사가 글의 속도를 떨어뜨리기 때문이다. 좋은 글의 대표 격인 김훈의《칼의 노래》첫 문장은 이렇다. '버려진 섬마다 꽃이 피었다.' 그런데 여기에 형용사와 부사를 넣어보자. '아련한 봄 바다 위로 버려진 듯 고즈넉한 섬마다 수줍은 듯 꽃이 피었다.' 뒤의 문장이 나름대로 멋있는 것도 같다. 그러나 멋은 모르겠고, 대신 글이 속도를 잃는다. 형용사나 부사는 일종의 과속방지턱과 같다. 넘을 때마다 차가 출렁인다. 조금만 빨라도 차에 탄 사람들에게 충격이 온다. 형용사나 부사 한 개가 과속방지턱 한 개다. 많이 집어넣을수록 속도는 느려진다.

속도가 느려지면서 어떤 작용을 일으킨다. '버려진 섬마다 꽃이 피었다'라는 문장을 읽는 순간 머릿속에 그림이 그려진다. 그림 안에 '아련한 봄 바다 위로'와 '고즈넉한'과 '수줍은 듯'이가 이미 다 들어가 있다. 글 쓰는 이가 말 안 해도 글 읽는 이가 알아서 그렸기 때문이다. 그런데 굳이 형용사와 부사를 동원하면 중언부언이다. 읽는 사람과 상호 작용하는 글이 좋다. 중언부언은 읽는 사람을 믿지 않기 때문이다. 하고 싶은 말 다 하면 구구해지니 글 읽는 이의 상상력을 믿고 맡겨야 한다. 말해주지 않으면 모를 것 같지만, 독자는 바보가 아니다. 알아서 연상하고 스스로 판단하고 어쩌면 필자보다 더 많은 생각을 하면서 읽는다. 중언부언은 그래서 촌스럽다. 글의 속도가 떨어질 때 생기는 가장 안 좋은 효과다.

그렇다면 글의 속도를 무조건 빠르게 하면 좋은 글일까? 그렇지 않다. 어떤 용도와 성격의 글인가에 따라 글의 속도를 결정해야 한다. 중요한 것은 글 읽는 이의 호흡을 빨리하거나 느리게 함으로써 박진감을 주거나 유려함을 느끼게 할 수 있다는 사실이다. 글의 속도를 결정하는 두 가지 요인이 있다. 시간과 분량이다. 모든 글에는 이 두 가지가 먼저 주어진다. 시간과 분량에 구애되지 않고 책의 처음부터 끝까지 무조건 다 읽어야 하는 이는 대학원생뿐이다. 대부분의 독자는 무한한 시간을 들여 글을 읽지 않는다. 무한한 시간이 있다 해도 글만 하염없이 읽겠다는 독자는 없다. 우리는 모두 바쁘다. 빨리 읽고 핵심을 파악하려 한다. 따라서 글을 쓰는 이는, 글을 읽을 이가 어느 정도의 시간과 분량을 할애할지 미리 고려해 그에 맞추어야 한다. 그렇지 않으면 읽다가 돌아선다. 끝까지 읽어도 건성으로 읽고 만다. 그러면 아무리 좋은 내용을 써놓아도 헛일이다. 글의 속도는 그래서 중요하다.

글을 읽는 시간은 어떻게 결정될까? 길고 어렵고 지루한 판결문이라도 피고 측이나 로스쿨 학생이라면 시간이 얼마나 들든 다 읽을 것이다. 웹을 서핑하던 중에 눈에 띄어 읽기 시작한 네티즌이라면 읽다 말고 언제든 다른 사이트로 갈 수 있다. 대개 종이로 읽는 이들은 모니터로 읽는 이들보다 시간을 들일 가능성이 크다. 같은 인터넷이어도 직접 찾아가 읽을 때가, 습관적으로 들어간 포털에서 읽을 때보다 더 찬찬할 것이다. 소셜 미디어에서 친구나 팔로워를 많이 확보하는 것이 좋다. 알고리즘상 친구의 포스팅이 노출 빈도가 더 높은 것은 물론이고 더 주의 깊게 읽을 것이기 때문이다.

분량이 기준일 때도 물론 있다. 페이스북의 최적 분량은 원고지 5매다. 그런데 25매에 해당하는 내용을 집어넣으려 숨넘어갈 듯 내달리면 안 된다. 반대로 5매를 쓰면서 세월아, 네월아 해도 안 된다. 분량을 넘기지 않기 위해서라면 내용까지도 포기할 수 있어야 한다. 분량이 먼저다. 미처 못 쓴 내용은 다음에 또 쓰면 된다. 그래도 글을 쓰다 보면 도저히 빼면 글이 안 될 것 같을 때가 있다. 분량이 길어진다. 실제 상황에선 이런 경우가 너무나 많이 벌어진다. 어떻게 할 것인가?

원래 속도는 거리/시간이다. 그래서 시속(km/h)이나 초속(m/s)으로 나타낸다. 글에서 거리는 말하고자 하는 내용의 분량이고, 시간은 읽는 데 걸리는 시간이다. 속도는 이 수식처럼 시간과는 반비례 관계이고, 거리와는 비례 관계다. 즉 속도가 빠르면 같은 거리일 때 시간은 줄고, 같은 시간일 때 거리는 늘어난다. 이게 글쓰기에서 속도가 중요한 진짜 이유다. 말할 내용의 분량은 많은데 시간이 제한적일 때, 글의 속도를 빠르게 하면 더 많은 내용을 읽게 할 수 있다. 그러면 조금 길어도 독자들이 끝까지 다 읽는다. 글의 속도감은 어쩌면 독자의 눈을 속이거나 눈을 못 떼게 하고선 계속 끌고 가는 수법이라 할 수 있다.

글의 속도가 중요한 또 다른 이유가 있다. 시간과 분량에 대한 고려 없이 글을 쓰면 몇 가지 비극이 생긴다. 글이란 게 쓰기 전에는 모른다. 쓰기 시작해야 머리가 돌아가고 마음이 동한다. 만약 읽는 시간 5분에 원고지 10매 분량이라 쳐보자. 그런 글을 미주알고주알, 즉 속도를 아주 느리게 시작했다간 정작 담아야 할 핵심 내용이나 주장이 채 나오지도 않았는데 글이 종반에 접어들 수 있다. 그럴 때 필자는 처음부터 다시 쓸까? 아니면 대충 마감하고 끝낼까? 대개는 후자다. 그런 글은 무조건 실패작이다.

반대로 글 읽는 이가 여유를 갖고 읽을 글을, 괜히 글 쓰는 이의 마음만 급해 허겁지겁 쓰다 중반이 넘어가면 어떻게 될까? 앞에서 했던 말을 엎어서 설명했다 뒤집어서 요약했다 중언부언하기에 십상이다. 그런 글도 무조건 망한다.

시간이나 분량을 제약하지 않고 글을 쓸 때도 있다. 그러면 자신이 쓰기 좋은 대로 쓰면 된다. 단, 효과는 분명히 다르다. 카이사르의 《전기》나 처칠의 《대전》은 둘 다 문장이 짧은 편이다. 그래서 어느 쪽이든 읽는 순간 바로 이해된다. 덕분에 《전기》가 건조하면서도 박진감이 있고, 《대전》은 방대하면서도 현장감을 준다. 짧은 문장은 글을 쉽고 명확하게 해준다. 짧은 문장의 미덕이다. 글의 속도는 그에 더해 글쓴이가 어떤 인간인지를 느끼게 한다.

문장이 짧은 건 카이사르나 처칠이 같다. 그러나 글의 속도는 카이사르가 처칠보다 조금 더 빠르다. 덕분에 어떤 차이가 생긴다. 아마도 당대 독자였던 로마 시민과 영국 국민의 눈에 카이사르는 강인하고 차분한 사람으로, 처칠은 현란하면서도 위대한 인간으로 비쳤을 것이다. 그래서 상상한다. 카이사르는 대단한 군사적 업적에도 불구하고 설레발치지 않는 차분함 덕분에 군사 반란이나 다름없는 로마 입성을 큰 반발 없이 성공할 수 있었던 게 아닐까? 또 처칠은 자신의 싸움꾼 이미지 위에 스케일과 타의 추종을 불허하는 유장함을 덧입힘으로써 정치적 재기에 성공한 것은 물론 노벨상의 영광까지 누릴 수 있었던 게 아닐까? 즉 글이 사람을 보여준다고 할 때, 글의 속도는 글쓴이의 인간적 됨됨이를 보여주는 셈이다.

문장이 간결하고 글의 속도가 각각의 목적에 맞게 적절한 것에 더해 그보다 더 중요한 점은, 두 저작이 공통적으로 글쓴이의 인간적 면모를 드러내는 데 매우 성공적이라는 사실이다.《전기》는 카이사르의 비르투를,《대전》은 처칠의 포르투나를 완벽하게 반영하고 있다. 모든 글은 궁극적으로 그 사람을 보여준다.

따라서 정치인이 자기 글을 통해 자신을 보여주지 못한다면 그는 정치에 실패하는 중이다. 보여주지 않아도 문제고 잘못 보여줘도 문제고 제대로 보여주지 못해도 문제다. 쓴 책이 아예 없거나, 책이 있지만 사람이 안 보이거나, 직접 썼든 누구에게 맡겼든 자기를 제대로 보여주지 못하는 정치인은 정치를 잘못하는 중이다. 사람들이 자신을 신뢰할 아무 근거도 내놓지 못하는 정치인이기 때문이다.

3장

실전: 논조와 논지

정치 글에는 누군가를 설득해야 한다는 목적이 있다는 점, 정치 글은 홍보라는 선입견이 작용하는 만큼 시선을 붙잡을 그 무엇이 있어야 한다는 점, 목적을 잊어버린 채 양시론이나 양비론, 무색무취한 글로 흘러선 안 된다는 점을 종합해보자. 정치 글을 쓰는 이들은 신묘한 줄타기 솜씨를 갖추어야 한다는 의미다.

'내가 당신을 설득하고 말겠다'하고 목적을 너무 전면에 내세우면 '앗, 날 홍보 대상으로 보는구나'하고 도망간다. 그렇다고 너무 우아한 척하다간 '이런 한가한 소리나 하고 있나?'라거나 '혼자만 잘났군'하고 외면당한다. 그런 점에서 정치 글은 연애편지와 같다. 그 요체는 '밀당'이다.

카이사르와 처칠의 기백으로 한 걸음 더 실전으로 들어가 보자. 좋은 정치 글은 어떻게 써야 할까? 단어를 선택하고, 문장의 길이를 조절하고, 글의 속도를 빠르게 혹은 느리게 함으로써 결국 정치 글이 성취해야 할 미덕은 무엇일까? 정치 글의 미덕은 이해하기 쉽고, 잘 읽히고, 명쾌하고 뭐 그런 것들이 아니다. 그건 모든 글이 갖추어야 할 미덕이다.

정치 글의 미덕은 읽는 이를 설득하거나 호감을 느끼게 하는 것이다. 결국 내 편으로 만들어야 한다. 아무리 명문이라도 거기에 실패하면 아무 의미 없다. 설득하거나 호감을 느끼도록 하려니 어떨 땐 쉽게, 어떨 땐 재미있게 쓰는 것뿐이다. 뒤집어 말하면 쉽거나 잘 읽힌다고 좋은 정치 글이 되는 건 아니다.

정치 글에 목적이 있다는 당연한 이야기를 왜 굳이 할까? 쓰는 이들이 자주 잊어버리기 때문이다. 원내 대표단의 포스팅 분석에서 나타나듯이 왜 글을 쓰는지 잊고 있는 글이 많다. 나를 설득하고, 설득된 내가 다시 누군가를 또 설득하는 데 도움이 되지 않는 정치인의 글을 내가 왜 읽어야 한단 말인가? 정치인의 글을 읽으러 온 사람은 글에서 감동과 재미를 얻으려는 사람이 아니다. 그보다 배울 게 많고 재미있는 글이 사방에 널렸다. 정치 글을 쓰면서 한시도 잊지 말아야 할 게 있다면, 모든 정치 글은 본질적으로 홍보라는 점이다. 왜 홍보일까? 정치 글을 읽는 이들이 이미 '이 글은 홍보용이야'라는 점을 염두에 두고 읽기 시작하기 때문이다.

예를 들어보자. 영화관에 가면 지금 상영 중이거나 조만간 개봉 예정인 영화 홍보 전단들이 진열되어 있다. 사람들은 어느 전단부터 볼까? 당연히 오늘 볼 영화다. 영화를 보기 전에 상세한 정보를 얻고자 한다. 전단에는 정보에 더해 영화의 멋진 장면이나 배우, 감독의 사진이 있다. 하나같이 화려하다. 영화를 보기 전에 이미 흥분감이 밀려온다. 그다음에는 다른 영화나 앞으로 상영할 영화 전단을 볼 것이다. 다음에 볼 영화를 고르기 위한 탐색 차원이다.

어떤 정치인의 글을 일부러 읽으러 온 사람이 있고 지나가다 눈에 띄어 읽는 사람이 있다. 두 부류는 완전히 다르다. 일부러 읽으러 온 사람은 꼼꼼히 읽는다. 이미 설득되거나 감동할 마음의 준비를 하고 있다. 그러다 마음에 쏙 드는 글귀가 나오면 더더욱 좋다. 마치 영화관에서 오늘 볼 영화의 전단을 읽는 이들과 같다.

그러나 대부분 정치 글을 읽는 독자는 관심이나 호감을 전제하지 않는다. 상품 광고를 본다고 상품을 사지는 않는 대부분 소비자와 같다. 정치인의 글은 더 심하다. 정치만큼 호오가 갈리는 상품도 없다. 한두 번 읽고 설득당하거나 호감을 느끼는 경우는 절대 없다. 처음부터 깎아서 읽기 때문이다. 지금 읽을 정치인의 글이 자기 홍보라는 사실을 알고 읽기 때문에 좀 깎아서, 결코 곧이곧대로 다 믿지는 않는 마음으로 읽는다. 영화관의 홍보 전단을 만드는 홍보쟁이들은 그런 점에서 행복하다.

정치 글을 쓰는 이들은 이 점을 늘 기억해야 한다. 반쯤 의심의 눈초리로 반쯤 깎아서 읽을 이들의 눈을, 우리는 계속 붙잡아야 한다는 사실이다. 반드시 다 읽게 만들어야 한다. 읽어야 설득이 되든 말든 할 것 아닌가? 다 읽어야 그다음에 호감을 느낄지, 심드렁할지, 혐오감을 품을지 결정할 것 아니겠는가?

설득이라는 정치 글의 목적이 중요한 또 다른 이유도 있다. 무목적인 글은 무당파적인 글이 되기 쉽다. 정치인은 무당파적인 글을 쓰면 안 된다. 정치인의 글이 무목적, 무당파적인 경우는 세 가지 유형이다. 양시론, 양비론, 무색무취. 양시론을 펼치는 정치인은 한가해 보인다. 양비론을 펼치는 정치인은 교만해 보인다. 무색무취한 정치인은 얼마 안 가 정치를 그만두게 된다. 지지 기반이 약하다. 한가한 글이나 교만한 글이 누군가를 설득할 수 있을까? 무색무취한 글이 읽는 이를 자기편으로 만들 수 있을까?

정치 글에는 누군가를 설득해야 한다는 목적이 있다는 점, 정치 글은 홍보라는 선입견이 작용하는 만큼 시선을 붙잡을 그 무엇이 있어야 한다는 점, 목적을 잊어버린 채 양시론이나 양비론, 무색무취한 글로 흘러선 안 된다는 점을 종합해보자. 정치 글을 쓰는 이들은 신묘한 줄타기 솜씨를 갖추어야 한다는 의미다. '내가 당신을 설득하고 말겠다'라는 목적을 너무 전면에 내세우면 '앗, 날 홍보 대상으로 보는

구나' 하고 도망간다. 그렇다고 너무 우아한 척하다간 '이런 한가한 소리나 하고 있나?'라거나 '혼자만 잘났군' 하고 외면당한다. 그런 점에서 정치 글은 연애편지와 같다. 그 요체는 '밀당'이다.

정치 글의 목적을 제대로 달성하는 글쓰기 방법을 우선 논지와 논조로 나누어 설명하고자 한다. 논지는 글의 내용을 어떻게 구성하고 전개할 것인가의 문제다. 논조는 문장론이라 할 수 있다. 논지는 내용이고, 논조는 형식이다.

가. 논조

(1) 가독성

헤밍웨이의《노인과 바다》를 꺼내 펼친다. 어느 쪽이라도 좋다. 가장 먼저 눈에 들어오는 대목에서 세 문단만 옮긴다.

> 노인은 모든 고통과 마지막 남아 있는 힘, 그리고 오래전에 사라진 자부심을 총동원해 고기의 마지막 고통과 맞섰다.
> 고기는 그의 곁으로 다가와서 주둥이가 뱃전에 닿다시피 한 상태로 부드럽게 헤엄치면서 배 옆을 지나가기 시작했다. 은빛 살갗에 있는 자줏빛 줄무늬는 길고도 깊숙하고 넓게 물속까지 끝없이 이어져 있는 듯했다.
> 노인은 낚싯줄을 놓고 한쪽 발로 그것을 딛고 서서 작살을 힘껏 높이 치켜들었다가 마지막 힘을 다해, 아니, 그 이상으로, 자신의 가슴 높이까지 솟아오른 고기의 가슴지느러미 바로

뒤쪽 옆구리에 콱 꽂았다. 그는 작살에 기대어 그것을 더 깊숙이 박고 나서 자신의 온 무게를 밀어 넣었다.
죽음을 맞은 고기는 갑자기 생기를 되찾은 듯이 수면 위에 길쭉하고 널찍한 몸뚱이와 함께 그 위력과 아름다움을 아낌없이 드러냈다. 배 안에 있는 노인보다도 더 높이 하늘로 치솟아 오르는 것처럼 보였다. 그런 뒤 고기가 첨벙하고 물속에 떨어지는 바람에 물보라가 일어 노인과 배 위에 왈칵 쏟아져 내렸다.*

여기 해당되는 원문은 이러하다.

He took all his pain and what was left of his strength and his long gone pride and he put it against the fish's agony and the fish came over onto his side and swam gently on his side, his bill almost touching the planking of the skiff and started to pass the boat, long, deep, wide, silver and barred with purple and interminable in the water.
The old man dropped the line and put his foot on it and lifted the harpoon as high as he could and drove it down with all his strength, and more strength he had just summoned, into the fish's side just behind the great chest fin that rose high in the air to the altitude of the man's chest. He felt the iron go in and

* 어니스트 헤밍웨이, 김욱동 옮김, 《노인과 바다》, 민음사, 2012, 95쪽.

he leaned on it and drove it further and then pushed all his weight after it.
Then the fish came alive, with his death in him, and rose high out of the water showing all his great length and width and all his power and his beauty. He seemed to hang in the air above the old man in the skiff. Then he fell into the water with a crash that sent spray over the old man and over all of the skiff.*

헤밍웨이 문체의 특징은 한국어 번역문보다 영어로 읽을 때 잘 보인다. 어느 한 군데 군더더기가 없다. 어려운 단어나 복잡한 문장도 없다. 글이 쭉쭉 앞으로 나간다. 그에 더해 표현이 생생하다. 노인이 청새치와 싸우는 장면이 눈앞에 보이는 듯하다. 가독성에 더해 박진감까지 있다. 가장 중요한 것은 가독성이다. 잘 읽혀야 한다. 읽는 순간 바로 이해할 수 있어야 한다. 어떤 글이 가독성이 좋은지 아닌지는 금방 알 수 있다. 어떤 글을 읽다가 자신도 모르게 이미 읽었던 줄로 돌아가는 글이 있다. 사실 대부분 글이 그렇다. 다시 뒤로 돌아가는 글은 가독성이 떨어지는 글이다. 가독성이 좋은 글이란 두 번 읽지 않아도 되는 글이다.

국제회의장에서 통역은 직독직해로 한다. 영어와 한국어는 어순이 반대다. 위에 인용한 글에서 찾아보면 이런 대목이다. 세 번째 문단의 첫 문장이다. 한국어 번역은 이렇다. '죽음을 맞은 고기는 갑자

* Ernest Hemingway, 《The Old Man and the Sea》, 북플랜트, 2015, 94쪽.

기 생기를 되찾은 듯이 수면 위에 길쭉하고 널찍한 몸뚱이와 함께 그 위력과 아름다움을 아낌없이 드러냈다.' 반면 영어는 이렇게 되어 있다. 'Then the fish came alive, with his death in him, and rose high out of the water showing all his great length and width and all his power and his beauty.' 이 구절을 직독직해하면 어떻게 될까? '그때 고기는 살아났다. 이미 죽은 몸인데도. 그놈은 물 밖으로 높이 뛰어 오르며 모습을 드러냈다. 엄청난 길이와 크기를 뽐내며. 힘과 아름다움을 과시했다'가 될 것이다.

미국의 걸작 소설을 번역해온 김욱동 교수의 한국어판은 우리말 문법에 정확하게 부합한다. 완벽한 문장이다. 그러나 영어에서 보이는 헤밍웨이 특유의 쭉쭉 나가는 글의 속도감과 박진감은 사라지고 없다. 직독직해로 다시 번역한 문장은 툭툭 끊어지고 어설프지만, 이해하기 어렵지는 않다. 헤밍웨이 문장의 가독성이 워낙 좋기 때문이다. 대신 김 교수의 번역문이 잃어버렸던 속도감이 다시 살아난다. 이렇게 직독직해가 가능한 문장과 함께 가독성과 글의 속도감을 유지하는 논조는 정치 글에서 매우 중요하다.

문장이 매끄럽지 않고 툭툭 끊어지지 않느냐? 문법적으로 어설프지 않으냐? 그러하다. 하지만 직독직해를 해도 듣는 이들은 다 알아듣는다. 인간에게는 상상력이란 게 있다. 문장은 불완전하지만 우리 두뇌는 그걸 완전한 문장으로 재구성하는 신묘한 능력이 있다. 중요한 건 완벽한 문장이 아니다. 가독성과 속도감이다. 왜 그래야 할까? 정치 글은 왜 가독성이 좋아야 할까?

정치 글에 대한 선입견 때문이다. 사람들은 글을 읽을 때 아무 생각 없이 글을 마주하는 게 아니다. 어떤 마음의 준비를 한다. 기대일 수도 있고, 선입견일 수도 있고, 습관일 수도 있다. 어느 것이 됐든 정치 글에 대한 마음 준비는 다른 장르의 글에 비해 유별난 점이 있다. 우리는 음식을 먹기 전에 음식의 맛을 예상한다. 먹어본 적이 있기 때문이다. 김치찌개는 맵고 짜다. 평양냉면은 살짝 구수하고 심심하다. 무엇보다 찌개는 뜨겁고 냉면은 차갑다. 그렇다면 정치 글에 대한 예상은 어떤 것일까?

사람들은 정치 글이 홍보 선전이라고 본다. 선전에 쉽게 넘어가지 말아야지 하면서 읽는다. 사실 그보다 더한 선입견도 있다. 정치 글은 딱딱하고 지루하다는 편견이다. 틀린 말도 아니다. 정치 글은 진짜 재미없다. 가르치려 든다는 점에서 '꼰대'스럽기도 하다. 정치 글을 앞에 놓는 순간, 사람들은 '아, 이제부터 내가 딱딱하고 따분한 글을 읽겠구나'라는 마음의 준비를 한다.

정치 글이 가독성 좋고 박진감 넘쳐야 하는 세 번째 이유는 정치라는 장르 자체가 가독성과 박진감을 구현하는 데 적합하기 때문이다. 정치는 본질적으로 투쟁이다. 총칼을 들지 않는 대신 말과 글로 싸우는 전쟁이다. 싸움은 매일 아침 출근길 라디오에서부터 시작된다. 싸울 거리는 하루에도 수십 건씩 생긴다. 카이사르의 《전기》나 처칠의 《대전》을 예로 골랐던 이유다. 그 둘은 전쟁을 치렀던 정치인의 글이다. 지금도 전쟁 같은 정치를 하는 정치인이 배워야 할 모범이다. 치열하게 싸우는 정치인의 글은 지루할 수가 없다. 남과 불편한 관계를 맺는 게 두려운 어설픈 평화주의자의 글은 어떻게 써도 따분하다. 공자님 말씀이나 입에 발린 소리는 읽는 이에게 아무 감동도 주지 못

한다.

그러면 실제 정치 글에 가독성과 박진감이 있으려면 어떻게 해야 할까? 첫째, 자기 선전이든 홍보든 해야 하면 하는 것이지 미리 기죽고 들어갈 필요는 없다. 그런데 홍보성이 강한 글을 쓸 때, 괜히 위축되는 경향이 있다. 그 증거가 늘어지면서 질질 끄는 문장이다. 국회의원들은 자기가 참석했던 회의 진행 과정과 결과를 보고서 쓰듯 소셜 미디어에 포스팅한다. 그런 글들이 대부분 질질 끄는 문체에 늘어지는 문장이다. 그래서는 독자의 눈을 붙들어 끝까지 읽게 할 수 없다. 안 그래도 자기 홍보하는 글, 거리를 두고 읽으려는 독자다. 그런 이에게 늘어지는 글을 읽으라는 건 고문이다.

예컨대 회의 결과를 어떻게 써야 늘어지지 않을까? 글 쓰는 이가 가독성을 의식하고 있다면, 절대 나열식 보고서로는 쓰지 않을 것이다. 회의에서 처리했던 여러 법안 중에 국민에게 가장 중요하거나, 언론은 주목하지 않았어도 사회적 약자에게 의미 있거나, 아니면 의원이 자기 철학을 담아 제정했거나 하는 글의 핵심이 될 소재를 찾아야 한다. 그게 있어야 글에 초점이 생긴다. 그러면 모든 문장이 초점을 향해 달려가게 된다. 가독성과 박진감 있는 문체는 그럴 때 저절로 생겨난다.

둘째, 글에 쓸데없는 양념을 마구 뿌리지 말아야 한다. 근자에 세대론이 부쩍 회자된다. 권력을 쥔 586세대가 무능한 나머지 청년들의 힘겨운 삶을 방치하는 또 다른 기득권층이 되었다는 주장이다. '세대'라고 하지만 사실 운동권 출신을 가리킨다. 운동권은 모든 사안에 대해 자기 생각이 확고한 이들이다. 운동권이 되는 과정에서 소위 의식화를 거쳐야 했다. 의식화는 올바른 시각을 갖기 위한 학습을 말한다. 이렇게 학습하는 습관이 역으로 경직된 가치관을 심어줬다. 정치인은 이 586세대와 비슷하다. 기본적으로 다들 주관이 뚜렷하다. 남 앞에 서서 이끄는 게 직업이라 그렇다. 기도 세다. 거기다 국회의원을 하면서 적어도 자신이 다루는 분야에 대해선 누구보다도 아는 게 많아진다. 욕심도 많다. 남보다 뭐 하나라도 뛰어나고 싶어 한다.

아는 것 많고, 확신에 차 있고, 드러내고 싶은 욕망이 크면 절대 감추어지지 않는다. 글은 곧 그 사람이니 글에도 나타난다. 그래서 한번 말하기 시작하면 끝을 내지 않는다. 아는 걸 다 쏟아내야 끝난다. 남들이 볼 때 사람을 가르치려는 태도가 역력하다. 너무나 잘난 정치인들이 아는 걸 다 말하다 보면 그게 다 쓸데없는 양념이 된다. 그걸 참아야 한다. 예능 프로그램 가운데 〈알아두면 쓸데없는 신비한 잡학사전〉이라는 일종의 토크 프로그램이 있었다. 다양한 분야 전문가들이 각자 자기 전문 지식을 꺼내놓으며 수다를 떠는 프로그램인데, 꽤 재미있었다. 그러나 그것도 편집했으니까 재미있지, 나눈 이야기 전부를 다 방송했다간 지루해서 망했을 것이다.

'오컴의 면도날(Ockham's Razor)'은 간단한 이론일수록 진실에 가깝다는 논리학 원칙을 말한다. 원래는 어떤 현상의 원인과 결과를 설명할 때 가정을 덜 사용한 것이 더 정확한 설명이라는 의미다. 글을 쓸 때도 마찬가지다. 독자가 긴 글과 짧은 글을 읽었다 치자. 그런데 이해한 건 비슷하다면 두 글 중 어느 글이 더 좋을까? 당연히 짧은 글이다. 긴 글은 복잡한 것이다. 나영석 PD가 편집하듯 너무 어렵고 덜 재미있고 늘어지는 부분은 과감하게 잘라내야 한다.

진짜 선수는 자기가 하고 싶은 말을 다 안 하고도 남이 짐작할 수 있도록 쓰는 사람이다. 자기가 말 안 하면 세상 사람이 모르고 지나갈 거라고 걱정할 필요 없다. 이 말을 하게 된 배경, 취지, 그렇게 생각하는 이유, 주장의 핵심 요약과 연관된 보충 설명, 자기만의 관점이나 이론, 자기 말의 의의, 유용성, 현실에 적용했을 때의 효과…… 이런 거 다 말해야 직성이 풀리는 게 바로 '꼰대'다. 사람들은 많이 아는 사람을 좋아한다. 하지만 아는 걸 다 말하려는 '꼰대'는 싫어한다. 헤밍웨이가 대단한 것은 바로 다 말하지 않는 매력 때문이다. 노인이 바다에 나가 큰 물고기를 잡는 과정을 간결한 문체로 생생하게 묘사한 게 전부다. 그러나 우리는 그가 말하지 않은 '모든 힘을 다해 매 순간 살아가는 인간의 숙명'을 긴 여운으로 되새긴다.

글의 가독성을 결정하는 몇 가지 변수가 있다. 글을 읽다 다시 뒤로 가지 않게 하려면 어떻게 해야 할까? 문장을 가능한 한 짧게, 즉 단문으로 쓰는 건 가독성을 높이는 기본 방법이다. 중문이나 복문을 무조건 쓰지 말라는 게 아니다. 그게 효율적일 땐 써야 한다. 문장이 짧은 게 좋다는 건 정확성을 기하기 위해서다. 정확하기만 한다면 문장이 길어져도 상관없다. 그러나 대개는 짧은 문장이 긴 문장보다 정확하다.

정확하다는 건 두 가지 의미다. 하나는 명확함이다. 정치는 서비스업이다. 정치인의 글을 의무감으로 읽는 국민은 없다. 학생들이 공부로 읽는 글도 아니고, 소비자가 알아야 할 사용설명서도 아니다. 문장을 읽는 순간 바로 이해되어야지, 한참 생각해야 이해할 수 있다면 명확하지 않은 글이다. 달리 해석될 여지가 없는 글이 명확하다.

글을 명확하게 쓰는 가장 좋은 방법은 읽는 사람을 중심에 놓고 쓰는 것이다. 학생 때 공부 못했던 선생님이 아이들을 잘 가르친다. 아이들이 어디에서 막히는지 자기가 겪어봐서 잘 알기 때문이다. 이렇게 말하면 독자들이 알아듣지 못할까 늘 경계하며 글을 써야 한다. 글은 나 혼자 중얼중얼 말하는 게 아니다. 상대방을 이해시켜야 한다.

전후 맥락 없이 앞뒤 싹둑 잘라먹고 느닷없이 말하기, 자기만 알아들을 말 혼자 중얼거리기, 이 말인지 저 말인지 헛갈리게 말하기, 빙빙 에두름으로써 논점 흐리기, 능동태와 수동태를 섞어 주어가 뭔지 모르게 하기, 주술 관계가 호응 안 되도록 하기, 무엇을 지시하는지 고유명사나 일반명사 대신 대명사 남발하기 등등의 기법은 글을 정확하게 이해하지 못하도록 방해하는 데 탁월한 효과가 있다.

상대방에게 쏟아붓듯 말하지 말아야 한다. 말이 벽돌이라면 벽돌 한 트럭을 와르르 쏟아부으면 돌무더기가 된다. 하지만 설계도를 먼저 그리고, 그에 맞춰 벽돌을 차곡차곡 쌓으면 건물이 된다. 정치 글을 중학생이 읽지는 않는다. 정도의 차이는 있을지언정 독자도 알 만큼 아는 이들이다. 그래도 중학생한테 말하듯 기본 개요부터 말한 다음 세부적으로 설명하는 게 좋다. 나는 내 머릿속에 있는 걸 여기다 다 쏟아놓을 테니, 네가 알아서 벽돌 단위로 해체해 그게 아파트인지, 사무용 건물인지 짜 맞추라는 식의 글은 최악이다. 그런 글은 자기도 잘 모르고 쓴 글일 가능성이 높다. 제대로 아는 사람은 쉽게 설명할 줄 아는 사람이다. 완벽하게 아는 사람은 핵심과 차이점, 혼동하기 쉬운 대목을 명쾌하게 짚어주는 사람이다. 어렴풋이 아는 이들이 글을 난해하게 쓴다. 그런 글은 굳이 안 읽어도 된다. 자기가 말하는 것에 정통한 사람이 쓴 책만 해도 세상에 널렸다.

한국인의 문해력이 그리 좋지 않다고 한다. 그러나 그 원인이 무엇인지는 나오지 않는다. 그냥 독서량이 많아야 문해력이 좋아진다는 지당한 설명만 있다. 한국만큼 평균적 교육 수준이 높은 나라가 없는데, 도대체 어찌 된 일일까? 어쩌면 읽는 이들 때문이 아닐 수도 있다. 반대로 글 쓰는 이들이 글을 너무 어렵게 써온 탓일 수도 있지 않을까? 그 결과 글은 무조건 어려운 것이라는 공포심이 우리에게 있다면 어떤 일이 벌어질까? 시간과 노력을 들여 글을 다 읽고도 내가 과연 제대로 이해한 게 맞나 확신할 수 없게 된다. 시를 읽고도 어떤 단어가 상징하는 바가 무엇인지 사지선다형 문제를 내는 나라다. 시는 감성이고, 감성은 다양한 법이다. 그러니 하나만 콕 찍어 정답이라고 할 수 없다. 그런데 이런 식으로 문제를 내니, 우리는 글을 읽을 때마다 내가 정답을 제대로 찾았는지 항상 불안하다. '나는 이 글을 이렇게 읽었어요'라고 자신 있게 말하지 못한다. 자기 의견이나 생각을 묻는데, 하나같이 '이런 것 같아요, 저런 것 같아요'라고 답한다. 내가 틀릴 수 있음을 전제하고서야 겨우 자기 생각을 말한다. 그러니 문해력이 떨어진다는 소리를 듣는 건 아닐까? 그렇기에 아예 글을 쓰는 이들이 처음부터 명확하게 쓰자는 것이다.

상대방과 소통하기 위해서가 아니라, 자기가 얼마나 많이 아는지 과시하기 위해 글을 쓰는 이들이 있다. 지적 허영심과 현학 취미는 글을 어렵게 만드는 병이다. 나는 생각나는 대로 말할 테니, 너는 재주껏 알아들으라는 불친절한 태도로 글을 어렵게 한다. 그래놓고선 사람들이 책을 안 읽는다고 투덜거린다. 사람들한테 친절하게 대해야 하는 건 사회생활만이 아니다. 글은 친절한 마음으로 써야 한다. 그러면 저절로 명확해진다.

글이 정확해지려면 표현이 적확해야 한다. 내 생각이나 마음을 넘치지도 모자라지도 않게, 있는 그대로 표현해야 한다. 병원에 가면 간호사가 '통증을 1점부터 10점까지로 매긴다면 지금 몇 점쯤 아프세요?'라 묻는다. 이때 '글쎄요. 3인지 8인지 전 잘 모르겠어요'라고 답하면 안 된다. 애매모호한 것은 글쓰기의 적이다. 글 쓰는 이라면 10단계를 구분할 수 있어야 한다. 먼저 그동안 겪었던 여러 통증을 기억해내야 한다. 죽을 만치 아프면 10, 아픈 듯 만 듯 아프면 1, 아프지만 참을 만하면 3, 너무 아파서 약이든 주사든 맞아야 할 정도라면 7, 이렇게 나름의 기준을 정해야 한다. 그러고 나서 간호사에게 지금 통증이 어디쯤 해당하는지 표현해주어야 한다. 그게 적확한 표현이다.

이 역시 쉽지 않은 일이다. 세상에서 자신을 가장 잘 아는 사람은 자기다. 그러나 또 알다가도 모를 게 자신이다. 생각이란 게 항상 정리되어 있지 않다. 묘사할 때 딱 맞는 표현이 금방 떠오르지도 않는다. 하지만 글쟁이가 되려면 항상 정리되어 있어야 하고 딱딱 떠올라야 한다. 늘 생각을 벼려야 하고 늘 상황을 파악하고 있어야 한다. 생각을 정확하게 글로 옮기면 희열감이 든다. 마음을 적확하게 표현하면 절로 개운해진다. 명확한 생각과 적확한 표현이 담긴 글은 정확하다. 정확한 글은 설득력이 높다. 감동도 커진다. 필자와 독자 사이의 공감이 짙게 형성된다. 반대로 적확하지 못한 채 마음만 넘치면 부담스럽고, 생각이 모자라면 스스로 찜찜하다.

많은 글쓰기 지침서가 글을 쉽게 쓰라고 한다. 그러나 글은 쉽게 쓰기보다 정확하게 써야 한다. 글을 쉽게 쓰라는 것은 궁극적으로 읽는 이 때문이다. 읽는 이가 쉽게 이해하는 게 중요하다. 어떻게 써야 읽는 이가 쉽게 이해할 수 있을까? 글이 쉽고 어렵고는 결코 문장이나 문체의 문제가 아니다. 가장 중요한 것은 논점이다. 말하고자 하는 바가 분명해야 한다. 읽는 이를 힘들게 하는 글은 대개 논점이 분명치 않은 글이다. 논점이 흐릿하거나 헛갈리는 글은 무조건 어렵다. 글을 쓰기 전에 가장 먼저 해야 할 일은 이 논점을 잡는 일이다.

논점이 있으면 그다음은 글의 전략을 짜야 한다. 단계별로 논리적 설명을 펼칠 건지, 다른 사례를 가져와 비교할 건지, 어떤 스토리를 만들어 비유할 것인지 등은 접근 방식이다. 예를 들어보자. '우주라는 책은 수학의 언어로 쓰여 있다'라는 멋진 말을 갈릴레이가 했다고 한다. 그렇다면 수학도 언어다. 수학이란 언어를 배우던 시절로 돌아가 보자. 우리는 지수와 로그, 함수, 그래프와 도형, 방정식과 집합, 미적분 등등을 배웠다. 배우는 방식은 단순했다. 오로지 주어진 문제의 답을 빨리 푸는 게 전부였다. 왜 하는지도 모르고, 어디에 쓰는 건지도 모르고, 어떤 의미가 있는지도 몰랐다. 아무도 가르쳐주지 않았다. 수학이 언어라면서 의미도 모른 채, 단어만 죽도록 외운 셈이다. 이해가 안 되니 어려웠다. 어려우니 하기 싫었고, 그렇게 '수포자'가 되어갔다. 수학을 가르치는 접근 방식이 틀렸던 것이다. 미적분을 가르칠 때 가장 먼저 미적분을 왜 하는지, 어디에 쓰는 건지부터 말해줘야 한다. 이걸 누가, 왜 발명했는지도 가르쳐줘야 한다. 하지만 그러기는커녕 '이해 안 돼? 그럼 무조건 외워'라고 몰아붙였다.

글을 쓸 때도 마찬가지다. 상대방을 잘 이해시키려면 적절한 접근법이 있어야 한다. 계단과 같다. 세종문화회관의 계단이든, 설악산 울산바위 가는 계단이든 한 칸씩 올라가거나 내려가는 게 좋다. 몇 칸을 한꺼번에 건너뛰다간 넘어진다. 능숙한 가이드는 고객의 평소 체력과 그날의 컨디션을 파악해 그에 맞는 코스를 결정하고, 속도를 조절하고, 쉬는 시간을 배려한다.

논점과 접근 방식이 없는 글은 독자들에게 어렵다. 무슨 말을 하려는 건지 불분명하거나, 두서없이 오가는 글은 읽는 이를 힘들게 한다. 계단을 서너 칸씩 자기 혼자 뛰어다니는 초보 가이드를 만나면 죽도록 고생한다.

문장은 그다음 문제다. 글을 쉽게 쓰라는 말을 문장의 문제로만 받아들이면 흔히 이런 우가 벌어진다. 우선 쉬운 단어를 써야 한다는 강박감이 생긴다. 거기까진 좋다. 문제는 그다음이다. 쉽게 쓴답시고 글을 풀어버린다. 길게 길게 늘인다. 이미 했던 말을 조금 각도를 돌려서 두 번째, 약간 다른 표현을 써서 세 번째, 그런 식으로 중언부언한다. 그러면 글이 쉬워질까? 쉬워지는 게 아니라 지루해진다.

사실 뭔가를 이해한다는 건 어려운 일이다. 참 묘하다. 혼자 읽었을 때는 이해한 것 같다. 그런데 누군가에게 설명하려고 하면, 할 수가 없다. 마치 서술형 시험과 같다. 분명히 공부한 건데 답지에 쓰려면 아무 생각이 안 난다. 이해가 덜 되었기 때문이다. 제대로 이해했다면, 남에게 말할 수 있어야 한다. 그러자면 개념이 언어화된 형태로 저장되어 있어야 한다.

하이데거는 '언어는 존재의 집'이라 했다. 언어로 표현할 수 없다면 존재하지 않는 것이나 다름없다. 언어로 정리되어 있다는 것은 정확히 알고 있다는 뜻이다. 뒤집어 말하면 정확히 모를 때 우리의 언어는 산만해진다. 산만한 언어는 집을 갖지 못한다. 집이 없으면 존재가 허공을 떠돈다. 정확성은 언어의 최고 덕목이다.

요컨대 쉬운 글이란 읽는 이가 이해하기 쉬운 것이다. 그러면서 끝까지 읽혀야 한다. 어떻게 해야 할까? 글의 가독성을 유지하면서 이해하기 쉬워야 한다. 그래서 쉽게 써야 한다고 말하는 대신, 정확하게 써야 한다고 강조하는 것이다. 정확하면 가독성도 유지되고 이해하기도 쉬워진다.

사실 모든 글이 쉬울 수는 없다. 양자역학을 설명하는 글은 쉬울 수 없다. 이해관계가 복잡하게 얽혀 있는 정책적 사안을 다루는 글도 쉽게 쓰기 어렵다. 개념 자체가 어렵거나 내용이 복잡하기 때문이다. 아무리 잘 써도, 좀 덜 어려울 수는 있어도 아주 쉬울 수는 없다. 그러나 아무리 어려운 내용도 정확하게 쓸 수는 있다. 내용은 명확하게, 표현은 적확하게, 그 두 가지만 해도 우리는 마침내 양자역학을 이해하는 데 성공할는지도 모른다. 애초에 쉽게 설명할 수 없는 건데, 쉽게 써야 한다는 강박만 갖고 있다간 시작도 못 할 수 있다. 어려운 내용이지만, 명확하고 적확하게 쓰겠다고 생각하면 기본은 한다.

가독성을 결정하는 첫째 요소가 정확함이라면 둘째 요소는 글의 속도다. 글의 속도는 어떻게 조절할 수 있을까? 우선 글의 속도는 도대체 무얼 말하는 걸까?

(2) 글의 속도

글의 속도는 빨라야 할 땐 빠르고, 느려야 할 땐 느려야 한다. 무조건 빨라야 하는 건 아니다. 속도를 조절하는 몇 가지 방법이 있다. 긴장감과 박진감이다. 긴장감이 있는 글은 읽기 시작하는 순간부터 눈을 떼기 힘들다. 긴장감이 내용에서 나온다면, 박진감 혹은 핍진감(逼眞感)은 문체에서 나온다.

긴장감 있는 글은 어떻게 쓸 수 있을까? 송구스러우나 영어를 쓴다. '스페시픽(specific)' 해야 한다. 독특하다, 독창적이다, 구체적이다, 명확하다는 뜻이다. 이하에선 독창성이라 부른다. 좋은 글이 되려면 독창적이어야 한다. 같은 주제나 소재를 갖고도 남과 다른 나만의 글을 쓰는 능력이다. 나만의 것이란 관점과 해석일 수도 있고, 문장이나 문체일 수도 있다. 왜 나만의 무언가가 있어야 할까? 그래야 새롭기 때문이다. 새로우면서도 구체적이니 눈을 떼기 힘든 긴장감을 불러일으키는 것이다.

정치 글을 쓸 때 다른 정치인도 쓸 것 같은 글을 내가 또 쓰고 있으면 안 된다. 민주당 정치인이라고 해서 으레 민주당 사람들이 할 법한 주장을 하고, 국민의힘 정치인이라 해서 다른 국민의힘 정치인도 펼칠 논리를 반복한다면 정치 세계가 얼마나 지루하겠는가? 같은 결론이되 각자 다른 방식으로 전개할 때 눈에 들어온다. 뻔하지 않아야 한다. 평범한 것은 지루하고, 지루한 것은 주목받지 못한다.

내용에 독창적 관점이나 논리가 있으면 문체에도 절로 박진감이 생긴다. 박진감은 핵심을 파악해 보여주는 능력이 결정한다. 우선 핵심적인 것과 주변적인 것을 구분해야 한다. 중요한 것과 중요하지 않은 것을 구분해 중요하지 않을수록 버리거나 줄이는 과감성이 필요하다. 형용사나 부사를 덜 쓸수록 박진감이 생긴다. 한 말 또 하는 반복이 없어야 한다. 비약과 생략, 여백 두기 등으로 일일이 설명하지 않으면서 전달하는 배짱도 있어야 한다. 조감도로 보여주기와 정밀화로 보여주기를 적재적소에 구사해야 한다. 전체를 멀리서 보여주다가 어느새 머리카락 한 올 한 올 수준으로 들어가 보여주기를 몇 번 거듭하면, 읽는 이가 전지적 시점을 느끼게 된다. 구체적 사실이 추상적 관념보다 실감을 주기 때문이다. 그래서 관찰은 비범해야 하고 묘사는 적확해야 한다. 실감은 나지 않는데 자꾸 자기주장만 강요하면 안 읽는다. 독창성과 박진감이 있는 글은 긴장감을 준다. 긴장감이 강할수록 글의 속도는 빨라지고 약할수록 느려진다.

글의 속도를 결정하는 요인은 그렇다 치고, 글의 속도는 왜 필요할까? 이 시대가 속도전의 시대이기 때문이다. 빨라야 한다. 언젠가 작곡가 유희열이 요즘 대중음악의 경향을 이렇게 말한 적이 있다. '요즘 나오는 노래는 전주가 없어요. 간주는 진작에 없어졌고요. 심지어 전체 멜로디에서 가장 멋있는 부분을 맨 앞에다 집어넣어요. 왜냐고요? 미리 듣기가 1분밖에 제공 안 되거든요. 1분 딱 들어보고 구매할 건지 말 건지를 결정하니까요.'

왜 이리 사람들이 급해졌을까? 읽어야 할 게 너무 많기 때문이다. 하나만 붙잡고 진득할 수가 없다. 걸어가면서도 스마트폰으로 무언가를 보거나 듣는다. 글이나 책 말고도 지식과 정보, 재미를 얻을 콘텐츠가 사방에 널렸다. 읽는 걸 좋아하는 이들도 아무 글이나 읽지 않는다. 골라서 읽는다.

또 다른 이유는 집중력의 문제다. 글의 속도가 느리면 집중력을 유지하기 어렵다. 읽는 것과 보는 것은 다르다. 글은 보는 게 아니라 읽어야 한다. 읽는다는 건 정신을 집중한 채 이해하기 위해 계속 생각한다는 뜻이다. 그러니 독자에게 선택받은 글일지라도 첫 한두 문장에서 승부를 봐야 한다. 세 번째 문장으로 넘어갈 때 한 번 더, 그리고 끝까지 읽히기까지 또 한 번 더, 매 순간 선택받아야 한다. 쭉쭉 치고 나가야지, 글이 조금만 뭉그적거려도 버림받는다.

사람들은 이미 텍스트에서 사진이나 동영상으로 넘어가고 있다. 정보나 재미를 읽는 대신 보는 것만으로 얻으려 한다. 이렇게 글을 대하는 자세가 다 바뀌고 있는데, 왜 글 쓰는 이들만 옛날 방식을 고집한단 말인가? 시대 변화에 따라야 한다. 글의 속도가 빨라야 선택받을 수 있고, 끝까지 집중시킬 수 있다.

그렇다고 글쓰기가 무용하다고 할 수 없다. 기술의 발전에 따라 죽어간 것은 매체이지 글 자체가 아니다. 인터넷 공간에서조차 바뀌는 건 플랫폼이지 글에 대한 수요는 여전히 높다. 사람들이 글을 안 읽는다며 혀를 찰 시간에 어떻게 하면 글을 읽게 할 건지 고민해야 한다. 이전과 다른 인터넷 시대의 정치 작동 방식이 있다면, 종이 시대와 다른 인터넷 시대의 정치 글 작문 방식도 있어야 한다. 지금 정치 글이 변화할 방향은 글의 속도를 빠르게 하는 것이다. 속도는 인터넷 시대 글의 생존 전략이다.

나. 논지

글의 내용을 표현하는 형식이 논조라면, 논지는 글의 내용에 해당한다. 정치 글에서 논지는 어떤 주장을 하느냐의 문제다. 독자를 설득해

내 편을 만들어야 하니, 설득하려는 주장이 있어야 한다. 주장 없는 정치 글은 정치인의 일기장에 불과하다.

정치인이 말과 글을 독하게 해서 진영 정치가 팽배한다는 식으로 사람들은 혀를 찬다. 그런데 막상 정치인의 글을 살펴보면 전투적인 글은 소수에 불과하다. 대부분은 오히려 일기나 신변잡기 수준이다. 초등학생이 선생님에게 보여주기 위해 일기를 쓰듯, 정치인 대부분은 자기 지지자에게 보여주기 위해 어제 있었던 일을 정성껏 정리해 소셜 미디어에 올린다.

정치 현안은 매일 터져 나온다. 모든 문제가 정치화되는 나라다. 정치는 모든 걸 빨아들이는 소용돌이와 같다. 쓰려고 마음만 먹으면 쓸 거리는 차고 넘친다. 정작 정치인이 써야 하는 것은 정치 현안에 대한 자신의 관점과 비판, 대안을 제시하는 글이다. 이런 글이 상대 당에 대한 비판이나 공격보다 훨씬 값지다.

대선이나 전당 대회에 출마한 후보는 모든 현안에 대해 자신의 견해를 밝혀야 한다. 없거나 안 밝히면 바로 기자들이 물어본다. 질문받고 나서 우물거리면 안 된다. 미리 준비해야 한다. 원칙적으로 정치인은 모두가 잠재적 후보다. 평생 초선 국회의원만 할 거면 안 해도 된다. 재선, 삼선, 나아가 더 큰 자리에 오르고자 한다면 초선 때부터 연습해야 한다. 정치인이라면 모름지기 모든 사안에 대해 자기 견해를 가져야 한다.

'모든 사안에 대해 정치적 견해 가지기'는 중요하다. 정치 글을 쓰는 건, 바로 그 준비 작업이다. '무엇을 쓸 것인가?'라고 했을 때, 정치적 주제를 택해야 한다는 말은 너무나 당연함에도 거듭 강조하는 이유가 있다. 실제로 그렇게 하지 않기 때문이다. 글을 쓰고자 하는 정치 현안을 골랐다면 일단 글의 소재를 고른 셈이다. 그러나 그것만으론 충분치 않다. 소재는 주장까지 정해야 주제가 된다. 어떤 정치 현안에 대한 그 정치인의 주장은 무엇인가까지 나와야 한다. 그런데 소재를 택해놓고도 주장을 세우지 않는다. 그러면 글이 밋밋해진다. 아무 주장도 없는 글을 정치 글이라고 내놓는 정치인들이 너무 많다.

기자들은 주제를 '야마'라고 부른다. '산'이라는 뜻의 일본어다. '이 기사의 야마가 뭐야?'라고 물으면 기사의 핵심 주장이 무엇인지를 묻는 것이다. 기사는 이 '야마'가 뚜렷해야 한다. 정치 글도 기사처럼 핵심적 주장이 분명히 서야 한다. 주장을 세우기 위해서는 현안에 관한 공부부터 해야 한다. 그다음은 가치 판단이다. 가치는 대개 양분된다. 압도적 다수와 극소수로 나뉘는 경우는 잘 없다. 다수와 소수의 차이는 커봤자 6 대 4다. 팽팽하다. 희한하게도 모든 여론의 양분 비율은 여당과 야당의 지지율과 비슷해지는 경향을 보인다. 결국 당파성으로 수렴하기 때문이다. 정치 글의 핵심 주장은 그래서 같은 당 정치인끼리 비슷해지는 경향을 보인다. 당면한 정치 현안을 택하니 글의 주제는 거기서 거기다. 거기다 같은 당끼리 또 비슷한 주장을 하게 되니, 정치 글은 전체적으로 천편일률이 되기 쉽다. 이것이 정치 글의 논지를 정할 때 가장 큰 고민이다.

여기서 잠깐 눈을 돌려보자. 글을 잘 쓰는 사람이 있다. 글을 못 쓰는 사람도 있다. 글을 잘 쓴다는 건 무슨 뜻일까? 글의 세계는 오묘하다. 글을 잘 쓴다고 할 때, 정확히 뭘 잘했다는 뜻일까? 좋은 문장이나 멋진 문체를 구사했다는 뜻일까? 그렇지 않다. 우리가 누구더러

'저이는 글을 참 잘 써'라고 말할 때 가만 생각해보면, 글이 설득력 있든가 감동적일 때다. 결코 문장이나 문체가 좋다는 뜻이 아니다.

반대로 '저 친구는 글을 못 써'라고 할 때도 있다. 무슨 뜻일까? 십중팔구 그의 글은 읽어봐도 도무지 무슨 말을 하는 건지 잘 모르겠다는 말이다. 비문이거나 지루하고 난삽할 때 그러하다. 즉 문장과 문체의 문제를 지적하는 셈이다. 잘 쓴 글은 내용의 문제인데, 못 쓴 글은 형식의 문제다.

즉 글은 논조보다 논지가 더 중요하다. 글이 미문이라야 명문이 되는 게 아니다. 문장은 비문만 아니면 된다. 읽는 사람이 알아들을 수 없거나 헷갈리지 않게만 해도 충분하다. 문체는 읽는 사람이 지루하지 않은 정도면 성공이다. 이처럼 글은 평이하기만 해도 별문제 없다. 평이하다는 건 주제를 정확히 전달하고 문장이 읽을 만한 수준이라는 말이다. 고민은 글을 잘 쓰고자 할 때다. 글을 잘 쓰기 위해서는 무엇을 해야 할까? 글이 다루는 주제를 가장 잘 보여줄 수 있는 소재를 찾아야 한다. 현안이 같고 주장이 비슷하다면 승부는 글의 소재에서 결정된다. 글의 소재는 또 무엇이란 말인가? 왜 소재가 중요할까?

예컨대 초등학생 대상의 어버이날 기념 백일장이 열렸다 치자. 주최 측은 글의 주제를 몇 가지 내준다. 나의 아버지 혹은 어머니, 우리 가족…… 대충 이 정도다. 이 뻔한 주제를 어떻게 다루어야 입상을 할 수 있을까? 고생하는 아버지, 자식을 위해 희생하는 어머니, 아웅다웅하면서도 서로를 아끼고 사랑하는 우리 가족…… 그렇게 써봤자 안 된다. 그런데 그런 글이 90%다. 주제가 뻔하기 때문이다.

아버지가 하신 고생을 보여주는 어떤 구체적 사건, 어머님의 희생을 절절히 보여주는 어떤 구체적 계기, 가족이 있어서 견뎌낼 수 있었던 어떤 사고…… 이런 걸 가져와야 한다. 읽는 이의 의표를 찌르거나 눈길을 확 사로잡는 소재가 있으면 글은 저절로 빼어나게 되어 있다. 미안했고, 안타까웠고, 고마웠다는 말 한마디 안 해도 된다. 이미 글 안에 그 모든 게 다 들어가 있다. 뒤에서 말할 마음과 서사와 메시지가 저절로 다 들어갈 것이기 때문이다.

소재로 가장 좋은 것은 자신의 체험이다. 그다음은 책에서의 인용이다. 간단한 개념이나, 이론, 역사적 사례나 고사(古事), 가까운 과거에 화제가 됐던 사건이나 인물 등이다. 체험은 생동감을 주고, 책은 탄탄한 논거를 제공하며, 뉴스로 알려진 사건이나 인물은 흥미를 일으킨다. 같은 주제로 비슷한 주장을 할 때일수록 기발하거나 적실한 소재를 찾아내야 글이 살아난다. 글 쓰는 이는 잡학 다식해야 한다.

정치 글의 주제는 매일 쏟아지는 각종 현안이다. 꼭 정치 영역이 아니어도 상관없다. 주요 뉴스가 아니어도 괜찮다. 비정치적이고 소소해 보여도 주제가 될 수 있다. 오히려 독창성을 발휘할 수 있으니 더 좋다. 무엇이 됐든 글 주인이 지향하는 가치와 철학, 인간미가 우러날 수 있으면 된다. 물론 다른 정치인도 다 언급할 만큼 쟁점이 된 사안은 무조건 다루어야 한다. 그런 건은 누구보다 빨리 글을 내는 게 차별화 포인트다.

글의 논지를 독창성 있게 세운 위에 맛깔난 논조를 구사할 수 있다면 진짜 정치하기 좋은 시대다. 옛날엔 기자들과의 자리를 먼저 만든 다음에야 말할 수 있었고, 국회에서 공식 발언 기회를 얻었을 때만 말할 수 있었다. 그러나 요즘은 인터넷 덕분에 아무 때나 말할 수 있다. 초선도 금방 인지도를 올릴 수 있다. 팬덤도 만들 수 있다. 자기가 하기에 따라서는 얼마든지 뉴스메이커가 될 수 있는 시대다. 그러니 얼마나 정치하기 좋은 세상인가?

정치 글은 목적이 있는 글이고, 목적은 읽는 이를 설득해 같은 편을 만드는 것이다. 어떻게 하면 잘 설득할 수 있을까? 논리적이어야 한다. 누가 뭐라고 해도 논리적인 글은 설득력이 높다. 《유시민의 글쓰기 특강》은 그런 글을 쓰는 데 가장 도움이 되는 책이다. 그런데 한 가지 문제가 있다. 독자가 아무런 편견이 없는 상태, 그야말로 이성적으로 생각하고 지성에 대한 존중심을 가지고 있어야만 논리적 글이 먹힌다.

(1) 마음

유감스럽게도 지금 글의 세계는 그런 상태가 아니다. 당파성이 지배하는 세상이다. 진영으로 나뉜 시대다. 정치적 편견으로 가득 차 있다. 그럼 중도 무당파층을 향해 쓰면 되지 않을까? 중도층은 정치 글 자체를 별로 읽지 않는다. 그들은 정치에 무관심하다. 두 당에 대한 혐오감도 일정하게 가지고 있다. 그들이 적극적으로 투표할 때는 어떤 당을 응징하려 할 때다. 응징은 직관적으로 하지 논리적으로 하지 않는다. 응징하고 싶은 마음은 감정이다.

당파성을 지닌 이들은 정치를 호오(好惡)의 감정을 갖고 바라보고, 중도 무당파층은 간혹 하는 정치 행위 자체가 감정의 발로이니, 정치의 8할은 감정인 셈이다. 논리적 글이 정치판에서 잘 먹히지 않는 이유다. 일반적으로 '감정'이란 단어는 좋은 뉘앙스가 아니다. 누군가에게 '너 왜 그렇게 감정적이니?'라고 말하는 건, 곧 '너 왜 그렇게 지질하니?' 혹은 '너 왜 그렇게 어리석니?'라는 힐난에 가깝다. 일체 감정을 배제하고 냉철하고 이성적으로 사고할 때, 인간은 진리에 이를 수 있다는 믿음은 여전히 널리 퍼져 있다. 계몽주의 이래 모든 지식인이 그렇게 대중을 가르쳤기 때문이다.

과연 인간은 어떤 감정도 없이 정치를 대할 수 있을까? 우선 어떤 상태에 있을 때, 우리는 오롯이 이성적일 수 있을까? 아마도 이런 경우일 것이다. 걸린 이해관계도 없고, 선입견도 없기에 마음이 호수처럼 잔잔할 때. 바로 완전히 '남의 일'일 때다. 나하고 아무 관계없어야 우리는 객관적으로 판단할 수 있다. 그럴 때 우리는 이성적일 수 있다. 자, 과연 우리는 정치에 객관적일 수 있는가? 정치에 대해 걸린 이해가 없고, 선입견도 없을 수 있는가? 완전히 정치에 무관심하고 완전히 어느 당도 지지하지 않는 무당파라면 몰라도 절대 그럴 리 없다. 인간의 활동 중에 정치만큼 애착과 혐오, 열정과 증오를 불러일으키는 영역도 없다.

> 정치적 두뇌는 감정적이다. 결코 냉정하게 계산하거나 합리적 결정을 내리겠다며 정확한 사실이나 숫자, 정책을 객관적으로 찾아내는 기계가 아니다. 우리가 조사한 당파적 지지자들은 평균적으로 똑똑하고 교육받았으며 정치 사안에도 정통했다. 그런데도 그들은 본능적(with their guts, 감정적)으로 생각했다. 합리적 독자들은 오늘날 미국 정치에서 지지자들이 균등하게 나뉘어 있다는 사실에서 위안을 찾을지 모른다. 3분의 1을

> 조금 넘는 유권자가 스스로 공화당원이라고 생각하고, 거의 비슷한 수가 민주당원이라고 여긴다. 두 그룹은 서로 견제해 무력화한다. 따라서 중도 세력이 더욱 합리적 사고를 바탕으로 선거 결과를 좌우한다면 안도할 만하다. 그러나 중도 세력 역시 본능적으로 생각하기는 마찬가지다.*

뜬금없이 인용부터 했지만 정치에서 마음의 중요성을 이보다 더 자신 있게 단언하는 연구는 없다. 더 중요한 점은 이 책의 저자가 정치학자가 아니라 뇌과학 연구자라는 사실이다. 그는 피실험자들을 자기공명 영상장치에 눕혀놓고 일련의 슬라이드를 보여줌으로써 뇌의 어느 영역이 반응하는지를 관찰한 실험 결과를 이같이 보고한다. 그는 또 이렇게 말한다.

> 우리는 흥미·격정·두려움·분노·경멸을 유발하지 않는 주장에는 관심을 보이지 않는다. 우리는 감성적 울림이 느껴지지 않는 지도자에게 감동하지 않는다. 우리는 어떤 정책이 우리 자신이나 가족, 아니면 우리가 소중하게 여기는 그 무엇에 감성적으로 영향을 끼치지 않는다면 토론할 가치를 느끼지 못한다.**

* 드루 웨스턴, 《감성의 정치학》, 중앙북스, 2007, 11~12쪽. Westen, Drew, 《The political brain : the role of emotion in deciding the fate of the nation》 c2007, New York : Public Affairs. (한국어판 및 원서 재인용)

** 드루 웨스턴, 앞의 책, 26쪽.

정치 세계가 감정적으로 작동하는 것은 지도자를 선출하는 방식에서 기인한다. 대통령제든 내각제든, 현대 민주주의는 선거를 통해 누구에게 권력을 위임할지 결정한다. 어떤 유권자 한 사람의 머릿속을 한 번 들여다본다면 대개 이러할 것이다. '나에게 투표권이 있다. 즉 내가 권력자를 결정한다. 요즘 내가 살기 어렵다. 혹은 뭔가 바라는 게 있다. 사적이든 공적이든 상관없다. 어디다 이야기해야 해결이 될까? 잘 모르겠다. 몰라도 상관없다. 그냥 대통령(혹은 정당)한테 하면 된다. 대통령이 제일 힘이 세니 마음만 먹으면 문제 해결도 제일 쉽다. 기왕 하는 것, 최대한 시끄럽게 해야 한다. 그래야 대통령 귀에 가 닿는다. 대통령이 골치 아플 정도가 되어야 문제 해결의 우선순위도 올라갈 것이다. 무조건 떠들자. 그래도 내가 원하는 대로 안 되면 나는 다른 당을 찍을 것이다. 그렇게 여당에 벌을 주고, 새로운 권력자에게 나의 요구를 다시 제기하겠다.'

이것이 과연 합리적인 사고방식일까? 대통령은 마음만 먹으면 어떤 문제든 다 해결할 수 있을까? 절대 그렇지 않다. 능력도 능력이지만, 정당성 문제가 있다. 나아가 찬반이 반반은 되어야 한다. 이 세 가지가 맞아떨어져야 해결에 나서지, 그중 하나라도 빠지면 아무리 대통령이라도 못 해준다. 아니, 안 해준다.

주권자인 '내'가 이성적이라면, 내 요구가 공인지 사인지부터 가릴 것이다. 공적 영역에 해당한다면 그다음엔 합당한 요구인지 아닌지를 가릴 것이다. 합당하면 어디다 얘기해야 해결 가능한지 판단해야 한다. 행정, 입법, 사법 삼권 중에 어디 해당하는 문제인지, 만약 행정부에 해당한다면 어느 행정부처로 들고 가야 하는지 알아보아야 한다. 그러나 그렇게 하는 사람은 아무도 없다. 무조건 대통령이다. 배운 사람, 못 배운 사람, 부자, 빈자, 언론, 지식인, 사회단체, 심지어 여당, 야당까지 다 마찬가지다. 만사를 대통령더러 책임지라고 한다. 결코 합리적이지 않다. 그냥 정치경제학자 앨버트 허시먼이 말하는 항의(voice) 하나면 충분하다.

정치는 결코 이성적으로 작동하는 시스템이 아니다. 국민의 정서가 제일 중요하다. 심지어 권력이 국민의 정서 혹은 감정의 순환 구조에 민감하고 책임성 있게 반응할수록, 우리는 민주적이라고 부른다. 국민의 감정에 가장 잘 반응하는 제도가 민주주의이기 때문에, 민주주의가 가장 성공적인 제도로 정착되었는지도 모른다. 민심(民心)이 천심이라는 말은 정치의 오래된 미래다.

정치인은 절대로 입 밖에 안 꺼내는 금언이 있다. '정치인은 국민이 듣고 싶어 하는 말을 해야 한다.' 국민이 듣고자 하는 말이 늘 옳은 것이라면 뭐가 문제겠는가? 그런데 저 말을 안 꺼내는 걸 보면, 진리와 배치되거나 반드시 옳다고 할 수 없는 말을 국민이 듣고 싶어 할 때가 있는 게 틀림없다.

수도권을 중심으로 아파트값이 폭등하면서 대통령과 여당의 지지율이 떨어졌다. 원인이 뭘까? 아마 경제학자라면 유동성의 과잉 공급 때문이라고 말할 것이다. 저금리 시대에 많이 풀린 돈이 생산적인 산업 분야로 가는 대신 부동산 시장으로 몰리니, 공급 탄력성이 낮은 부동산 가격이 오를 수밖에 없다는 이야기다. 경제학자는 이렇게 설명해도 된다. 하지만 정치인이 이리 말하면 큰일 난다. 책임을 회피하는 변명이라며 매도당한다. 가뜩이나 떨어진 지지율이 더 떨어질 것이다. 국민이 듣고 싶어 하는 답은 다른 데 있다. 아파트를 더 많이 공급하겠다는 말이다.

왜 그럴까? 첫째는 나도 내 집을 갖고 싶다는 무주택자들의 욕구이고, 둘째는 아파트값 상승으로 나도 자산을 축적하고 싶다는 욕망이다. 첫째 욕구는 자연스러운 것이다. 그러나 둘째는 모든 재화의 가격은 안정되어야지 끝없이 상승해서는 안 된다는 점에서 공공 정책의 목표가 될 수 없다. 첫 번째 이유가 대부분이라면 답은 공공 임대주택의 대량 공급이다. 그런데 이건 또 싫어한다. 주거는 돈벌이 대상이 되어서는 안 된다는 입바른 소리는 불에 기름 붓기다. 결국 두 번째 이유가 훨씬 크다.

어떻게 해야 할까? '그건 욕심이니, 우리 모두 욕심을 버리고 깨끗한 마음으로 삽시다'라고 하면 될까? 정치인이 그랬다간 큰일 난다. 정치의 요체가 민심이란 걸 모르는 아마추어다. 진작 토지공개념을 도입해 부동산 가격 상승으로 인한 소득을 공공으로 회수했어야 한다는 말도 공자 말씀이다. 아파트 공급 확대는 진리도 옳은 대책도 아니니 아파트값 폭등 대책으로 내놓으면 안 된다는 이들은 정치하기 어렵다. 인간이 욕망의 덩어리라는 점에 동의 못 하면 정치 못 한다. 마음은 이런 감정과 욕망의 처소다.

항해하는 배는 방향을 잡기 위해 가장 먼저 북극성을 찾는다. 정치의 북극성은 인간의 마음이다. 정무적 판단을 할 때 가장 먼저 할 일은 민심 파악이다. 이때 누구보다 빨리, 정확하게 파악하는 게 정무적 능력이다. 어떤 정책이나 정치 행위를 내놓을 때, 그것이 가져올 효과를 가늠하는 몇 가지 방식이 있다. 어떤 정치인은 그 효과를 정의의 관점에서 본다. 어떤 정치인은 경제적 효율성의 관점으로 본다. 그리고 또 어떤 정치인은 바로 사람들의 마음이 어떻게 반응할지를 짚으려 한다. 이를테면 부자와 가난한 자, 고학력자와 저학력자, 나이 든 세대와 젊은 세대, 영남과 호남이 각각 어떻게 반응할지 예측하려는 것이다.

셋 중 가장 고수는 사람의 마음을 살피는 이다. 정치인이 다른 직업 종사자보다 탁월해야 할 게 있다면 바로 민심을 읽는 능력이다. 사람의 마음만큼 복잡 미묘한 것이 없다. 겉으로 하는 말만 보고 속마음까지 그럴 거라고 믿으면 안 된다. 이기심과 탐욕, 인정 욕구와 질투, 위선과 체면 등의 어두운 면을 정치인은 꿰뚫어 볼 수 있어야 한다.

정치에서 마음이 중요하다는 건 정치 글을 쓰는 것과 무슨 관계가 있을까? 정치 글은 뭔가 권위가 있어야 하고, 권위 있어 보이려면 글이 논리적이어야 한다는 착각을 버려야 한다는 뜻이다. 정치에서 권위가 중요하던 시절은 끝났다. 국회의원이 권위를 찾으면, 보좌진도 글을 권위 있어 보이게 써야 한다는 강박에 시달린다. 그러다 보면 글은 시작도 못 하고 하염없이 자료만 모으게 된다. 시간에 쫓겨 글을 시작한다 해도, 동사는 없고 명사와 명사로 뒤덮인 글을 쓰게 된다. 한 문장 안에 성(性), 적(的)으로 끝나는 단어가 몇 개씩 들어간다. '의'도 수두룩하다. 모두 폼 잡는 어투다. 글이 어려워지는 것은 둘째고, 글 쓰는 자체가 너무 어려워진다.

글은 논리가 있어야 하지만 논리가 다는 아니다. 논리는 뼈다. 거기에 살이 붙어야 한다. 논리를 감싸는 감성이 있을 때 글은 비로소 인간의 모습을 띤다. 기본적인 논리만 준비되면 그걸 어떤 감성으로 감쌀 것인지 정한 다음, 바로 쓰기 시작해야 한다. 그렇게 써야 머리가 아니라 가슴에 글이 가 닿는다.

정치 글을 쓸 때 마음을 향해 글을 쓰면, 글로 사람을 가르치려는 태도도 제거할 수 있다. 논리는 속성상 끝까지 가면 독선이 되기 일쑤다. 논리는 나와 남을 가르는 경향이 있다. 그 과정에서 함부로 비판하고 평가하고 가르치려 든다. 비유컨대, 비운동권 학생이 운동권 학생을 싫어하는 이유가 그런 것 때문이었다. 대의를 위해 자기를 희생하고 신념이 확고한 것까지는 좋은데, 자기 논리가 너무 강해 듣는 사람을 질리게 한다. 아는 것도 많아서 남의 말은 무시하고 자기 말만 한다. 남의 마음은 조금도 생각하지 않는다. 정치 글을 너무 논리로만 끌고 가면 그렇게 된다. 정치 글은 내 편을 늘리기 위한 글이다. 사람을 끌어안아야지 자꾸 밀어내면 안 된다.

어떻게 하면 마음이 담긴 글을 쓸 수 있을까? 공감부터 시작이다. 악에 받친 사회다. 청년은 청년대로, 여성은 여성대로, 비정규직은 비정규직대로, 모두가 각자의 이유로 불만에 가득 차 있다. 그래서 정치인은 어디서나 '욕받이'다. 정부 여당은 특히 욕먹는 게 주요 업무다. 귀책사유가 있건 없건 국민이 하는 욕은 무조건 달게 들어야 한다. 욕먹는 것에 너무 스트레스받으면 안 된다. 그러다가 자칫 버럭 할 수 있기 때문이다. 아무리 적대적인 집단이, 아무리 악의적인 욕을 해도 무덤덤하게 들어야 한다. 평정심을 유지 못 하면 반드시 자충수를 두게 되어 있다.

욕이라고 해서 다 억지거나 터무니없는 건 아니다. 그럴만한 이유가 있다. 욕설이란 껍질을 깎아내고 속을 들여다보아야 한다. 다 들어보고 무시해도 괜찮은 가라지가 2할, 알곡이 8할이다. 알곡을 찾아야 한다. 그러면 두 가지가 보인다. 하나는 그 집단이 악에 받치게 된 사연, 다른 하나는 수용함으로써 해결 가능한 부분. 그게 되면 그들의 마음이 어느새 글 쓰는 이의 마음에 들어와 있다. 그러면 글을 써도 된다. 절대 정치가 모든 걸 한 방에 해결할 수 없다. 또 해결해달라고 아우성치는 것 같지만 그들도 안 된다는 거 다 안다. 알면서도 그러는 것이다. 억울함과 답답함을 제발 좀 들어라도 달라는 호소다.

중요한 것은 욕한다고 짜증부터 내지 말 것, 끝까지 들어볼 것, 원고 측 말을 들었으면 피고 측이나 제3자 말도 같이 들어볼 것, 그러면 글에 담을 마음은 물론 논리까지 갖춰진다. 제대로 된 메시지 팀은 조직, 민원, 정책, 정무와 항상 협업한다. 그래야 균형 잡힌 글을 쓸 수 있다. 글이란 게 아 다르고, 어 다르다. 미묘한 뉘앙스가 있고 섬세한 어감이란 게 있다. 그러자면 글 쓰는 이의 마음가짐이 따뜻해야 한다. 따뜻한 마음과 균형 감각, 이 두 가지가 글 쓰는 이의 마음이 갖추어야 할 자격이다. 그런 마음 바탕이 있으면 글의 구조는 탄탄해진다. 요컨대 글이란 쓰는 이가 마음을 담아야 읽는 이의 마음을 울릴 수 있다.

조심해야 할 것도 있다. 쉽게 감상에 빠지지 말아야 한다. 영탄조로 흘러서도 안 된다. 흔히 심성이 고운 정치인에게서 발견되는 글의 조(調)가 있다. '안타깝다, 참을 수 없다, 개탄한다, 분노가 인다, 함께 마음 아파하겠다' 등등이다. 이런 문구가 공감 능력을 보여준다고 생각하기 때문이다. 그러나 문제 해결에 나서야 할 정치인이 소시민적 한탄이나 늘어놓는 게 맞나 싶다. 무기력은 무기력을 조장한다. 거의 모든 글이 그런 영탄조로 끝나는 정치인은 정치 허무주의를 퍼뜨리는 셈이다.

이 문제는 사실 단순한 글의 문제가 아니다. 무기력증은 정치권 전반에서 발견되는 현상이다. 국회의원의 지상 목표가 재선이란 사실을 부정할 수는 없다. 하지만 재선에만 골몰해 지역구 관리만 하는 정치는 곤란하다. 국가적 의제를 둘러싸고 여론이 들끓는데, 정작 국회의원은 한마디 슬쩍 걸치는 식으로 시늉만 내고 돌아선다. 안타깝다, 개탄한다, 같이 아파하겠다는 표현이 남발되는 건 결국 '립서비스' 정치가 팽배하다는 증거다. 이런 것이 모두 정치의 왜소화 현상이다. 정치인이 자꾸 소소해진다. 그러면서 그 빈 공간을 당원들과 지지자들이 채우고 있다. 진영 정치라는 누명을 쓴 채 여론을 주도해가는 것은 이제 당원들과 지지층이다. 정치인이 없는 진영 정치, 한국 정치사에 처음 보는 서글픈 현상이다.

(2) 정치적 올바름

이런 '립서비스' 정치는 '정치적 올바름(Political Correctness, PC)'과 연동된다. 젊은이들이 '피시하다'는 말을 뱉으며 정치에 고개를 돌린다. 위선적이다, 잘난 체한다, 자기만 옳은 줄 안다, 현실을 모른다는 뜻이다. 트럼프가 미국 대통령이 되자, 어떻게 그런 사람이 대통령이 될 수 있단 말인가 하고 고개를 내젓는 리버럴 성향의 지식인이 많았다.

그들 중에는 자기반성의 목소리도 있었다. 민주당이 인종, 성 소수자, 여성, 마약, 이민, 일자리 문제에서 당위적 스탠스를 취한 나머지, 저학력 백인 노동자들의 불만을 제대로 알아채지 못했음을 지적하는 목소리였다. 진짜 불만을 알아채지 못했을까? 오히려 백인 노동자들이 불만에 차 있음을 알았지만, 그 불만이 정당한 불만이 아니라고 봤을 가능성이 크다.

오바마는 무척 올바른 정치인이다. 그는 빈곤에 시달리는 저학력자들에게 이렇게 말했다. '여러분, 대학 졸업자와 비졸업자 간의 임금 격차가 큽니다. 여러분도 대학을 가십시오. 한국을 보십시오. 지금 한국이 저리 잘 나가는 이유는 매년 고졸자의 70%가 대학에 진학하기 때문입니다.' 이 말을 들은 고졸 백인 노동자들은 어떤 기분이 들었을까? 대학을 가고 싶어도 경제적 여건이 안 되거나, 성적이 안 됐던 이들은 그날 저녁 통음했을 것이다.

오바마는 자기 경우를 생각하지 않았나 싶다. 그는 어린 시절 누구보다 불우했다. 청소년기에 이미 술, 담배, 마약에 손을 댔지만 그걸 극복해냈다. 러스트 벨트 출신 백인 소년이 불우한 가정환경을 딛고, 군 복무로 얻은 대학 진학 기회를 살려 성공에 이르는 과정을 담은 영화 〈힐빌리의 노래〉는 오바마가 퇴임한 뒤인 2018년에 나왔다. 오바마가 말한 바로 그런 모범생의 자전적 이야기다. 오바마나 〈힐빌리의 노래〉는 윤리적으로든 사회경제적으로든 올바르기 이를 데 없다. 그러나 이런 이야기가 패배자들의 가슴을 더 응어리지게 한다. 그들이 트럼프를 찍었다.

오바마나 민주당은 열심히 공부하는 건전한 학창 생활이 나라를 위해서나 개인을 위해서나 올바르다고 보고 국민에게도 권면했을 것이다. 올바르기에 시행한 정책이 의외의 낭패를 본 사례는 한국에도 있다. 인천국제공항공사의 비정규직을 정규직화하는 조치를 보면서, 드디어 비정규직 철폐라는 진보 진영의 꿈이 이루어지는구나 싶어 모두가 들떴을 때 생각지도 못했던 반발이 터졌다. 노량진 학원가에서 '컵밥'을 먹으며 공부하던 취업 준비생들이었다. 그들은 비정규직의 정규직화가 불공정하다고 반발했다. 비정규직의 존재 자체가 불공정의 근원이니, 이를 없앰으로써 공정한 노동시장을 만들겠다는 정부가 거꾸로 불공정하다고 비난받은 것이다.

진보 진영에는 올바른 것은 좋은 것이고 좋은 것을 이루면 지지율 상승은 따라온다는 생각이 있다. 그런데 함정이 있다. 위에서 말한 '립서비스' 정치나, '피시'한 정치의 함정이다. 그 둘은 자칫 얄팍하고 상투적이고 관성에 젖는다는 약점이 있다. 충분한 고민 없이 당위론만으로 접근하면 그렇게 된다. 세대에 따라 공정의 개념이 다르다는 사실을 정부 여당은 까맣게 몰랐다. 도덕적으로 옳다는 생각에 빠져 안이하게 접근한 것이다.

글을 쓸 때 당위론을 조심해야 한다. 문제의 핵심이 무엇인지 깊이 들여다보아야 한다. 문제의 표면만 본 채 다들 그렇게 말하니 숟가락 하나 얹는 식으로 글을 쓰면 글이 상투적으로 된다. 악마는 항상 디테일에 있다. 큰 문제일수록 다양한 측면에서 바라보아야 한다. 그저 올바르다는 확신만으로 쉽게 생각하다가 디테일에서 감당 못 하는 수가 있다.

한국에서 종교, 여성, 청년, 외국인 노동자, 성 소수자와 관련된 글을 쓸 때 절대 관성적으로 쓰면 안 된다. 종교의 자유는 무조건 보호되어야 하고, 여성과 소수자의 권리는 무조건 옹호되어야 하고, 청년의 권익은 무조건 신장되어야 한다고 생각하면서 덜컥 글부터 쓰면 안 된다는 이야기다. 소위 '케바케'다. 그때그때 다 다르다. 문제의 성격부터 정확하게 다시 살펴보아야 한다. 이 문제가 진짜 종교의 자유에 관한 문제가 맞는지, 여성의 권리에 해당하는 사안이 맞는지, 청년 권익이 진짜 쟁점이 맞는지부터 확인해야 한다.

그렇다고 '펜스 룰'은 안 된다. 아예 모른 척하고 넘어가는 것만큼 비겁한 짓은 없다. 정치에 중립은 없다. 문제의 성격부터 살펴야 한다는 것은 자신이 취할 포지션을 정하기 위해서지, 발 빼기 위한 준비 동작이 아니다. 정치는 누군가의 편을 드는 것이다. 누구 편에 설 것인지를 판단하고 결심하고 실행에 옮기는 행위가 정치다. 그런데 정치를 '립서비스'로 하다간 가식이 되고, '피시'하게만 하면 어리석어진다.

그래도 생각할 문제는 남는다. 여성, 청년, 종교, 성 소수자, 외국인 노동자와 관련된 글을 써야 한다 치자. 인터넷에서 지지층이 설왕설래하는 가운데 한 방향으로 여론이 형성되고 있다. 그런데 지지층의 여론이 정치적 올바름과 상충한다. 이럴 때 어떻게 해야 할까? 지지층을 따를 것인가, 정치적 올바름을 따를 것인가?

혹은 글을 쓰기 위해 문제의 성격 규명부터 시작해 자세히 뜯어보면 볼수록, 정치적 올바름과는 반대되는 결론이 나온다면 어떻게 할 것인가? 가만히 있을 것인가, 아니면 용감하게 정치적 올바름에 맞설 것인가? 간단치 않은 문제다.

어려운 문제인 만큼 구체적인 상황마다 결론은 달라질 수 있다. 하지만 일반적인 경우 원칙은 대개 이러하다. 첫째, 지지층이 정치적으로 올바르다고 여겨지는, 소위 '피시'한 가치와 상충할 때는 지지층의 여론을 따르는 것이 맞다. 보편적 도덕이나 윤리가 아니라 분명히 '피시'한 가치일 때다. 이 경우는 '정체성의 정치'를 어떻게 볼 것인가의 문제와 같다.

예컨대 성전환자의 군 복무를 허용할 것인가, 말 것인가? 시민사회에서라면 당연히 허용해야 한다고 답하는 게 맞다. 여군도 이미 있는데 성전환한 여성이라고 복무 못 할 리 없다. 그러나 정당은 쉽게 말할 수 없다. 더욱이 집권당이라면 더더욱 신중해야 한다. 결정하는 순간 실행해야 하기 때문이다. 정치는 시민운동과 달리 선거를 치러야 한다. 진리가 다수결로 정해지는 건 아니지만, 선거는 다수결이다. 적어도 40% 이상 국민 여론이 지지할 때, 60%를 향해 호소하고 설득할 수 있다. 하물며 10%도 안 되는 목소리를, 그것이 아무리 정당하다고 하더라도 대변하려 들면 안 된다. 더욱이 당의 지지층이 침묵한다면 함께 함구해야 한다. 정체성의 정치를 하는 정당이라면, '성전환자의 군 복무 권리'를 위해 투쟁할 수 있다. 그러나 국민 다수의 지지를 얻어 정권을 쥐려는 정당은 그럴 수 없다. 정치적 올바름을 취하려다 정권을 잃는 수가 있다.

정치는 가치 실현과 권력 장악이 목적이다. 권력을 잡기 위해서는 지지 기반을 좁혀선 안 된다. 통상적으로 진보 정당은 가치 실현에, 보수 정당은 권력 장악에 더 비중을 둔다. 자유주의 정당은 둘의 조화를 꾀하려 한다. 그런 모습이 누군가에겐 기회주의적으로 보일 수 있다. 감수할 수밖에 없는 비난이다.*

'정치적 올바름'에 해당하는 사안, 예컨대 차별금지법(특히 차별 금지 대상에 성적 지향을 포함하는)에 대해 다수의 보수 정당 지지층은 자신들의 가치관과 어긋나니 반대할 것이고, 자유주의 정당 지지층은 권력의 기반을 좁힐 우려 때문에 문제를 키우려 하지 않을 것이다. 정당은 그런 지지층의 뜻을 따라야 한다. 정치적으로 올바르다고 할 때 가치 실현으로서의 정치에선 올바를지 몰라도, 권력 추구로서의 정치엔 올바르지 않은 건 아닌지 늘 경계해야 한다. 그게 싫으면 진보 정치를 하면 된다.

둘째, 문제의 성격 규명부터 시작해 뜯어보면 볼수록 정치적 올바름과는 반대되는 결론이 나온다면 어떻게 할 것인가? 정치적 야심이 크다면 반대되는 결론을 주장하며 떨쳐 일어나고, 야심이 그리 크지 않다면 위험 부담이 크니 적절한 선에서 제어하는 게 맞다. 박원순 시장의 성 추문 사건이 그런 경우다.

이 사건을 보는 두 가지 상충하는 시선이 있다. '피해자 중심주의'에 입각해 박 시장과 민주당의 책임을 끝까지 추궁하려는 시선, 그리고 그 대척점에 2차 가해자라는 누명을 쓴 민주당을 위한 '실체적 진실 찾기'가 필요하다고 보는 시선. 그런데 이때 어떤 의원이 사건의 내막과 경위를 정확히 파악하고 있다고 쳐보자. 그는 사건의 기본 성격이 무엇인지 알 것이다. 어떻게 할 것인가?

* 이 책에서 한국 정당의 이념적 구분은 현재 국민의힘 계열 정당을 보수 정당, 더불어민주당 계열을 자유주의 정당, 정의당 계열을 진보 정당으로 분류한다. 민주당은 한국 정치의 두 적폐인 반공 보수주의와 정치적 지역주의에 맞선 개혁성과 군부 독재와 맞서 싸운 민주성을 견지해왔지만, 제반 경제정책에선 보수 정당과 정도의 차이를 보여주는 데 그치기 때문이다.

실제로 벌어졌던 일은 다음과 같다. 이미 피해자 중심주의는 정치적 올바름의 지위를 선점했다. 2021년 4월 서울시장 보궐선거에 출마한 박영선 민주당 후보는 피해자의 요구대로 사과했다. 2차 가해자로 지목된 3명의 여성 의원도 선대위에서 물러났다. 당 차원의 사과도 이루어졌다. 선거를 치르는 후보로서는 갑론을박하는 게 실익이 없다고 봤을 것이다. 더욱이 애초의 우세가 열세로 바뀌어 패색이 드리우던 시점이었다. 당도 정치적 올바름에 맞서기 어려웠을 터이다. 실체적 진실을 밝히려는 기자의 취재기가 출간되었지만, 피해자 측의 반격에 민주당은 결국 백기를 들었다. 지지층도 반발했으나 어쩔 수 없었다.

이처럼 '피시'함은 절대 만만치 않은 힘을 갖고 있다. 상대방을 공격하는 무기로 '피시'함만큼 강력한 것도 없다. 인종·민족·언어·종교·성차별 등에서 편견을 조장해서는 안 된다는 건 분명히 정치적으로 올바른 명제다. 정치적 올바름을 들어 누군가를 공격하면 무조건 공격자가 유리해진다. 그러나 만약 방어자가 반론의 확실한 근거를 쥐고 있다면, 이야기는 완전히 달라진다. 주장과 주장이 맞부딪칠 때와 사실과 허구가 충돌할 때는 다르다. 확실한 사실을 갖고 있다면 과감하게 반격할 수 있다. 거기다 타이밍까지 맞아떨어지면 더 좋다. 그런데 타이밍이 좋지 않았다. 책은 진영과 진영이 정면충돌하는 선거국면에 출간되었고, 피해자가 2차 가해자로 지목하는 정당이 이미 열세에 빠진 상황이었다. 그러니 진실을 다투기에는 너무 불리한 상황이었다. 이처럼 진실 찾기는 어지간해선 '피시'함을 넘어서긴 어렵다.

'피시'함에 맞서는 건 항상 위험한 일이다. 힘을 갖춰야 한다. 실체적 진실은 힘이 있다. 그러나 그보다 더 큰 힘이 있다. 진실에 반응해 떨쳐 나서줄 세력이다. 전선을 구축하기에 충분한 아군을 동원할 수 있을 때 전선을 쳐야 한다. 힘이 없는 진실이나 정의는 짓밟힌다. 질 것 같으면 진실과 정의를 자처하며 나서지 말아야 한다. 이겨야 할 때 자꾸 지면 아군에게 패배주의만 심어준다.

'차별금지법'을 통과시키고 싶으면 보수 기독교 교단의 조직력보다 더 강한 조직력을 먼저 확보해야 한다. 준비 없이 시작했다가 낭패를 보면 처음부터 싸움을 안 벌인 만 못하다. '피시'함에 덤빌 때는 실체적 진실과 조직된 아군, 두 가지를 먼저 준비해야 한다.

정치인의 글이 사뭇 '립서비스'에 급급하거나 정치적 올바름을 맹목적으로 따르고 있다면 우려해야 할 상황이다. 그것은 진실을 밝히려는 진지함과 지지 세력을 조직하려는 치열함의 부재를 의미한다. 실제가 그러하다. 진영과 진영이 대립해 사사건건 충돌하고 있는데, 정작 국회의원들은 대단히 느긋하다. 지역구 관리하고, 상임위 들어가고, 당직을 맡고, 당내 선거 때면 캠프에 줄 서고, 보좌진들 독려해 법안 몇 개 제출하는 게 정치의 전부라 생각한다. 논란거리를 피하고, 시끄러워지는 걸 저어하고, 쟁점을 만들기 두려워하고, 행동해야 할 때 눈치부터 본다. 문제 해결을 위해 행동하지 않는 정치는 취미 활동이거나 직장 생활이다. 정치를 그렇게 하니 정치인의 말과 글이 점점 잔잔해진다. 자주 감상에 빠지고, 남 이야기하듯 한가하다. 축축 늘어지고 긴장감이 없고 두루뭉술해진다. 정치 글이 대체로 공허하다.

(3) 서사

정치 글이 공허해지는 것은 정치인의 말과 행동이 괴리되어 있기 때문이다. 말도 중요하다. 그러나 열 번 말하면 최소 한 번의 실천은 있어야 한다. 열 번 실천하면 한 번의 성과는 거두어야 한다. 실천도 결과도 없이 말만 하는 정치인은 존재감을 잃는다. 다시 드루 웨스턴의 말이다.

> 가장 강력한 선거 광고나 가장 효과적인 연설, 토론에서 가장 인상적인 순간들은 언제나 감성과 인식을 동시에 자극한다.
> 그러나 매우 특별한 방법과 순서로 자극한다.
> 그들은 대개 감성적으로 강력한 그 무엇에서 시작한다.
> 예컨대 나라가 직면한 어떤 도덕적 현안, 후보자 개인이 살아온 삶, 선거운동 기간에 후보자가 만났던 어떤 사람, 반드시 바로잡아야 할 발등의 불이 그런 것이다.
> 그런 다음 두 당이나 후보자의 대조적인 면이 이어진다. 한쪽은 감성적 공감을, 다른 쪽은 정서적 반감을 만들어낸다. 이처럼 사람들이 이미 감성적이 되고 난 다음에야, 그리고 그들에게 어떤 선택이 주어졌는지 드러난 뒤에야 가장 효과적인 광고나 연설은 그 문제를 어떻게 처리하겠다고 밝힌다.
> 그런 다음 그 광고나 연설은 대개 감성적 호소로 되돌아가 자기주장의 끝을 맺는다.*

* 드루 웨스턴, 앞의 책, 27쪽.

여기 '후보자 개인이 살아온 삶'을 확장하면 후보자가 행했던 정치적 실천, 행동, 투쟁이다. 삶이 담긴 이야기는 그 자체로 강력하다. 카이사르와 처칠의 글이 강력한 것도 그들이 직접 치렀던 행동의 기록이기 때문이다. 실제로 했거나 겪었던 행동은 강력한 이야기가 된다. 거기서 서사의 힘이 나온다.

정치 글을 쓸 때 두 가지를 염두에 두면 좋다. 사실 두 가지는 하나로 연결된다. 우선 자기주장이다. 그다음은 실제로 했던 행동이나 경험을 사례로 해 논지를 펼치는 것이다. 그러면 훨씬 설득력 있는 글이 된다. 툭하면 '내가 옛날에 해봐서 아는데 말야'라고 말하던 이명박은 영리한 화자였던 셈이다. 물론 '아는데 말야'는 빼고 '내가 해봐서'까지만 했다면 더 좋았을 것이다.

보좌진이 서사가 있는 글을 쓰려면 글 주인의 이력을 훤히 꿰어야 한다. 그리고 늘 가까이서 지켜보아야 한다. 글 주인은 절대 부풀리지 말고, 글 쓰는 이는 정확하게 알고 써야 한다. 자기 경험을 쓰면서 과장하면 나중에 진실성 시비로 돌아온다. 남의 경험을 옮기면서 부정확하면 글 주인에게 신뢰를 잃는다.

서사가 담긴 글은 좋은 정치 행위에서 나온다. 정치 글은 본질상 르포여야 한다. 계속 수필이나 평론만 쓰고 있다면 정치 자체를 잘못하는 거다. 치열한 실천이 감동적 서사의 원천이다. 이를테면 아무리 열심히 포스팅을 올려도 '좋아요' 숫자가 오르지 않는다면, 글의 문제가 아니라 정치적 행동과 실천의 문제인 경우가 십중팔구다. 실천 없이 말이나 글로만 정치하면 존재감이 생기지 않는다. 유권자들이 다 보고 있다. 당내 선거나 큰 선거에 나가보면 평소 유권자들이 자신을 어떻게 보고 있는지 금방 알 수 있다.

실천 없는 정치인은 초조감에 점점 말이 세진다. 일단 말이 세고 독하면 언론이 다루어준다. 그 재미에 점점 더 세진다. 그러다 어느 순간 상대 진영의 독한 선수와 맞붙게 된다. 점점 자주 언론에 오르내린다. 아예 중독된다. 정치는 물론 말로 싸우는 전쟁이다. 그러나 정치인 개인으로 보면 잃는 것도 많다. 독한 말은 가끔 해야지 상습적이면 '싸구려' 이미지로 굳어진다. 실천 없이 글로만 정치할 때 따르는 필연적인 우환이다.

독한 말을 하고, 상대 진영의 독한 선수와 싸우더라도 정치적 실천을 해가면서 싸우면 괜찮다. 오히려 돋보인다. 구조적인 부정부패, 개혁에 저항하는 권력기관, 서민의 꿈을 짓밟는 가진 자의 횡포, 반민주적이고 반통일적인 세력 등에 맞서 싸우는 입법이나 감사, 예·결산 활동이 실천적인 정치다. 실천에 수반한 말과 글은 저절로 감동적인 서사가 된다.

다. 주인과 대리인

참모는 글을 쓰고, 보스는 말을 한다. 참모의 글이 보스의 말이 된다. 그러니 말할 게 없는 정치인은 글 쓰는 참모가 없어도 무방하다. 글은 생각과 마음이니, 생각이 없고 마음이 둔한 정치인에게 글 쓰는 참모가 필요할 리 없다. 글 쓰는 참모를 두려면 우선 자기가 생각이 많고 마음이 섬세해야 한다. 논리적이면서도 풍부한 감성을 지닌 정치인이라면 대개 지도자급으로 올라가게 마련이다. 요컨대 지도자로서 가능성이 있는 정치인이라면 글 쓰는 참모를 반드시 두어야 한다.

국회의원의 보좌진은 모두 상임위 질의서를 써야 한다는 걸 자연스럽게 받아들인다. 그런데 국회의원의 메시지를 자신이 써야 한다는 생각은 하지 않는다. 국회의원도 따로 두어야 한다고 생각하지 않는다. 이는 문제가 있다. 국회의원은 메시지 담당 글쟁이를 한 명은 채용해야 한다. 그리고 계속 같이 호흡을 맞추면서 나처럼 생각하고, 내가 쓴 것처럼 글을 쓰게 해야 한다. 본회의장에서 모든 국회의원과 생중계를 통해 전 국민이 지켜보는 대정부 질문은 중요한 연설이다. 이런 중요한 연설문은 마지막에 글쟁이 손을 거치게 해야 글의 격이 높아진다. 그런데 보통 이렇게 작성하고 있다.

먼저 보좌관에게 질문에 담을 내용의 기조를 말해주고 거기에 살을 붙여 초안을 써오라고 할 것이다. 초안을 써오면 무엇을 빼고 무엇을 추가할지 말해준다. 그래서 들어갈 내용이 다 들어갔다 싶으면 문장과 표현에 대해 빨간 펜을 들고 수정하는 작업을 두어 차례 할 것이다. 다시 수정된 원고를 가져오면 그때부턴 자기가 직접 손봐가며 연설문을 완성할 것이다. 그러나 이렇게 원고를 만들면 글이 볼품없어진다. 글이 작아진다. 스케일이 작은 글은 각론만 있고 총론이 없는 글이다. 철학과 관점 없이 문제점을 지적하기에만 급급한 글이다. 서론과 결론이 약해서 맥락이 사라지고 전부 토막 나 있는 글이다. 그래서 들을 땐 뭐가 많은 것 같았는데, 돌아서면 아무것도 기억나는 게 없는 글이 된다. 내용을 좀 빼더라도 글쟁이에 맡겨 글이 수미상응을 이루게 해야 한다. 원고 전체가 물 흐르듯 흘러가게 기승전결을 부여해야 한다.

보좌진도 생각을 바꾸어야 한다. '내가 왜 의원의 메시지를 써?'라며 내 일 아니라고 생각하면 안 된다. 상임위 질의서를 쓰는 것처럼 의원의 메시지를 쓰는 걸 당연하게 여겨야 한다. 자신을 팔방미인으로 만들어야지 '난 정책 담당이니 정책만 할 거야'라고 하면 자기 발전이 없다. 정책도 알고, 글도 잘 쓰고, 거기다 정무적 판단도 좋아야 뛰어난 참모가 될 수 있다. 글은 운동선수에게 기초 체력과 같다. 체력이 뛰어난 사람은 무슨 운동을 해도 대성한다. 사실 글을 못 쓰면서 잘할 수 있는 일은 애초에 국회에 없다.

언젠가부터 정책 담당만 남고 정무와 메시지를 맡던 보좌진이 사라졌다. 국회의원과 보좌진이 동지적 관계에서 상하 관계로 바뀌면서 그렇게 변했다. 보좌진을 너무 자주 갈아치우는 국회의원은 좀 이상한 국회의원으로 취급받았다. 그런데 요즘은 아무렇지도 않게 다들 그렇게 한다. 글 쓰는 솜씨는 범용이지만, 메시지는 전용에 가깝다. 누구의 글을 대신 쓰던 이는 그 누가 버리면 한순간에 낭인이 된다. 그렇게 배반당하는 메시지 보좌진들을 보면서 아무도 메시지를 하려 하지 않는 것이다. 정책 담당은 버려져도 실력만 있으면 다른 상임위 의원실로 옮길 수 있다. 그러니 전부 정책만 하려 한다.

지금 전반적으로 국회의원들의 메시지가 약한 게 이런 보좌진 갈아치우기 때문이다. 이래선 안 된다. 의원들은 메시지의 중요성을 재인식해야 한다. 보좌진들도 글쓰기, 나아가 메시지가 기본 업무라는 자세를 가져야 한다. 사실 정치인은 글쓰기에 능한 이들보다 그렇지 않은 이들이 많다. 왜 그럴까? 정치인은 생각이 아무리 복잡해도 그걸 있는 그대로 드러내면 안 되는 사람이다. 중요한 건 판단이고, 그 판단을 현실로 옮기는 실천력이다.

그래서 정치인의 생각과 마음을 글로 옮겨줄 참모가 필요하다. 어차피 끝까지 자기가 직접 쓸 수 없다. 권력의 계단에서 위로 갈수록 직접 쓰기는 물리적으로 불가능하다. 따라서 정치인은 '글 참모'를 처음부터 만들어야 한다. 어떤 이를 글 참모로 만들 것인가? 혹은 글 쓰는 참모가 되기 위해 보좌진은 어떻게 자신을 준비시킬 것인가?

지도자급까지 갈 정치인이라면 보좌관을 받아쓰기나 하는 필사로 삼는 방식으로 해서는 안 된다. 지도자급 정치인이라면 자기가 먼저 글의 개요를 서론, 본론, 결론으로 나누어 일러줄 수 있는 능력이 있다. 그러나 더 좋은 방법은 글 쓰는 참모와 함께 논지를 토론한 다음, 참모에게 써오게 하는 것이다. 이렇게 하는 게 좋은 이유는 글은 글대로 지도자급에 맞는 큰 글이 되면서, 참모의 실력 또한 일취월장하기 때문이다. 지도자급의 글 주인은 자기 말뜻을 알아듣는 참모가 있으면 첫 번째 방식으로, 자신과 논쟁할 정도의 참모가 있으면 두 번째 방식으로 하는 게 좋다. 문제는 자기가 직접 글을 쓰는 경우다. 이는 바람직하지 않다. 그 이유는 4장 '글의 탄생'에서 자세히 논할 것이다.

〈웨스트 윙(The West Wing)〉은 시즌 1~7까지 어느 하나 버릴 게 없는 정치 드라마의 고전이다. 시즌 1의 주요 등장인물은 샘과 토비 그리고 C. J.다. 샘과 토비는 영어로는 'Communication Director'인데 번역으로는 국민 '소통' 수석 같지만, 하는 일로 보면 '연설' 비서관에 해당하는 듯하다. 그들은 대통령의 연설문을 쓴다. C. J.는 대변인이다. 〈웨스트 윙〉이 방영되기 시작한 1999년으로부터 10년쯤 지나,

덴마크에서 정치 드라마 〈여총리 비르기트(Borgen)〉가 제작되었다.

원제인 '보르겐(Borgen)'은 수상 관저와 의회가 같이 입주해 있는 청사다. 양당제에 기초한 미국식 대통제와는 다른, 유럽식 다당제와 의원내각제의 정치 메커니즘을 볼 수 있는 수작이다. 여총리 비르기트와 함께 주인공에 해당하는 캐스퍼 욜 역시 공보와 연설문을 담당하는 참모다. 미국 드라마 〈지정생존자(The Designated Survivor)〉를 한국판으로 만든 〈60일 지정생존자〉의 대통령 비서실 두 핵심 보좌진의 역할도 연설문 기획과 작성이었다. 이처럼 성공한 정치 드라마에 등장하는 참모진이 대부분 메시지 담당이다.

왜 하필이면 하나같이 글쟁이 참모들을 내세웠을까? 첫째 가능성은 정치에 있어 말과 글이 중요하기 때문이다. 군사력이 권력 투쟁의 핵심 수단일 때가 있었다. 군사력의 핵심은 화약이다. 화약은 콘스탄티노플 공방전 이래 지금까지 모든 무기의 필수 요소다. 오늘날 권력 투쟁의 핵심 수단은 군사력이 아니라 정치력이다. 전쟁이 아니라 선거에서 이겨야 한다. 선거에 이겨 권력을 쥐기 위해서는 상대편의 수를 줄이고 내 편을 늘려가야 한다. 그러기 위해 매일매일 정치를 한다. 국민과 대화(對話)하고, 적을 논파(論破)하고, 중도층을 설득(說得)하고, 지지자들에게 피력(披瀝)하는 게 다 정치다. 화(話), 논(論), 설(說), 피(披)는 모두 말과 글로 한다. 정치력의 핵심은 말이다. 말은 정치의 화약이다. 그래서 말과 글을 다루는 메시지 참모를 주요 인물로 내세웠을 것이다.

두 번째는 글의 주인인 정치인과 글을 쓰는 참모 간의 관계 때문일 것이다. 정치 드라마는 권력을 가진 정치인의 고뇌와 갈등을 드러내야 한다. 무언가를 늘 판단해야 하는 일은 고뇌스럽고, 시비곡직을 가리다 보면 갈등은 필연적이다. 드라마는 정치인의 속과 정치의 이면을 깊이 조명할수록 현실감을 얻는다. 글 쓰는 참모들은 속과 이면을 잘 알 수밖에 없는 위치에 있다. 늘 보스의 생각과 마음을 읽어야 하기 때문이다.

글의 논지는 글 주인의 생각을 알아야 세울 수 있고, 글의 논조는 글 주인의 마음을 알아야 그 결을 잡을 수 있다. 따라서 글 주인과 글 쓰는 이는 자기 속을 보여주고 보는 관계다. 오래 같이 일하다 보면 동지적 관계가 되는 이유다. 그래서 정치 글을 대신 쓴다는 건 쉬운 일이 아니다. 정치를 잘 알아야 하고 글 주인도 잘 알아야 한다. 하나도 알기 어려운데 둘 다 알아야 하니 까다롭다. 정치인은 두 조건을 동시에 충족할 참모를 얻어야 한다. 어떻게 해야 얻을 수 있을까?

글 주인이 다른 것처럼, 글을 쓰는 보좌진도 다 다르다. 글 주인이 어떤 이인가에 따라 결정된다. 첫째, 초선이나 재선인 보통 정치인의 경우는 보좌진 중에 글을 담당할 한 명을 두면 된다. 상임위 질의서는 모든 보좌진이 다 써야 한다. '아무개 의원실'이라 밝히고 나가는 글도 누구든지 쓸 수 있다. 하지만 정치인의 이름으로 나가는 글은 아무나 쓰지 않는 게 좋다. 논조에 일관성이 있어야 하기 때문이다. 글 담당 보좌진이 초안을 잡아오면 의원이 손을 보아 확정하면 된다.

둘째, 삼선 이상이면 메시지를 책임지는 정무 보좌관이 있어야 한다. 특히 당 지도부가 되려면 선거에 들어가기 훨씬 전부터 메시지를 강화해야 한다. 이때 메시지는 통상적인 의정 활동 홍보가 아니다. 따라서 기획이 중요하다. 선거에 들어가면 기획은 전략으로 바뀐다.

기획은 글 하나하나를 쓸 때, 무엇을 어떻게 쓸 것인지를 정하는 일이다. 전략은 선거의 테마나 후보의 콘셉트에 부합하는 일관성 있는 논지를 정하는 일이다.

메시지를 책임질 정무 보좌관은 글 주인의 의중을 잘 알아야 한다. 정무 보좌관은 글을 잘 못 써도 되지만 의중이나 생각은 정확히 파악해야 한다. 그래야 메시지가 빨리 나온다. 메시지는 타이밍이 중요하다. 아무리 좋은 메시지도 타이밍이 안 맞으면 헛수고다. 기사화를 촉발하는 메시지가 가장 좋고, 반대로 기사화되지 않는 메시지는 나쁘다. 적어도 기사화되고 있을 때 혼자만 빠지지 않도록 메시지를 내야 한다. 소셜 미디어의 포스팅은 정치 고관여층이, 기사는 일반 시민이 본다. 그래서 메시지는 곧 공보이기도 하다.

셋째, 글 주인이 광역 단체장이나 전당 대회, 대선에 나갈 계획이 있다면 정무 보좌관에게 팀을 붙여야 한다. 최소 세 명 이상의 메시지 팀을 구성해야 한다. 정무 보좌관은 복심 수준의 참모가 좋다. 메시지가 곧 공보이기에, 전략 수립 → 정무적 판단 → 메시지 기획 → 메시지 작성 → 공보가 다 같이 간다. 여기까지가 공급자가 할 수 있는 일이다. 나머지 반은 수요자 사이드다. 공보 → 보도 → 당원 및 지지층의 피드백 → 여론의 반응 → 여론조사 결과와 분석 → 전략 수정까지가 해당한다. 공급자와 수요자 사이드가 맞물려 돌아가면 전체 한 사이클이다. 이 순환 작업이 계속 돌아가야 큰 선거를 치를 수 있다. 메시지를 내고 그 피드백을 받아 다시 반영하는 과정, 그게 곧 선거운동이다.

복심이 큰 선거의 메시지를 맡아야 하는 이유가 있다. 선거 도중 여론조사 결과 지지율이 떨어지면 비상이 걸린다. 전략 전체를 수

정할 것인지, 정무적 판단을 다시 할 것인지, 메시지 기조를 바꿀 건지 등을 놓고 대책을 마련해야 한다. 어떤 정치 기획도 절대 계획대로 되지 않는다. 바뀌기 마련이다. 그대로 갈지 바꿀지, 바꾼다면 어떻게 바꿀지, 정말 판단하기 어렵다. 판단했으면 결정하고, 결정했으면 실행해야 한다. 그건 복심 수준의 참모만이 할 수 있는 일이다. 그래서 메시지는 복심 수준의 참모가 책임져야 한다는 것이다.

그렇지 않으면 이리저리 치이다 끝난다. 왜냐하면 전략이나 정무적 판단은 눈에 보이지 않는다. 그런 것들은 보안 사항이라 노출되지 않는다. 반면 메시지는 만천하가 다 본다. 이러면 이런대로 저러면 저런대로, 입 가진 사람 전부 한마디씩 한다. 전략이 흔들리면 흔들릴수록, 정무적 판단에 변화가 필요하면 할수록, 메시지는 간섭과 타박의 표적이 된다. 복심이 이걸 막아줘야 한다. 메시지는 메시지 팀 마음대로 쓰는 게 아니다. 전략과 정무의 반영이다. 메시지 팀이 일정한 실력을 갖추고 정확하게 전략적 방침을 수행하고 있다면, 메시지 팀에게 잘못이 없다. 그런데 사람들은 당장 눈에 보이는 메시지만 탓하니, 그 바람막이가 있어야 한다.

정치인 중에 똑똑한 이들이 흔히 저지르는 실수가 있다. 믿을 건 결국 나밖에 없다는 착각이다. '언론 앞에서 내가 한 말이 뉴스가 된다. 그러니 글도 내가 써야 한다. 그래야 진짜다. 남에게 맡긴 글은 가짜다. 글에 담아야 할 내용을 나만큼 아는 참모는 없기 때문이다'라고 생각한다. 주로 법률가 출신 중에 그런 이들이 많다. 그들은 '어떻게 내가 써야 할 변론 요지서를 사무장에게 맡긴단 말인가?'라고 생각한다. 그러나 틀렸다.

메시지는 눈에 보이는 글이 전부가 아니다. 전략이고 정무고 그것의 정치적, 문학적 표현이다. 그에 따른 반향도 엄청나다. 그걸 이해 못 하고, 자기 글이니 자기가 쓰겠다고 하는 건 미숙하거나 자기 과신이다.

이렇게 글을 써도 글의 주인과 대리인의 의견이 상충하는 경우가 발생한다. 의견 상충이 일어나는 이유는 주인과 대리인의 생각 차이 때문만은 아니다. 보통 의견 상충은 정치 글의 주 독자인 지지층이 어떻게 볼까 하는 문제 때문에 일어난다. 어떻게 풀어야 할까? 단순히 주인과 대리인 두 사람 간의 견해차라면, 당연히 대리인이 글 주인을 따라야 한다. 문제는 글 주인의 생각이 지지층의 여론과 다를 때다. 이건 정도의 문제다. 이런 일이 열 번에 세 번 있을 때까진 그래도 토론하고 설득해야 한다. 논거를 확실히 하여 글 주인의 생각을 바꾸려고 노력하는 게 올바른 보좌진의 자세다. 그러나 네 번을 넘어 거의 절반까지 간다면 심각하게 생각해봐야 한다.

글 주인이 왜 이러는지 이유를 먼저 파악해야 한다. 지역구 때문이라면 보좌진이 이해해야 한다. 보수 정당의 수도권 지역구, 자유주의 정당의 영남 지역구 의원은 자기 신념을 다 말하고 살 수 없다. 희석해야 하고 타협해야 한다. 종교적 신념 때문이거나, 특정 집단의 대표성을 띠고 등원했거나, 의원이 되기 전 몸담았던 분야의 특성 때문이라면 미리 피해 가는 게 좋다. 아예 글을 안 쓰는 수밖에 없다. 비겁해도 할 수 없다. 문제는 자기 정치철학인 경우다. 보수 정당에 개혁적 의원, 자유주의 정당에 보수적 의원들이 없지 않다. 이들의 글쓰기가 보통 힘든 게 아니다.

이런 글 주인의 글에 달리는 흔한 댓글이 있다. '차라리 저쪽 당으로 가라.' 가슴을 북북 찢는 악담이다. 그런 당원과 지지층의 '악플'을 감수하고도 자기주장을 의연히 펼치는 의원 정도 되면 그것도 의미 있다. 그러나 비주류의 길을 각오해야 한다. 그럴 때 글 쓰는 보좌진은 더더욱 잘 써야 한다. 왜 당원이나 지지층과 다른 목소리를 내는지 근거를 확실히 제시해야 한다.

보수 정당 지지층 중에도 이념적으로 중도적이고 개혁 지향적인 지지자는 분명히 있다. 자유주의 정당 지지층 중에도 균형 잡히고 자기비판 서슴지 않는 지지자가 꽤 있다. 그러니 너무 위축될 필요 없다. 중요한 것은 아무리 그렇더라도 이적 행위에 이르지 않을 정도의 조직적 의리는 지켜야 한다는 정도다. 그게 당인(黨人)의 도리다.

더 나쁜 것은 대놓고 주장도 못 하면서 사사건건 당의 노선을 트집 잡아 구시렁대는 의원이다. 특히 기자 듣는 데서 그러면 안 된다. 기자는 그걸 인용해 이간질에 이용한다. 여당 의원이면 청와대를 공격하는 데 쓰고, 야당 의원이면 당 지도부를 깎아내리는 데 쓴다. 자기가 먼저 대외적으로 공표한 말이나 글이면 차라리 당당하기라고 하지, 그렇게는 못 하다가 기자에게 구시렁거리는 정치인은 당에서 나가는 게 맞다. 그런 의원실 보좌진은 의원실을 옮기는 게 속 편하다.

4장

글의 탄생

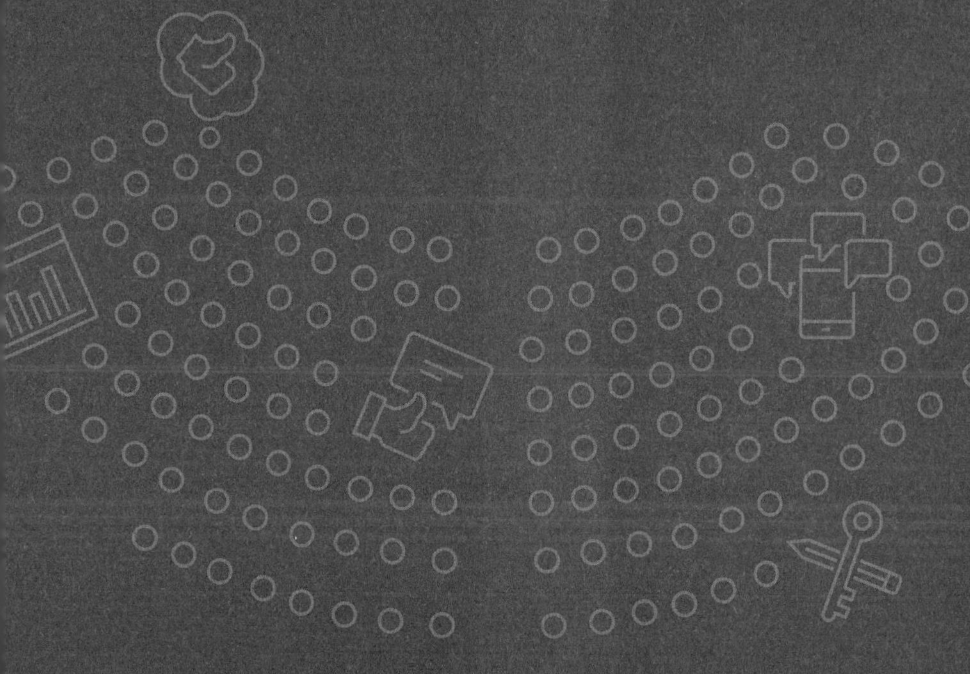

정치도 마찬가지다. 논문은 누가 봐도 완벽한 논리 체계를 이루고 있지만, 그렇다고 해서 논문을 돈 주고 사보는 독자는 없다. 그런데 의원 중엔 자기 글이 논문처럼 완벽해 보이기를 원하는 이들이 있다. 일종의 병이다. 똑똑한 사람으로 보이고 싶은 콤플렉스를 가졌다는 증거다.

국회의원이 될 정도면 이미 충분히 똑똑한 사람이다. 새삼 강조할 필요 없다. 자신이 얼마나 생각을 섬세하고 심오하게 하는 사람인지 인정받고 싶은 마음을 눌러야 한다. 괜한 허영심이다. 허영심은 글을 복잡하고 어렵게 만든다.

글을 잘 쓰는 사람은 글을 힘들이지 않고 쉽게 쓰는 사람이다. 어깨에 힘을 빼고 멋있어 보이려 하지 말고, 있는 그대로의 자기 생각을 꺼내놓으면 그게 자기가 쓸 수 있는 최상의 글이다. 정치 글도 시나 소설처럼 독자에게 다가가야 잘 팔린다.

원내 부대표들의 소셜 미디어 포스팅을 유형별로 분류한 조사에서도 드러나듯이, 의원들의 글은 국회나 지역구에서의 활동을 홍보하는 게 대부분이다. 재선 의원들도 크게 다르지 않다. 일반의 예상과 달리 실제 국회의원들은 정치나 정책에 관한 글을 많이 쓰지 않는다. 이상하지 않은가? 정치인들이 정치적 발언을 안 한다. 왜 그럴까?

첫째로는 소셜 미디어를 주로 보좌진에게 맡겨두기 때문일 가능성이 크다. 보좌진은 크게 의원회관 사무실과 지역구 사무실로 나뉘어 근무한다. 의원회관에서는 법안이나 상임위 질의, 각종 토론회나 공청회를 챙긴다. 지역 사무실에선 의원의 지역구 활동을 준비하고 수행한다. 그러니 보좌진이 쓸 수 있는 건 국회와 지역구 활동 두 가지뿐이다.

둘째는 정치 현안에 대해 글을 쓸 수 있는 정무 보좌진이 없기 때문일 가능성도 크다. 언젠가부터 회관에서 정무 보좌관이 사라졌다. 전부 정책 보좌진이다. 그러면서 정무는 의원이 알아서 하는 것이라는 인식이 생겼다. 원래 정무란 선거, 중앙당, 홍보와 공보, 후원회 업무를 수행한다. 무엇보다 정치 현안에 대한 자료를 정리해 의원에게 보고하고, 같이 토론해 의원의 입장을 결정하는 게 핵심 업무다. 그런데 이런 정무를 책임지는 보좌진이 거의 없다.

셋째, 의원들이 정치 현안에 자기 입장을 가져야 한다는 생각 자체를 안 하고 있을 가능성이다. '설마 그럴 리가?'라고 들리겠지만, 실제 그럴 수 있다. 이렇게 된 이유가 있다. 국회의원들이 재선되는 구조 때문이다. 지금 모든 국회의원은 지역구 경선에서 이겨야 공천을 확정받는다. 중앙당은 예비 심사를 통해 성적순으로 하위 몇 %를 탈락시키는 이상의 권한이 없다. 예비 심사는 의정 활동을 정량화하는 방식으로 이루어진다. 따라서 의원들은 주어진 열 명의 보좌진을 경선에 대비할 지역구와 예비 심사를 책임질 의원회관 두 군데로 나누어 투입하면 된다. 정무는 재선에 필요한 요소가 아니다. 그래서 정무 보좌관을 두지 않는다. 있어도 지역구 관리하라고 내려보내 지역구 조직 보좌관으로 만들어버린다. 그럼 의원 스스로 정치를 하는가 하면 그렇지도 않다. 정당의 당직자 출신이거나 언론인, 율사 중에서 변호사 출신이 그나마 정치를 안다. 그 외엔 정치를 잘 모른다. 국회의원이 되면 정치는 저절로 알게 되는 줄 안다.

국회의원은 '정치를 무슨 새삼스레 공부해?'라고 생각하면 안 된다. 스스로 물어보면 금방 알 수 있다. '젊은 남성들이 병역 의무에 대해 불만이 높다. 그럼 여성들도 군 복무를 해야 한다고 주장할까? 아니면 군인의 급여를 대폭 인상해야 한다고 할까? 아니면 가산점 제도를 부활해야 할까? 당신의 생각은 무엇인가?' 이 질문에 자기 나름의 답변이 준비되어 있다면 공부 안 해도 된다. '암호 화폐는 무엇이고, 그 시장은 정부의 관리 대상인가, 아닌가?', '부동산 공급 대책으로 가장 올바른 방안은 무엇인가?' 이런 게 전부 정치 현안이다. '윤석열 전 총장이 제3당을 창당할까, 아니면 국민의힘으로 입당할까?'라는 문제만 정치가 아니다. 민심에 영향을 미치는 모든 게 정치다. 이런 질문에 답변을 준비하라고 있는 게 정무 보좌관이다.

그래서 답변이 갖춰지면 그걸 무기로 상대 당의 논리적 허점을 공격하고, 정부의 관료주의적 태만을 비판하고, 글로 써서 소셜 미디어에 올려야 한다. 그게 정치다. 그러다 누구랑 논쟁이 붙으면 논쟁하고 치고받기도 하면서 언론에 오르내리고, TV 토론에도 나가고, 그러다 보면 대변인이나 원내 수석 부대표 같은 당직도 맡고, 그렇게 하는 게 정치다.

'그래봤자 공천받는 데 무슨 소용이 된다고?' 싶다면 다시 생각해보아야 한다. 지역구에서 붙는 경선이니 지역구 활동을 열심히 홍보한다. 행사에 참석해 어떤 축사를 했고, 어떤 민원 현장에 가서 주민 애로 사항을 듣고…… 물론 그런 것도 필요하다. 그러나 지역구 당원이나 지지층이 그런 포스팅에 만족할까? 그건 국회의원이라면 누구나 다 하는 일이다. 새삼스러울 것도 감동적일 것도 없다. 자신의 재선을 위해 열심히 밭 갈고 있다는 이야기일 뿐인데 무슨 감동이 있겠는가? 당원과 지지층은 자기가 뽑은 의원이 전국적 인물로 커가기를 바란다. '아무개 의원 지역구에 내가 살잖아, 너도 아는구나?'라고 친구에게 말할 수 있을 때 당원은 행복하다. 초선이면서 혁신과 쇄신의 목소리 한 번 낸 적 없는 의원, 재선 의원이면서 TV에서 한 번도 본 적이 없는 의원, 삼선 의원이면서 당내 고위직이나 입각 하마평에 오르내리지 못하는 의원, 4선 의원이면서 대통령 꿈조차 없어 보이는 의원은 아무리 지역구 조직이 튼튼해봤자 길게 못 간다.

정치인이 정치를 안 한다. 전부 재선되는 데만 급급하다. 각자 지역구에만 코 박고 있다. 그래서 제일 열심히 하는 게 지역구에 플래카드 걸기다. 몇 년 전부터 나타난 현상이다. '무슨 사업에 국비 몇십억 원 확보'라고 쓰고는 사람이 많이 다니는 사거리마다 수십 장씩 내건다.

국비란 원래 중앙부처에 배정된 예산을 말한다. 그러나 플래카드에 걸리는 국비는 크게 두 가지 종류다. 원래 국회엔 예산 심의 의결권이 있다. 그래서 예산 심의 활동 과정에서 자신이 노력해 책정되거나 증액된 예산이 하나다. 4년 임기 동안 예결 위원으로 들어갈 기회는 한 번, 많아야 두 번이다. 그러니 이런 경우는 흔치 않다. 다른 하나는 행안부와 교육부가 주는 특별 교부금(특교)을 말한다. 원래 특교는 책정된 예산이 부족하거나, 갑자기 소요가 발생한 사업에 대한 보조적 예산이다. 광역 지자체를 거쳐 기초 지자체로 내려간다. 이때 행안부나 교육부와 지자체 간의 중개 역할을 지역구 의원이 하게 된다.

행안부나 교육부 입장에서 보면 특교는 모든 국회의원에게 두루 나눠주는 예산이다. 선수가 높거나 국회직을 갖고 있으면 많게는 20억, 그냥 평의원이어도 최소 5억 원 정도로 그리 크지 않은 액수다. 지금 서울의 한 자치구 1년 예산이 1조 원대니 솔직히 민망한 수준이다. 그래서 특교를 확보했다는 이야기는 10년 전만 해도 플래카드까지 내걸 생각은 하지 않았다. 그런데 요즘은 서슴없이 내건다.

국회의원의 지방의원화. 국회의원이 국가적 차원의 문제를 해결하는 게 아니라, 지역구 사업 챙기기에 급급한 현상은 이제 돌이킬 수 없어 보인다. 이게 얼마나 허망한 짓인지 의원들도 모를 리 없다. 아무리 혼자 지역구 관리 잘해봤자 당 지지율이 폭락하면 줄줄이 낙선한다.

여기에 '죄수의 딜레마'까지 작동한다. 정당 지지율이 높으면 재선은 땅 짚고 헤엄치기다. 그런데 정당 지지율이 떨어져도 나만 지역구 잘 닦아놓으면 재선 가능성은 있다. 그러니 '남들은 정치 잘해서 정당 지지율 올리라고 하고, 난 내 지역구나 챙기련다'라고 생각하는 국회의원이 점점 많아진다. 보스 정치의 폐해를 막으려고 공천권을 중앙당 총재가 아니라 지역구 당원 경선에 맡겼더니 이런 현상이 벌어져 버렸다. 정치는 이제 기자와 평론가와 논객, '인플루언서'와 '셀럽'과 '페부커'가 한다. 정작 국회의원들은 정치를 하지 않는다.

정무 보좌관을 다시 의원실로 불러들여야 한다. 정무 보좌관은 일주일에 한 번 정도 지역구에 내려가 만날 사람 만나고, 점검할 것 점검하면 충분하다. 없으면 새로 뽑아야 한다. 정치 현안 보고서를 작성케 하고, 같이 공부하고 토론해 포지션을 정해야 한다. 적어도 일주일에 한 번은 정치 현안을 다룬 정치 글을 내야 한다. 국회의원은 정무 보좌관과 함께 정치 현안을 공부하고 정치적 판단을 내려야 한다. 공부하고 고민해 자신만의 대안을 꾸준히 준비해야 한다. 그게 정치인의 기본이다. '국회의원이 된 것'과 '정치하는 것'은 완전히 다르다. 국회의원이면서 정치하지 않는 이는 국회의원도 계속 못 한다.

의원들이 정치 글을 직접 안 쓰니 정치 글은 아예 없고 허구한

날 국회와 지역구 활동만 올린다. 이러면 안 되는 이유는 이렇게 생각해보면 금방 알 수 있다. 만약 의원이 초선 4년을 결산하는 책을 출간한다고 쳐보자. 아니면 재선, 삼선 중에 큰 선거에 나간다고 해보자. 그러면 대개 책부터 내게 된다. 어떻게 책을 만들 수 있을까? 당연히 그동안 쓴 글부터 모아야 한다. 써둔 글이 없으면 대필 작가에게 거액을 주고 부랴부랴 원고를 급조해야 한다. 대필 작가 혼자서 창작하다시피 한 원고에는 저자의 목소리가 없다. 공장에서 찍어낸 기성 제품 티가 완연하다. 나중에 다시 읽어보면 나간 책을 모두 수거해 소각하고 싶어질 것이다.

정치인의 책에는 기본 구성이 있다. 살아온 이야기, 정치철학과 노선, 정책적 성과와 향후 비전, 인간적 면모와 일상 등이 각각 하나의 장이 된다. 그런데 국회와 지역구 활동만 잔뜩 있어서야 책이 될 수가 없다. 평소 소셜 미디어에 포스팅하는 글부터 여러 가지 글을 꾸준히 써두어야 한다. 정치 글은 의원이 쓰든 보좌진이 쓰든 상관없다. 의원이 꼭 직접 써야 한다고 생각할 필요 없다. 보좌진에게 초안을 잡게 하고, 의원이 손봐서 완성하면 된다. 그렇게 자꾸 하다 보면 나중에 의원과 보좌진 사이에 동조가 일어난다.

보좌진에게 맡기려니 의원은 계면쩍고, 보좌진은 괜히 일거리만 늘어나니 아예 말을 안 꺼낸다. 그러면서 어영부영 시간이 흘러간다. 어영부영 정치의 수준도 떨어진다. 세상의 어떤 문제든 단순하지 않다. 그런데 두 당의 논쟁은 흑백논리에 그친다. 흑은 흑인지, 백은 백인지 그조차 또렷하지 않다. 피차 지엽과 말단을 물고 늘어지느라 논점은 어딘가로 가버리고 당파성만 남는다. 사안에 대한 깊은 이해가 없기 때문이다. 이해가 깊으면 절로 정곡을 찌르게 되는데, 그 정곡이 보이지 않는다.

어떤 주제로 어떻게 글을 쓸 것인지 정하는 것은 메시지 기획이다. 작은 의원실에서는 의원이 먼저 이야기를 꺼내도 되고, 정무 보좌관이 먼저 써도 된다. 큰 캠프에서는 메시지 기획 기능을 전략 기획회의에 참가하는 메시지 총괄 팀장이 맡는다. 일상적인 이슈는 그렇게 하되, 후보 간 공방이나 새로운 이슈를 던질 때는 후보와 팀장이 상의해야 한다.

당연한 이야기인데 왜 새삼스럽게 말할까? 메시지 기획의 책임 주체를 명확히 정해두지 않고 여기저기서 이런 걸 쓰자 저런 걸 쓰자고 하는 순간, 캠프가 난장판이 되기 때문이다. 어떤 메시지도 허투루 다루어선 안 된다. 기자들은 매일 기사를 써야 한다. 일용할 양식이 필요하다. 캠프는 양식을 제공할 의무가 있다. 전당 대회나 광역 단체장 이상 규모의 선거가 되면 최소 두 달 전부터 선거전이 시작된다. 두 달 동안 매일 메시지를 내야 한다. 따라서 두 달 동안 어떤 메시지 기조를 유지할 건지 전체적 기조와 초-중-후반 기조를 미리 세워두고 있어야 한다. 그게 메시지 전략이다.

이렇게 시작해서 가다 보면 어느 날부터 불이 붙기 시작한다. 후보 간 공방이 벌어진다. 정책 부서에서도 연일 새로운 공약이 나온다. 조직 부서에서도 이런 지역 공약을 내달라, 저런 개발 공약을 내달라는 요구가 밀려온다. 거기에 네거티브도 본격화된다. 이렇게 혼란스러울 때 어떤 메시지를 어떤 타이밍에 낼 건지 메시지 기획 책임자에게 확실한 결정권이 부여되어야 한다. 그렇지 않으면 자기가 낸 메시지가 자기 메시지를 잡아먹거나, 타 캠프에 선수를 빼앗기거나, 타이밍을 놓쳐 휴지가 된다.

가. 글의 준비

글은 스스로 쓰려고 마음먹거나, 누군가의 지시를 받아 쓰게 된다. 글을 써야 할 상황이 되면 대부분은 자료부터 찾는다. 주제와 관련된 자료부터 읽어보아야 방향을 잡을 수 있다고 생각하기 때문이다. 학교에서 그렇게 교육받았다. 그러나 그렇게 하지 않는 게 좋다. '아니, 자료도 없이 어떻게 글을 쓰란 말인가? 말도 안 되는 소리……' 싶을 수 있다.

자료부터 모으는 습관은 정치 글을 쓰는 데 적합하지 않다. 모든 정치 글은 마감 시간이 있다. 그것도 아주 짧다. 빨리 써야 한다. 정책 보고서라도 길어야 사흘, 정치 현안과 관련한 쟁점 정리 같은 것은 이틀, 소셜 미디어에 올릴 글이라면 6시간 안에 완료해야 한다. 물론 예정된 행사나 기념일 메시지는 이틀 전에 쓰면 된다. 국회에서 쓰는 모든 글은 항상 벼락치기다. 그런데 자료를 모으고 있다? 언제 자료 모아서 읽고, 유용한 것과 무용한 것을 가려내고, 논리를 구성하고 글의 방향을 잡겠는가? 그러다 날 샌다.

자료는 나중에 찾으면 된다. 가장 먼저 할 일은 메시지 팀이 있으면 팀원이, 팀 없이 혼자 써야 하면 선배 동료 보좌진이 모여 먼저 토론을 해야 한다. 집단 지성을 모으는 게 글의 방향을 잡는 데 가장 도움이 된다. 집단 중에 내공 깊은 이가 있으면 더 큰 도움이 된다. 내공은 평소에 길러둔 지식이다. 글쟁이는 그래서 책을 손에서 놓지 말아야 한다. 무슨 책을 보는 게 좋을지는 사람마다 다를 테니 취향대로 하면 된다. 대학원에서 학위를 따는 것도 좋다. 고전을 읽고 발제 토론하는 과정에서 생각하는 법을 배울 수 있기 때문이다. 대학원을 다닐 수 없다면 독서나 공부 모임을 하는 것이 차선이다. 찾아보지 않아서 그렇지 주변에 이런저런 공부 모임이 있을 것이다. 수준이 비슷한 이들끼리보다 실력 있는 고수가 한둘 섞여 있는 모임이 좋다. 공부를 빙자해 술 먹고 떠드는 데 시간을 더 쓰는 친목 모임은 피하는 게 좋다. 10년 전엔 신문을 열심히 읽으라고 했지만, 지금은 함량 미달에 엉터리거나 편견에 가득 찬 기사가 많으니 인용조차 조심해야 한다.

토론을 통해 대략적인 방향을 잡는 게 훨씬 빠르고 실패할 가능성이 낮다. 자료부터 보다간 자료의 바다에 빠지거나, 너무 뻔한 결론에 도달하기 쉽다. 여러 자료를 짜깁기한 나머지 쓸데없이 글이 길고 어려워질 수도 있다. 자료는 먼저 방향을 잡고 써나가면서 살을 붙이기 위해 참고하는 정도면 충분하다. 모든 자료를 다 긁어모으는 게 아니라 논지에 부합하는 자료만 골라 모아도 충분하다는 뜻이다. 막상 글을 쓰다 보면 그 방향조차 바꿔야 할 때가 비일비재하다. 글은 건축이 아니다. 건물은 설계도대로 지으면 되지만 글은 절대 설계도대로 안 된다. 그러니 설계도 그리는 데 너무 많은 시간을 쓸 필요 없다. 머릿속에 그려둔 얼개대로 지어가다가 막히는 대목이 나오면 그때 관련 자료를 찾아보는 게 낫다. 중요한 건 자료가 아니라 생각이다. 생각을 깊이 여러 각도에서 해본 다음 어느 정도 밑그림이 잡히면, 그에 맞춰 자료를 찾아보는 식으로 글을 준비하는 게 훨씬 생산적이다.

(1) 결론부터 말하라

너무나 읽을 것이 많은 시대에 정치 글을 읽게 하려면, 글의 속도가 중요하다는 점을 강조했다. 대개 글을 쓰면 도입 부분이 먼저 들어간다. 왜 이 이야기를 하려는지 배경을 설명하는 것이다. 그다음은 지금 무엇이 잘못되었고, 내 주장은 무엇이라는 걸 밝히게 된다. 이어서 그것이 왜 잘못인지 이유를 하나하나 짚는다. 그래서 내 주장이 왜 옳은지 근거를 낱낱이 밝힌다. 마지막으로 그러니 어떻게 바로잡자고 하거나, 바로잡기 위해 무엇을 하겠다는 식으로 결론을 내린다. 대개 이런 식이 정치 글의 기본 포맷이다.

이렇게 쓰고 나서 바로 끝이 아니다. 이 글을 한 번 뒤집어야 한다. 결론에 해당하는, 누가 잘못이니 어떻게 바로잡아야 한다는 주장을 맨 앞으로 가져와야 한다. 결론을 글의 맨 앞에다 두는 두괄식으로 바꾸는 것이다. 그다음은 제목을 붙인다. 제목은 짧을수록 좋다. 글의 주제나 소재를 두 글자, 혹은 네 글자로 골라내되 되도록 명사가 좋다. 그러면 깔끔한 인상을 준다. 사람들은 '아, 이거 질질 끌지 않고 깔끔하게 끝나겠구나' 싶어야 읽기 시작한다. 제목은 그 글의 이름표다. 글에 이름표를 붙이면 글과 글의 주인인 정치인이 한 묶음으로 호명된다. '어제 어느 의원이 올린 무슨 제목의 글 너, 봤니?'라고 특정되는 것이다. 기억하기도 쉬워진다.

마지막으로 하나 더 남았다. 제목과 앞으로 옮겨진 결론 사이에 한 줄짜리 리드를 뽑아주는 것이다. 이렇게 하는 건 언론을 위한 서비스 목적이다. 글이 충분히 기삿거리가 된다 싶을 때 이런 리드까지 뽑아주는 게 좋다. 그래야 글의 말(末)을 붙잡고 본(本)을 놓치는 실수나 장난질을 막을 수 있다.

리드는 주어와 술어를 하나씩 넣는 게 좋다. 욕심내다가 너무 길어지면 안 된다. 그러고 나서 제목 → 리드 → 결론 → 도입 → 비판 → 주장 → 근거 설명의 순서로 매끄럽게 읽히는지 검토해야 한다. 거기 돌부리가 보이면 미련 없이 파내고, 너무 멀리 가지 친 이야기도 무조건 절반으로 줄인다 생각하고 쳐내야 한다.

미괄식은 절대 안 된다. 결론까지 안 읽고 떠난다. 왜 그럴까? 기-승-전 아니, 기-승까지만 읽어도 결에서 뭐가 나올지 사람들이 알기 때문이다. 적어도 '알 것 같기' 때문이다. 소셜 미디어든, 그냥 인터넷에서든 정치 글을 읽는 사람이라면 이미 절반은 '꾼'이다. 당파성이 지배하는 담론의 장(場)이다. 이미 글 주인이 어느 당 소속인지 아는 상태에서 읽는다. 그러니 뭐라고 할지 대충 짐작한다. 다만 다른 글과는 다른, 어떤 차별점이 있는지를 보려 할 뿐이다. 두괄식으로 쓰면 박진감도 생긴다. 결론이 마음에 들면 근거까지 알고 싶어 끝까지 읽게 된다.

(2) 논문 쓰지 마라

정치 글은 논문이 아니다. 꼼꼼하고 치밀하지 않아도 된다. 아는 걸 다 적으려 해서도 안 된다. 논리적으로 완벽할 필요도 없다. 자기 과시욕만 드러날 뿐 글만 길어진다. 물론 상대 당으로부터 말꼬리 잡히거나, 달이 아니라 손가락이 시비 걸릴 수도 있다. 그러나 두려워할 일이 아니다. 오히려 환영해야 한다. 치고받으면서 글 조회 수는 더 올라가고, 글 주인의 이름은 더 널리 알려질 것이다. 처음부터 비판의 여지없이 쓴다고 쓴 논문조차도 반박당하고, 시비 걸린다. 정치 글의 주장이 조야하거나 논거가 박약해서 받는 비난이라면 글쓴이의 잘못이다. 그러나 당파성이 달라서 받는 공격이라면 잘 쓴 글의 증거로 오히려 자랑스럽게 여겨야 한다. 정치는 그런 과정을 통해 풍부해진다.

정치 글은 논문이 아니라 시나 소설 같은 것이다. 시인이나 소설가는 시집이나 소설이 팔려야 먹고산다. 요즘 세상에 돈 주고 책 사본다는 게 쉽지 않은 일이다. 진짜 좋아하는 사람이라야 지갑에서 돈을 꺼내 책을 산다. 대충 잘 쓴 시나 재미있는 소설은 많지만 잘 팔리는 시나 소설은 드물다. 왜 팔릴까? 돈 주고 살 정도의 애독자가 있기 때문이다.

정치도 마찬가지다. 논문은 누가 봐도 완벽한 논리 체계를 이루고 있지만, 그렇다고 해서 논문을 돈 주고 사보는 독자는 없다. 그런데 의원 중엔 자기 글이 논문처럼 완벽해 보이기를 원하는 이들이 있다. 일종의 병이다. 똑똑한 사람으로 보이고 싶은 콤플렉스를 가졌다는 증거다. 그러면서 토론에 나가서는 단 5분도 정연하게 논리를 펼치지 못하면서, 글만 써서 가져가면 이리 따지고 저리 트집 잡는다.

국회의원이 될 정도면 이미 충분히 똑똑한 사람이다. 새삼 강조할 필요 없다. 자신이 얼마나 생각을 섬세하고 심오하게 하는 사람인지 인정받고 싶은 마음을 눌러야 한다. 괜한 허영심이다. 허영심은 글을 복잡하고 어렵게 만든다. 글을 잘 쓰는 사람은 글을 힘들이지 않고 쉽게 쓰는 사람이다. 어깨에 힘을 빼고 멋있어 보이려 하지 말고, 있는 그대로의 자기 생각을 꺼내놓으면, 그게 자기가 쓸 수 있는 최상의 글이다. 정치 글도 시나 소설처럼 독자에게 다가가야 잘 팔린다.

더욱이 정치 글은 완벽한 것보다 남보다 한발 앞서 정곡을 찌르는 게 최고다. 자기 글을 대신 쓰는 보좌진을 믿고 맡겨야 한다. 그래놓고 초안을 가져오면 그때 자기 스타일로 손보면 된다. 처음부터 자기 혼자 끙끙거리며 완벽한 글을 쓰려 하니 아무것도 못 쓰는 것이다. 글을 내놓는 속도, 글 안에서의 속도, 그게 정치 글의 생명이다. 보좌진과 함께 쓰고 고치고, 그러길 자꾸 반복하면 점점 둘이 비슷해진다. 그러면 속도도 저절로 빨라진다. 그러면서 주장이 선명하고 주장을 뒷받침하는 논거만 분명하면 최고의 정치 글이 된다. 잘 쓴 정치 글은 뉴스가 된다. 정치의 8할은 메시지 싸움이다.

다. 초안

정치 글은 빨라야 한다. 빠르기 위해서는 생산 시스템이 중요하다. 글의 생산 체제인 메시지 팀의 구성은 글의 생산량이 결정한다. 생산해야 할 글이 많을수록 손이 더 필요하다. 광역 단체장이나 전당 대회 선거 캠프라면 최소 다섯 명에서 열 명까지는 있어야 한다. 하루에 두세 개 메시지가 나가는 게 기본이다.

평상시 국회의원실이라면 일주일에 두세 개 정도 메시지가 나갈 것이다. 모두 열 명의 보좌진 중에 세 명 정도는 글 쓰는 일을 해야 한다. 누구 한 사람에게 전담시키는 것은 그리 바람직하지 않다. 왜 그럴까? 그래야 보좌진이 두루 글쓰기에 익숙해진다. 글은 계속 써야 실력이 는다. 한 달만 손에서 놓아도 감을 잃는 게 글이다. 국회 보좌진에게 글은 전부다. 정치인은 말에, 보좌진은 글에 능숙해야 한다.

(1) 분업

조건이 충족된다면 분업화하는 것이 좋은 글을 양산할 수 있는 체제다. 조건이란 사람이다. 의외로 메시지 팀에 선수가 없다. 정책 팀엔 넘쳐나는 사람이 왜 메시지 팀엔 없을까? 갈수록 글쟁이들이 줄어들고 있기 때문이다. 이른바 586세대가 386세대일 때, 여의도에는 글 좀 쓴다는 선수들이 꽤 있었다. 그러던 것이 지난 20년이 흐르며 점차 씨가 말랐다. 다들 글쓰기를 어려워한다. 글은 자신의 실력이 100% 고스란히 드러나는 분야이기 때문이다. 자기 실력이 없으면 버티질 못한다. 메시지 팀이 기피 부서가 되어버렸다.

그다음 글은 글의 주인과 묶이는 경향이 있다. 주인의 생각과 마음을 대신 쓰는 일이기 때문이다. 정책은 범용이지만, 글은 맞춤용일 수밖에 없다. 이 사람 글 쓰다가 저 사람 글 쓰다가, 그렇게 모드 전환이 쉬우면 오히려 이상한 일이다. 글의 주인과 작가 사이에 호흡이 맞으려면 최소 1년은 잡아야 한다. 언어는 습관이기 때문이다. 하물며 사고방식까지 비슷해져야 한다.

분업 방식은 다음과 같다. 1단계: 초안을 작성하는 초급자 → 2단계: 초안을 보고받은 후 수정 의견을 내려주고 수정된 원고를 다시 받아 확인한 뒤, 필요하면 자기가 직접 손보는 중급자 → 3단계: 완성된 원고를 받아 스크린 기능을 수행하는 상급자 → 4단계: 글의 주인에게 보고하고 최종 수정 지시를 받아 종결짓는 보고자로 구성하는 것이 좋다. 매일 각종 원고 두세 개를 생산하는 팀이라면 초안 작성자로 서너 명, 중급자는 두 명, 상급자 한 명, 보고자 한 명, 총 일곱에서 여덟 명이 최소 인원이다. 글을 많이, 그리고 빨리 써내야 하는 상황이라면 이런 분업 체제를 갖추지 않으면 안 된다. 말로 설명하다 보니 4단계로 설정했으나, 실제로는 2단계나 3단계가 일반적이다. 대개 1단계와 2단계가, 2단계와 3단계가 같이 이루어지기 때문이다. 그래도 보고자는 별도로 두는 게 좋다.

왜 보고자를 따로 두어야 할까? 보고자가 메시지 기획을 해야 하기 때문이다. 보고자는 글 주인과의 소통, 전략회의에서의 의사결정 참여, 그리고 다른 부서와의 조율을 책임져야 한다. 글은 어떻게 쓸 것인가도 중요하지만, 무엇을 쓸 것인가가 더 중요할 수도 있다. 무엇을 쓸 것인지를 결정하려면 글의 주인과 논의하고, 전략 단위가 내놓는 기본 방침을 파악하고, 다른 부서에서 생산되는 주요 의제에 대해 이해해야 한다. 즉 보고자는 메시지 기획 기능을 수행한다.

글의 주인을 설득하는 일도 중요하다. 글에 대해 민감하든 둔감하든, 글의 주인은 주인대로 생각이 있기 마련이다. 누구나 자기 생각은 자기가 가장 잘 안다. 써온 글이 자기 생각과 결이 다를 수 있다. 글 주인이 뭔가 불만족스러워 한다면 어떻게 해야 할까? 이건 중요한 문제다. 글의 주인 마음에 들 때까지 메시지 팀이 고치든 주인이 고치든, 끝까지 손보는 것이 좋을까? 아니면 메시지 팀에 맡겼으니 맡기고 대충 80~90% 수준에서 만족하고 내보내는 게 좋을까?

개인 견해다. 글의 주인이 글을 메시지 팀에 맡기기로 한 이상, 믿고 맡기는 게 옳다. 물론 자기 생각과 마음을 더 정확하게 표현하기 위해서는 본인이 직접 최종 원고를 탈고하는 게 좋다. 그러나 좋은 점만 있을까? 두 가지 문제가 있다.

첫째, 한비자가 이르기를 '군주는 자신의 호오(好惡)를 드러내지 말아야 한다.' 노자 역시 '불치(不治)면 무불치(無不治)'라고 했다. 권력자가 무엇을 좋아하거나 싫어하는 걸 너무 대놓고 티 내면 반드시 간신배가 붙거나 반대 세력이 생긴다. 또 권력자가 굳이 모든 걸 다 스리려 하다가 오히려 일을 망칠 수 있다. 그냥 순리대로 흘러가도록 두는 게 화근을 안 만드는 길이다. 대통령이나 후보, 정치인이 글을 직접 쓰게 두면 이처럼 호오가 드러나거나, 너무 세부적인 데까지 마음의 결을 드러내게 된다. 거의 그렇게 된다.

이 문제는 결국 메시지 전략의 문제로 귀결한다. 글 주인의 성격이 날카롭고 화끈한 편이면서, 메시지의 퇴고까지 본인이 하겠다면 글도 자연히 예리하고 선명해진다. 그것도 나쁘지 않다. 무엇보다 열성 지지자들을 모으는 데 도움이 된다. 그러나 언젠가는 필화를 겪을 각오를 해야 한다. 반대로 글의 주인이 원만하고 두루뭉술하다면 글 또한 점잖고 우아해질 것이다. 열렬한 지지층을 모으는 데 별 도움이 안 되겠지만 중도층이나 지식인층으로부터 찬사를 들을 수 있다. 이처럼 글의 주인이 글을 자기 마음에 들 때까지 직접 고치는 일은 장기적으로 정치를 성격과 스타일의 차원으로 끌고 간다. 그래서 자칫 위험해질 수 있다. 메시지 팀이 날카로운 글 주인을 부드럽게 보완하는 걸 어렵게 만들고, 점잖은 글 주인을 선명하게 바로잡는 걸 차단하기 때문이다.

두 번째 위험은 말의 과잉이 가져올 정치의 형해화를 우려하기 때문이다. 물론 정치는 기본적으로 말로 하는 전쟁이다. 말과 글이 중요하다. 그러나 조금만 더 생각해보자. 정치가 말만 하고 있으면, 세상이 과연 달라질 수 있을까? 말은 실천과 일치될 때 의미 있는 것이다. 언행일치 없이 말만 앞서는 정치는 정치 혐오를 불러온다. 뱉어놓은 말이 너무 많거나 세면, 실천하기가 점점 어려워진다. 그러니 항상 위험을 수반한다. 메시지 팀이 제어할 수 있어야 한다.

어떤 글 한둘 정도는 글 주인이 직접 탈고하는 게 훨씬 나을 수도 있다. 그러나 길게 볼 때 모든 글을 그렇게 하는 건 바람직하지 않다. 글만 그런 게 아니다. 리더와 참모진은 팀이 되어야 한다. 안 그래도 똑똑한 리더다. 정치 경력이 쌓이면서 정보량이 늘어난다. 인적 네트워크도 넓어진다. 참모진이 산술급수적으로 발전한다면, 리더는 기하급수적으로 발전한다. 그렇다고 해서 리더가 혼자 차포 역할 다 할 수 있는가? 없다. 참모진을 무기력하게 만들 게 아니라 같이 발전해야 한다.

메시지 팀의 원고에 완성도가 떨어진다면, 어쩌면 메시지 팀보다 글 주인의 문제가 더 클 수도 있다. 충분히 말해주지 않았기 때문이다. 실력 있는 글쟁이들은 한마디를 해주면 서너 마디를 알아듣는다. 한마디도 안 해준 채, 써온 원고를 퇴짜만 놓는 글 주인은 절대 좋은 글의 주인이 될 수 없다. 시간이 없다는 건 이유가 못 된다. 글은 생각과 마음인데, 자기 생각과 마음을 조금도 말해주지 않고, 어찌 자기 마음을 완벽히 담아오길 기대한단 말인가? 메시지 팀과의 소통이 중요하다. 나온 원고 갖고 고칠 생각하지 말고, 원고 쓰기 전에 불러 몇 가지라도 일러주면 훨씬 좋은 글이 나온다. 글 주인과 수시로 대화를 나눌 수 있는 보고자는 그래서 무엇보다 중요하다.

글의 주인이 해야 할 일은 따로 있다. 무릇 정치인은 리더십이 최고의 덕목이다. 똑똑하다거나, 실무 능력이 좋다거나, 말을 잘하는 건 장점이다. 그런 장점을 가진 이들은 참모를 하면 된다. 리더는 참모와 달리 판단력이 좋아야 한다. 판단이 가장 어렵다. 세상일이란 게 이 사람 말 들으면 이 말이 옳고, 저 사람 말 들으면 저 말이 맞는 것 같다. 그래서 항상 선택해야 한다. 선택한 방향으로 사람들을 이끌고 가는 게 지도자다. 글의 주인이 해야 할 일은 판단이다. 직접 글을 고쳐서 자기 마음에 꼭 들게 하는 것보다 숱한 글을 받아 읽고 판단해줘야 한다. 글의 논지와 논조가 지금 이 사안에 있어 올바른 입장인지 아닌지 빨리 결정해줘야 한다. 문장 다듬고, 구성 바꾸고, 뭘 더 넣고 뺄 건지, 그런 건 참모들에게 맡겨야 한다.

(2) 일임

글 쓸 일이 많지 않고, 사람을 확보할 수 없으면 한 사람이 써야 한다. 실제로 많은 의원실이 그러하다. 글 잘 쓰는 한 사람은 글을 잘못 쓰는 열 명보다 낫다. 중요한 글일수록 처음부터 끝까지 한 사람의 손으로 마무리 지어야 한다. 국회의원실 같으면 대정부 질문, 대통령 비서실 같으면 신년사, 삼일절·광복절 기념사, 그리고 시정 연설이 그런 경우다. 초안은 여러 사람이 나눠 준비도 하고 써오게 할 수 있다. 그러나 최종본은 반드시 제일 글 잘 쓰는 한 사람이 일필휘지하는 게 좋다.

왜 그럴까? 길기 때문이다. 분량이 많기 때문이다. 긴 글이니 혼자 쓰기 부담스럽다? 그러니 여러 사람이 나눠 쓰자? 틀린 말이다. 그러면 글이 누더기가 된다. 긴 글일수록 일이관지해야 하고, 웅혼한 흐름이 쭉 내달려야 한다. 그런데 여러 사람이 자료를 모으고, 여기서 1안 저기서 2안 따로 써오고, 이 사람이 고치고 저 사람이 손보면 글이 어떻게 될까? 산으로 간다. 전체 글을 머리 몸통 꼬리 다 따로 제작해 조립한 글이다. 기계는 그렇게 조립해도 된다. 하지만 글은 그렇게 안 된다. 글은 흐름이 중요하다. 기승전결이 있어야 하고, 서론 본론 결론이 분명해야 한다. 논리는 정연해야 하고, 논조는 일관되어야 한다. 그런데 찢어서 써온 글은 아무리 잘 꿰어도 병렬적으로 된다.

글이 병렬적이면 대개 재미가 없다. 그냥 처음부터 끝까지 지루하다. 그래프로 표현한다면 거의 직선, 그것도 중간중간 끊어진 점선이 된다. 좋은 글은 부드러운 곡선을 그리며 피크를 향해 상승하다, 반전과 비약으로 긴장감도 불어넣다, 장엄한 결론을 향해 잔잔한 파문으로 여울지는 여백까지 있는 글이다.

물론 일견 이것저것 내용이 많아 보인다. 안 건드리는 문제가 없고 뭔가 많은 이야기를 하는 것 같다. 하지만 실제로 그런 글을 처음 읽는 독자는 그렇지 않다. 오히려 돌아서는 순간 무슨 얘기를 들었는지 기억에 남는 게 없다. 어디서 들어본 듯한, 좋은 말만 모아놓은 장광설이 되어버린다.

여러 사람이 써온 걸 짜깁기한 초안을 대충 손봐서 넘기는 식으로 끝내면 안 된다. 반드시 한 사람이 글의 시작부터 끝까지 완전히 다시 써야 한다. 초안의 내용은 살리되, 배치나 구성은 물론이고 문체까지 천의무봉하게 통일시키는 마지막 한 사람이 있어야 한다. 그 사람이 진짜 글쟁이다.

만약 이런 글쟁이가 초안을 같이 준비해줄 동료 없이 처음부터 혼자 써야 할 때, 어떻게 하는 것이 좋을까? 처음엔 민주적이다가 끝에는 독재자가 되어야 한다. 글의 주제를 잡기 위해서는 여러 사람의 이야기를 듣는 게 좋다. 전문가나 지식인도 좋고, 주변에서 같이 일하는 사람들 이야기도 좋다. 글의 목적과 용도를 말하고 아이디어를 구해야 한다. 그러면 글이 깊어진다.

동시에 글의 주인과 충분히 대화해야 한다. 글의 핵심 주장을 무엇으로 할 것인지, 어떤 소재를 넣을 것인지, 논조는 어떤 식으로 가져갈지 물어보고, 본인 생각을 들어야 한다. 이해가 안 되면 재우쳐 물어가며 한마디라도 더 듣는 게 좋다. 너무 바빠서 못할 수도 있다. 그럴 땐 간단한 구상이라도 메모해 보고해야 한다. 그러면 그에 대한 글 주인의 의견을 듣기가 쉬워진다.

착안 사항을 듣고 나서는 혼자 생각을 많이 해야 한다. 생각을 정리하는 데 도움이 되는 것은 독서다. 언론에 실린 칼럼이나 온라인 논객들의 주장은 별 도움이 안 된다. 그런 글은 특수하고 각론적이다. 봐야 할 것은 책이다. 고전도 좋고 신간도 좋다. 책은 거시적인 시야를 갖게 한다. 어렴풋이 상정하고 있는 주제나 분야에 관련된 책을 서너 권 읽다 보면 영감 비슷한 것이 스친다. 그 정도면 충분하다.

글은 써야 써진다. 글의 전체 내용이 다 머릿속에 있을 때 쓴다고 생각하면 안 된다. 절대 그런 순간은 오지 않는다. 한 가지만 있으면 된다. 글의 핵심! 분량이 얼마든, 이 글에서 말하려는 핵심이 무언지만 정해지면 된다. '정하면 된다'라고 하지 않고 '정해지면 된다'라고 말하는 이유가 뭘까? '그분'이 내게 오시기 때문이다. 어느 순간 온다. 막 고민하다 보면 오기도 하고, 닥치는 대로 자료를 읽다 보면 오기도 하고, 난상토론이 벌어지는 술자리에서 오기도 하고, 꿈에서 오기도 한다. 글은 자기 속에서 생각이 차고 넘쳐 나오는 걸 받아쓰는 것이다.

'그분'이 오면 언제 어디서든 즉시 메모해야 한다. '딱, 이거다!' 싶은 핵심 없이 글을 쓰기 시작하면 진짜 힘들다. 써도 실패작이 되기 쉽다. 좋은 글이나 책은 핵심이 있다. 핵심은 바퀴의 축과 같다. 축으로부터 모든 바큇살이 나가고, 나갔다가 다시 축으로 모인다. 핵심이 정해지면 쓰면서 생각이 정리된다. 새로운 생각도 난다. 마음의 방향과 결도 정해진다.

성공적인 글은 다 읽은 독자가 핵심을 딱 짚어내 '어떤 글이 있는데, 그 글의 핵심은 이런 거야, 그러니 너도 읽어봐'라고 말할 수 있는 글이다. 핵심이 요약되지 않는 글은 불행한 글이다. 몇 개의 문장, 더 좋은 건 딱 하나의 단어로 요약 가능한 글은 행복한 글이다. 사람들에게 널리 알려질 것이기 때문이다.

일단 글을 시작하면 먼저 목차부터 작성하는 게 좋다. 목차는 글의 구성이다. 무슨 이야기를 할 건지, 소제목처럼 죽 입력해놓으면 목차가 된다. 그리고 각 목차 밑으로 생각날 때마다 글을 써나가다 보면 서서히 원고 꼴이 갖추어진다.

초안을 쓴 다음 할 일은 빨리 잊어버리는 것이다. 글을 다 쓰면 대부분은 곧바로 자기가 다시 읽어본다. 그런데 별 소득 없는 일이다. 글을 쓰는 동안 푹 빠져 있었기 때문이다. 오탈자도 잘 안 보이고 문장이나 논지도 다 문제없어 보인다. 객관화가 안 되어 있기 때문이다. 분량이 제법 되고 중요한 글일수록 쓴 다음 하루 정도 잊어버리는 게 좋다. D+2일째 되는 날 아침이 중요하다. 글을 인쇄해 소리 내어 읽어보아야 한다. 소리 내기 어려우면 입속으로 읽어도 좋다.

그러면 자기 객관화가 된다. 일종의 '낯설게 하기' 효과다. 남의 눈으로 자기 글을 볼 수 있게 된다. 가장 좋기로는 자기 같은 남이 있을 때다. 글 쓰는 이에게 '종자기' 같은 지음(知音)이 있다는 건 엄청난 행운이다. 없으면 할 수 없다. '백아' 스스로 소리를 내 읽는 수밖에 없다. 소리를 내면 좀 더 남 같아지기 때문이다. 눈으로만 훑어보면 처음 쓰던 때로 돌아가 버린다. 그러면 지나치기 쉽다. 소리를 내 읽어보면 가장 먼저 걸리는 건 문장의 군더더기다. 호흡이 딸릴 정도로 긴 문장이 줄줄이 잡혀 나온다. 잘라서 끊어주면 된다.

입말과 글말, 혹은 구어와 문어가 있다. 글을 쓸 때 구어체로 쓰는 사람이 있고, 문어체로 쓰는 사람이 있다. 어느 것이 좋은지는 각자 취향이다. 그러나 정치 글은 구어체가 좋다. 정치는 대중을 향해 말한다. 대중의 귀에 콕 박히는 건 당연히 입말이다. 글도 마찬가지다. 정치 글을 문어체로 쓰면 왠지 글의 논지 자체가 고루하거나 뻔해 보이는 단점도 있다. 문어체가 격식을 차리는 문체다 보니, 자신도 모르게 글이 어떤 틀에서 벗어나지 않도록 조심하기 때문이 아닐까 싶다.

실제 정치인의 글은 문어체와 구어체의 중간이 많다. 왜 그럴까? 글에 권위가 있어야 한다는 무의식이 문어체를, 소셜 미디어의 화자가 개인이라는 사인성(私人性)이 구어체를 끌어들이기 때문이다. 그냥 대통령이라고 말할 때, 우리는 두 가지를 연상할 수 있다. 하나는 대통령직이다. 국가 원수를 의미한다. 다른 하나는 현재론 문재인이라는 사람이다. 직을 맡은 어떤 개인이다.

국회의원도 마찬가지다. 국회의원은 헌법기관이다. 공적 기관인 셈이다. 반면 300명의 각 개인이기도 하다. 둘은 분리되기도, 되지 않기도 한다. 글을 쓴다고 할 때 공적 기관으로서 국회의원이 쓰는 것일까? 아니면 국회의원직을 맡은 어떤 개인이 쓰는 것일까? 실제 글 쓰는 보좌진이 의원의 글을 쓰다 보면 항상 부딪치는 게 이 문제다. 자꾸 헛갈린다. 감정을 배제한 채 공적 언어로만 메시지를 써야 할까? 아니면 인간으로서의 희로애락을 글에 드러내도 되는 걸까?

답은 그때그때 잘 구분하는 것이다. 공적 기관으로서 말하거나, 이성적으로 논리를 전개해야 할 때는 문어체로 가는 게 맞다. 반면 좀 더 인간적이고 감성을 드러내도 좋은 자리라면 구어체로 가는 게 제격이다. 모든 글을 문어체로 쓴다면 진중할 것이나 딱딱하다는 평을 얻을 것이다. 그렇다고 구어체로 쓴다면 읽는 재미는 있으나 가볍다는 입길에 오를 수 있다. 글의 목적이나 성격에 따라 문어체와 구어체를 구분해 쓰되, 전체적으로는 반반 정도의 비율을 유지하는 게 바람직하다.

세상이 점점 무겁고 심각한 걸 싫어한다. 말랑말랑하고 가벼운 걸 좋아한다. 그런 풍조가 바람직한지 아닌지는 상관없다. 군자도 시속을 따라야 한다. 하물며 정치인은 군자가 아니다. 만약 진짜 글을 잘 쓰는 이라면 문어체와 구어체를 한 글에서 섞어 써도 좋다. 하나의 글 안에서 진지할 땐 문어체로, 약간 능치거나 돌려 말할 땐 구어체를 쓰는 것이다.

보좌진이 주의해야 할 것은 의원의 이름으로 나갈 글이니 공적이고 논리적이어야 한다고만 여겨 문어체로만 쓰면 안 된다는 점이다. 그렇게 하면 모든 포스팅이 딱딱하고 무거워진다. 재미도 없어진다. 요즘 그런 글은 잘 안 먹힌다. 구어체의 장점을 포기하면 안 된다. 구어체는 말하듯 쓴 글이기 때문에 쉬운 표현을 쓰게 된다는 이점이 있다. 무엇보다 큰 장점이다. 거기에 아무래도 문어체보다는 탈권위적이고 소탈하다. 마음과 감성을 담는 데 더 적합한 것은 물론이다.

보좌진이 쓰더라도 의원의 이름으로 나가는 글이라면 자신이 의원이라고 생각하고 써야 한다. 즉 빙의되어야 한다. 남의 글을 대신 쓰면서 어찌 남의 감정까지 넘겨짚어 글로 쓸까 걱정해선 안 된다. 그렇게 제한을 두다 보면 글이 공문처럼 된다. 경직되고, 건조한 글로 읽는 이와 소통하고 교감할 수는 없는 노릇이다. 의원의 생각만이 아니라 마음까지 담아야 한다. 그래서 보좌진이란 직업은 의원의 마음을 읽는 게 중요하다. 아부나 떨려고 읽으라는 게 아니다. 마음의 결을 알아야 어떤 현안을 어떻게 바라볼지를 알 수 있기 때문이다. 의원의 마음을 문어체로 접근하지 말고, 구어체로 다가가야 한다. 그래서 자꾸 구어체로 써버릇해야 한다는 이야기다.

구어체로 글을 쓸 때 한 가지 유의 사항이 있다. 같은 말도, 말로 할 때와 글로 쓸 때 뉘앙스가 달라진다는 점이다. 예컨대 '나는 몰라요'라는 간단한 말이 상황에 따라 '그걸 왜 나한테 따지세요. 난 관계없어요. 그러니 딴 데 가서 알아보세요'라는 뜻이 된다. '죄송하지만 제가 모르는 문제로군요'로 읽어주길 바랐는데 오해를 부른 셈이다. 이처럼 구어체를 그대로 글로 옮길 때는 읽는 이가 나의 '파롤(parole)'을 오해하지나 않을지, 독자의 눈으로 다시 읽어봐야 한다.

사람마다 다르겠지만, 한번 쓰기 시작하면 대체로 구어체가 문어체보다 쓰기 쉽다. 그러나 쓸수록 구어체가 어려운 점이 있다. 구어체로 쓴다는 게 평소 말하던 그대로 글을 쓰는 게 아니다. 입에서 바로 나온 말을 그대로 글로 적었다고 생각해보라. 얼마나 어설프겠는가? 십중팔구는 불분명하거나, 뉘앙스가 원래 말하려던 바와 어긋날 것이다. 그래서 구어체 글이 오히려 훨씬 섬세함을 요구한다. 아 다르고, 어 다른 게 말이다. 말맛이란 게 오묘하다는 뜻이다. 위에 든 예처럼 말의 뉘앙스가 달리 해석될 여지가 없는지, 구어체일수록 쓸 때도 검토할 때도 주의를 기울여야 한다.

그래서 이렇게 쓴 글을 자신이 읽으며 수정 보완했으면, 그다음엔 글을 쓰기 전 자신에게 의견을 준 이들에게 회람시켜야 한다. '교열도 교열이지만, 더 중요한 건 이 글이 무슨 말을 하려는지 한마디로 요약해달라'고 부탁해야 한다. 핵심 요약이 글쓴이의 의도와 일치하면 잘 쓴 글이다. 그렇지 않고 제각각 해석이 달리 나오면 비상이다. 글의 핵심을 한마디로 요약하기 어려운 글도 실패한 글이다. 볼록렌즈를 통과한 광선이 초점을 향해 모여들듯, 바큇살이 바퀴 축으로 정연하게 모이듯, 글은 중심을 향해 꽉 짜여 있어야 한다.

그게 없다면 혼자 중얼거리기에 불과하다. 그럴 때는 전면 개작을 각오해야 한다. 의견을 준 이들이 뭔가 놓쳤거나 잘못 이해했다는 식으로 방어적 자세를 취하면 안 된다. 내가 그렇게 써놓고 남 탓하면 안 된다. 말하고자 했으나 잘 드러나지 않은 점이 무엇인지 찾아내야 한다. 그것이 선명하게 드러나도록 고쳐야 한다. 엉뚱한 해석을 불러일으킨 대목이 있다면 과감하게 포기해야 한다.

동시에 수정 보완 의견을 받아야 한다. 이때부터가 중요하다. 받아들이되, 흔들리지 말아야 한다. 모든 의견을 다 들어주려고 하면 안 된다. 흔히 중요한 글을 쓰다 보면, 여기저기서 의견이랍시고 주문이 들어온다. 그 주문 다 받아놓고 보면 키 크고 근육질에 머리는 좋으면서 마음은 따뜻한, 거기에 돈도 좀 있으면 좋겠다는 식이 된다. 글의 논지를 선명하고 풍부하게 만들어줄 조언은 살뜰히 반영하되, 거북이한테 날개 붙이고 장미에 가시 빼라는 주문은 가볍게 무시해야 한다.

그렇게 수정 보완한 원고는 아무한테나 보여주지 않는 게 좋다. 생각지도 않은 곳에서 참견하려 들 수 있다. 자신이 신뢰하는 극소수에게만 보여줘야 한다. 글을 써보지 않은 이들은 글 쓰는 이의 고통을 알지 못한다. 쓰라고 하면 못 쓰면서 지적이나 평가는 자못 통렬하다. 글 쓰는 이들은 그래서 배짱이 있어야 한다. 더욱이 글에는 정답이 없다. 글 잘 쓰는 사람 열 명 있으면, 열 명이 각자 다른 첨삭 지도를 하는 게 또 글이다. 열 명이 첨삭을 죄 반영하면 최고의 글이 나올까? 그렇지 않다. 글 쓰는 이는 자기 글에 확신이 있어야 한다. 바람직하진 않으나 정히 필요하다면 왜 이렇게 썼는지 똑 부러지게 설명할 수 있어야 한다. 절대 아무나 글을 못 흔들게 해야 한다. 이렇게 수정 작업까지 끝났으면 글의 주인에게 보고한다.

라. 수정 보완

원고를 쓰는 과정에서 수정 보완은 초안 작성보다 어렵다. 글 잘 쓰는 사람이 써온 초안은 그 자체로 강력하다. 잘 쓴 초안을 수정 보완하는 건 매우 조심해야 한다. 무얼 더 보태고 뺄 것인지 잘 가늠하지 않으면, 초안이 갖는 독창성을 오히려 해칠 수 있다.

그러나 대개의 초안은 하급자가 써온 것이다. 제법 잘 쓴 것도 있겠으나 대부분은 미숙한 편이다. 글의 완성도가 떨어지는 글을 다시 살리는 게 수정 보완이다. 차라리 새로 쓰는 게 낫지 않을까 싶지만 참아야 한다. 새로 쓰면 100이 될 수도 있겠지만, 아무리 수정 보완을 잘해도 80을 넘기기 힘들다. 그래도 만족하고 넘어가야 한다.

그래야 하급자들이 큰다. 글 하나 잘나가는 것보다 글쟁이 하나 잘 크는 게 장기적으로 훨씬 이득이다. 물고기를 잡아주지 말아야 한다. 그물 짜는 법만 가르쳐야 한다. 언젠가 그의 그물이 내 그물보다 나으면 내가 밀려날지도 모른다. 그러나 그게 선배 글쟁이의 기쁨이요 보람이다.

수정 보완은 두 갈래로 봐야 한다. 하나는 논지의 타당성이고, 다른 하나는 문장의 문제다. 어떤 주제를 준 후 초안을 작성해오면 가장 눈여겨봐야 할 것은 논지의 타당성이다. 메시지의 주제는 대개 상급자가 결정해 초안 작성자에게 지시하거나, 기획회의를 통해 결정한다. 막상 초안을 보면 애초 주문과 달라진 경우가 흔하다. 장작을 팰 때 도끼날을 박으려 의도했던 위치에서 조금만 어긋나도, 저 밑에 가면 삐딱하게 쪼개지는 것과 같다. 글의 골격이 틀어진 것이다.

이런 경우는 초안 작성자와 다시 대화해야 한다. 원래 우리가 생산하려던 메시지 주제가 뭔지 다시 회상하고, 어떻게 논점을 이탈했는지 당사자가 느낄 때까지 토론하는 게 좋다. 그래놓고 수정은 작성자가 하게 해야 한다. 생각하는 법에 해당하기 때문이다. 생각은 누가 대신해줄 수 없다. 자기 머리로 확실히 이해하고 고민하게 해야 한다. 만약 논지가 정확히 들어가 있다면 문장은 보고받은 상급자가 수정하는 게 좋다. 원래 자기 글의 흠결은 자기 눈엔 안 보인다. 글을 쓰는 동안, 글이 머릿속에 꽉 차버린다. 뻔히 아는 오탈자도 안 보인다. 관성의 법칙 때문이다.

문장은 퇴고하기 전까지 계속 고칠 수 있다. 다듬을수록 좋아지는 게 글이다. 더 고칠 데 없이 충분히 고친 글은 간결하면서도 감칠맛이 난다. 초안 작성자는 논지를, 수정 보완하는 자는 논조를 책임지는 식으로 역할 분담하면 일이 쉽다. 혼자 쓰게 되면 힘도 들지만 불안한 이유가 이런 수정 보완 작업이 잘 안 되기 때문이다.

마. 보고와 결재

글 주인과 대신 글 쓰는 보좌진 사이에 제일 어려운 과정이 보고와 결재다. 원고 초안을 받으면 처음부터 싹 뜯어고치는 글 주인이 있다. 대충 쓱 읽고는 '어, 됐어'라는 글 주인도 있다. 그 중간에 손을 많이 대는 주인부터 한두 문단 고치고 마는 주인까지 다양하다. 이런 주인들에 대해 메시지 팀은 어떻게 대처하는 것이 현명할까?

우선 글을 무엇으로 볼 것인가의 문제부터 생각해보자. 글쟁이들은 자기는 안 그런다고 하면서도 십중팔구 착각하는 게 있다. 글의 주인이 자신이라는 착각이다. 미국에서는 대필 작가라는 직업을 높이 쳐준다고 들었다. 하지만 한국은 그렇지 않다. 최근에 와서는 조금 달라진 듯도 하다. 자신이 대통령의 글을 대신 쓰던 사람이라는 걸 밝힌다. 세인들로부터 높은 평가를 받는 유명인이 되기도 한다.

그러나 다시 한번 생각해보자. 어떤 정치인의 글이 필화에 휩싸였다. 그럴 때 정치인이 '사실 이 글은 제가 쓴 게 아닙니다. 제 보좌진 아무개가 쓴 겁니다'라고 하면 끝날까? 절대 그럴 리 없다. 더 욕먹는다. 누군가 대신 썼다는 건 말 안 해도 사람들이 다 안다. 당신 이름으로 발표되었으면 당신 글이지 누구 글이란 말이냐며 혀를 찰 것이다. 따라서 글 주인은 어디까지나 글의 명의자이지, 실제 글쓴이가 아니다. 그렇다면 글 쓰는 이는 도대체 누구일까? 글 찍어내는 기계인가? 돈 받고 대신 써주는 대필 작가인가? 그렇지 않다.

그는 글을 통해 글 주인은 물론 다른 참모진과 함께 글 주인의 정치를 함께하는 핵심 참모다. 글을 다 썼다고 툭툭 손 털고 돌아설 수 있는 홍보 회사 직원이 아니다. 글이 공개되어 나가기 전까지 글의 주제와 소재와 논지와 논조를 지켜야 한다. 글 주인 혹은 다른 참모진이 글에 대해 이의를 제기할 수 있다. 고치자고 할 수 있다. 심지어 나가선 안 된다고 할 수도 있다.

그럴 때 글쟁이는 때로 싸우고, 때로 수긍하고, 때로 타협해야 한다. 주인은 아니지만 글에 대한 어쩔 수 없는 애정을 글쟁이들은 품고 있다. 단순히 자존심의 문제가 아니다. 문장이 좋고 나쁘고의 문제라면 백 번이라도 고칠 수 있다. 하지만 글에 담은 글 주인의 정치적 지향에 관해서는 다른 참모는 물론 글 주인과도 스스럼없이 토론할 수 있어야 한다.

그래서 글 쓴 사람과 메시지 팀장이 글 주인을 직접 대면 보고하는 게 가장 좋다. 반응을 보거나, 소감이나 주문 사항을 듣고 자신의 의도를 설명하거나, 추가 질문을 할 수 있기 때문이다. 그런데 그 많은 글을 일일이 대면 보고할 수 없다. 현실적으로 불가능하다. 대부분 글만 보낸다. 그리고 글 주인으로부터 빨간 펜이나 구두로 수정 사항을 지시받는다.

글에 능한 주인은 글을 건네받아 자신이 수정해 완성한다. 그렇지 않은 경우엔 수정 사항만 일러준다. 어느 경우든 글 쓴 보좌진은 수정 사항을 받아 자기 손으로 매조지해야 한다. 그래야 주인과의 합이 점점 맞아간다. 글 실력도 는다. 그렇지 않고 '넘겨줬으니 나머진 알아서 하겠지'라고 생각하면 안 된다. 그런 태도는 당장은 편해도 비서 수준을 영원히 못 벗어나게 한다. 글 주인 입장에서도 마찬가지다. 그 역시 점점 성장할 테고 바빠질 텐데, 언제까지 자기가 일일이 직접 수정하고 있겠는가? 글에 아주 뛰어난 주인이 아닌 이상, 웬만한 건 맡겨두는 게 더 좋은 결과물을 낳는다.

아예 보고 안 할 수는 없을까? 아주 사소한 글이나, 반대로 대단히 중요한 글이 아예 보고 안 될 수 있다. 정치엔 사소한 글이 많다. 봄가을엔 지역구 행사가 많다. 축사 요청이 쏟아진다. 의례적인 글은 일일이 보고할 필요 없다. 그런데 대단히 중요한 글을 보고도 안 하고 발표한다? 그럴 수 있다. 하다 보면 바빠서 그럴 때도 있다. 참모들은 다 내야 할 메시지라고 하는데, 정치인 혼자 못 내겠다고 버티는 경우도 있다. 더욱이 전시(戰時)에 이런 일이 왕왕 벌어진다.

치열하게 붙은 선거에서 쌍방 간에 네거티브전이 시작되었다. 점잖은 후보일수록 이런 공방을 피하려 한다. 야비한 공격을 받았는데 방어 메시지를 못 내게 하거나, 확실한 약점을 잡고 공격 메시지를 내려는데 막아선다. 어떻게 해야 할까?

참모의 총의가 모인 경우라면 '선조치 후보고'를 해야 한다. 도저히 설득 안 되는 후보 붙들고 입씨름 벌여봤자 타이밍만 놓친다. 내면 후보가 화를 내겠지만 안 내면 캠프가 무너진다. 이럴 때 후보 편든답시고 메시지 팀이 모른 척 뭉개면 캠프 전체에서 원망이 쏟아진다. 이런 일이 두 번 이상 반복되면 그땐 메시지 팀이 아니라 후보에 대한 신뢰가 무너진다. 정치인의 글은 정치인 개인의 글이 아니다.

반대로 정치인은 내고자 하나, 참모들이 막아서야 할 글도 있다. 자신이 직접 써서 소셜 미디어에 바로 올리는 정치인이 늘어나고 있다. 소셜 미디어에 직접 쓴 글을 올릴 정도의 필력을 가진 정치인은 굉장한 강점을 가진 정치인이다. 사람들은 본인이 직접 쓴 글인지, 누가 대신 작성한 글인지 금방 알아챈다. 당연히 직접 쓴 글에 대한 반응이 훨씬 뜨겁다. 진정성이 느껴지고 생동감이 있기 때문이다. 특히 소셜 미디어의 가장 큰 매력은 일방이 아니라 쌍방 관계라는 점이다. 정치인이 자기 글에 달린 댓글에 '좋아요'를 누르거나 간단한 대댓글을 달면, 폭발적 인기를 얻는 게 바로 직접성 때문이다.

정치에서 갈수록 소통과 공감이 중요해지고 있다. 정치 신인 때부터 글이나 사진, 영상으로 직접 소통하는 습관을 들이는 게 좋다. 물론 문제는 있다. 글은 그 사람 자체와 같아서 성정이나 태도, 가치관이 거의 그대로 드러난다. 소셜 미디어에 직접 메시지를 올리는 건 그래서 위험한 일이기도 하다. 트위터로 뜬 정치인이 음주 트윗을 날렸다가 설화를 겪기도 하고, 페이스북에 평균 '좋아요' 수가 천 명이 넘는 이가 사진 한 장 잘못 올렸다가 경을 치기도 한다. 뭐든지 너무 잘하면 방심하기 쉽다. 사고는 항상 그런 데서 터진다.

정치인이 직접 메시지를 작성하더라도 별도의 메시지 팀을 두는 게 바람직하다. 그래야 본인 육성이 갖는 생동감을 살리면서도 리스크를 줄일 수 있다. 글 주인과 보좌진이 팀을 이루어야 한다. 본인이 쓰면 보좌진이 스크린하고, 보좌진이 쓰면 본인이 스크린하는 방식이 좋다. 그러나 말처럼 쉽지만은 않다. 정치인이 잘하면 보좌진이 설 자리가 없고, 보좌진이 잘하면 아예 떠맡겨버리기 때문이다.

반면 선거 캠프는 좀 다르다. 유세로 바쁜 후보가 직접 쓸 시간이 안 난다. 후보가 아니라 메시지 팀이 도맡는 게 맞다. 메시지 팀은 선거 전략에 따라 메시지를 생산하는 업무 외에, 후보 수행 팀에 팀원을 파견해야 한다. 메시지 수행원은 종일 후보 동선을 따라가며 후보의 말과 행동 가운데 메시지로 낼 만한 것을 찾아 글로 쓰면 된다.

어떻든 상황에 따라 생산과 유통 체계를 구성하되, 스크린 기능은 반드시 작동해야 한다. 글이란 게 무섭기 때문이다. 언급했듯 정치 글은 정치인 개인의 글이 아니다. 정치인과 함께하는 모든 이들의 글이다. 글 주인이 반대하더라도 메시지 팀은 쓰고 내야 할 때가 있다. 반대로 정치인 본인이 써온 글이지만 나가서는 안 될 글이라면, 메시지 팀이 단호하게 막아서야 한다. 그래서 글쟁이는 대차야 한다. 글을 보고한 후 글 주인으로부터 수정 보완 지시가 내려오면, 그에 따라 글을 고치게 된다. 앞서 말했듯이 지시를 받은 내용이 맞다 싶으면 주저 없이 고쳐야 한다. 괜히 자기가 쓴 글이랍시고 자존심 내세우면 안 된다. 그러고 싶으면 자기가 직접 정치하면 된다. 문제는 글 주인이 수정 지시한 내용이 캠프의 전체 기조나 전략과 맞지 않을 때다. 그럴 때 글쟁이가 비겁해지면 안 된다. 글 주인과 논쟁해야 한다. 잘려도 할 수 없다. 글쟁이는 하인이나 용병이 되면 안 된다. 글 쓰는 참모는 복심이 될 가능성도 크지만, 언젠가 글 주인과 불화할 위험성도 크다. 그게 글 쓰는 자의 숙명이다.

글의 수정 보완 과정에서 더 자주 벌어지는 신경전은 글의 초안 작성자와 보고받아 수정하는 상급자 사이에 있다. 글쟁이들이 대개 자존심이 강한지라, 남이 자기 글에 손대는 걸 싫어한다. 자기가 쓴 글을 자식처럼 여기는 마음도 있다. 그러나 가만 생각해보면 다 부질없는 짓이다. 평생을 써도 남의 이름으로 나가는 글은 남의 글이지 내 글이 아니다. 내 손을 떠나 위로 올라가는 순간 내 품을 떠났다고 생각해야 한다. 내 것이 아니라 의원과 의원실, 아니면 후보와 전체 캠프의 글로 생각해야 한다. 그런 문제로 상급자나 글 주인과 싸우면 안 된다. 정 그리 못하겠으면, 그만두고 나가서 자기 글 쓰면서 살면 된다.

글의 세계란 게 오묘하다. 자존심 때문이 아니라, 그렇게 고치면 안 될 것 같은데 싶은 확신이 들 때가 있다. 두 가지 경우인데, 하나는 논지 혹은 주장이고, 다른 하나는 표현이나 문장의 문제다. 주장은 다투되, 표현은 주인이 하자는 대로 하는 게 맞다. 표현은 중요하지 않다. 그리고 표현은 처음부터 글 주인의 말투나 문장에 흡사하게 가는 게, 글 쓰는 보좌진의 도리다. 스타일은 처음부터 일관되게 유지해야 한다. 실제론 대신 쓰지만, 그렇다고 대놓고 이 글 문체 다르고 저 글 어투 다르면 글 주인과 글쓴이가 분리되고 만다. 그런 메시지는 나가면 안 된다.

문제는 논지와 주장이다. 논지와 주장에 있어서는 글 주인과 글 쓰는 보좌진은 지시하고 복종하는 관계가 절대 좋은 게 아니다. 글쓴이는 왜 그렇게 썼는지 글 주인에게 설득력 있는 자기 논리를 밝힐 수 있어야 한다. 그만큼 글을 쓸 때 공들여 써야 한다는 뜻이다. 글 주인도 보좌진이 충분히 이해하도록 자기 생각을 설명해줄 의무가 있다. 다른 관계에서는 몰라도 적어도 글 쓰는 보좌진과 정치인은 생각을 부단히 일치시켜 나가야 한다. 설득하는 게 정치인의 업이다. 자기 보좌진도 설득하지 못하면서 어떻게 국민을 설득할 수 있겠는가?

물론 큰 캠프나 고위 당직자나 공직자가 되면, 당연히 본인이 아니라 참모진이 논리와 주장을 구성해야 한다. 고위 당(공)직자가 된 후에는 본인이 혼자 쓴 글을 메시지로 내면 안 된다. 자기 이름에만 책임질 때와, 어떤 직책에 따른 공적 책임까지 함께 질 때의 무게는 다르다. 예컨대 장관이 되어 장관의 공적 책임을 잊은 채 정제되지 않은 글을 함부로 낸다면 어떻게 되겠는가? 공직에 오르고도 사적인 소셜 미디어를 운영할 수는 있다. 그러나 내용에서는 철저히 공사를 구분해야 한다. 공과 사를 뒤섞으면 공직을 자기 정치에 이용하는 꼴이 된다. 그 도가 지나치면 국가 시스템을 흔들고 공적 권력을 사유화하는 결과가 된다.

문장이나 표현에서는 자존심 부릴 필요 없다. 그러나 논지와 주장에서는 서로 생각이 다르다 싶으면, 그냥 넘어가지 말고 꺼내놓고 어떤 부분이 다른지 충분히 논의해야 한다. 그런 다음 주인과 참모진이 동의할 수 있는 결론을 내려야 한다. 의외로 선거 때 이런 일이 자주 벌어진다. 이 아슬아슬한 이견 조정 때문에라도 앞서 말한 대리인이 꼭 있어야 한다.

대리인은 주인에게 기 눌리지 않고 당당히 의견을 펼치는 사람이어야 한다. 이건 당신만의 글이 아니라 우리 전체의 글이라는 점을, 글 주인이 깨닫게 해야 한다. 글쟁이의 자기 글에 대한 애착은 그런 데서 발휘되어야 한다. 그깟 문장 표현은 중요하지 않다. 글에 담긴 철학과 노선, 그리고 그에 따른 실행은 정치 그 자체다. 그렇게 주인과 글쓴이는 싸우면서 의기투합해야 한다. 그러면서 동지가 되고, '내가 이 사람을 위해 일한다'라는 자부심이 생긴다. 그런 자부심이 없다면 남의 글쓰기, 정말 피곤하고 공허하다.

바. 스크린과 피드백

글을 수정하고 나면, 백지 상태의 독자를 한 명 찾아야 한다. 글에 대해 전혀 아는 게 없는, 완전히 처음 읽어보는 독자에게 글을 읽게 하는 것이다. 이 글을 왜 쓰게 되었는지, 글의 목적이 무엇인지, 글에 어떤 내용을 핵심으로 담으려 했는지 등에 대해 아무것도 모를수록 좋다.

첫째는 오탈자가 없는지 확인해야 한다. 오탈자가 있는 글은 일단 신뢰도가 깎이고 들어간다. 의외로 제목이나 소제목에서 오탈자가 많이 난다. 그다음은 얼른 이해가 안 가는 대목이 있는지 찾아달라고 해야 한다. 글은 읽으면서 바로 이해되어야 한다. 정치인의 글은 한 번 읽고 바로 이해되어야지, 두 번 세 번 읽게 만들면 민폐다. 어려운 단어는 쉬운 단어로 바꾸고, 복잡하게 꼬인 문장은 잘라서 간결하게 고쳐야 한다.

세 번째는 비문 찾기다. 여기서 말하는 비문이란 문법에 맞지 않는 문장이다. 주어와 술어가 일치하지 않는 글은 글 주인이 흥분해 있거나, 정리가 안 된 상태에 있음을 암시한다. 흔히 긴 문장에 비문이 많다. 성급하게 말을 마구 하고 있다는 증거다.

마지막은 글의 핵심을 어떻게 이해했는지 물어보는 것이다. '한 마디로 압축한, 핵심이 뭐 같아? 그래서 뭐가 어떻다는 거야? 그게 왜 중요하다는 거야? 사람들의 이목을 확 끌 만한 뭔가가 있어?' 등을 내포하는 질문이다. 핵심이 무엇인지 물어보면 나오는 답이 글쓴이의 의도와 맞아떨어질 확률은 반반이다. 글쓴이로선 당혹스러운 일이다. 왜 그런 일이 벌어질까?

원인은 글쓴이와 글 읽는 이 둘 중 한쪽에 있거나, 양쪽 모두에게 있을 수 있다. 우선 글쓴이 쪽이다. 글을 똑 부러지게 쓰지 않고 애매모호하게 썼기 때문이다. 다시 거기엔 세 가지 이유가 있다. 첫째는 글쓴이가 자기도 잘 모르는 상태에서 썼을 가능성이다. 모르는 걸 쓰면 글이 흐릿해지게 되어 있다. 둘째는 에둘러 말하는 습벽이다. 상대방을 자극하지 않기 위해, 혹은 나중에 책잡히지 않기 위해 표현의 수위를 낮추다 보면 글이 투미해진다. 셋째는 글 쓰는 솜씨 자체가 워낙 없는 선수가 써도 글이 횡설수설해 도대체 무슨 말을 하는지 알 수가 없다.

글을 읽는 쪽에선 충분히 집중하지 않았기 때문인 경우가 가장 흔하다. 글을 정확하게 읽는 것이 결코 쉬운 일이 아니다. 갈수록 사람들이 글을 스르륵 훑어보지 꼼꼼히 읽지 않는다. 글을 쓴 사람이 만약 100의 공을 담는다면 읽는 이들은 10이 될까 말까다. 하물며 정치 글을 뜻이 완전히 이해될 때까지 꼼꼼히 읽는 이는 거의 없다. 그 점을 글 쓰는 이는 진작 각오해야 한다. 그러니 읽어준 이가 공들여 읽지 않았음을 탓해봤자 소용없다.

만약 글의 핵심을 요약해달라는 주문을 어려워하면 이렇게 하면 좀 쉬워진다. '읽고 이 글의 핵심 주장으로 보이는 문장 밑에 줄을 좀 쳐줘.' 그렇게 두어 사람에게 읽힌 결과, 밑줄 친 데가 각기 다르면 실패한 글이다. 논지가 또렷이 드러나도록 글을 더 다듬어야 한다. 스크린은 여기까지다. 그 이상 '제목이 적절한지 봐달라, 표현이 이상한 데가 없는지 봐달라, 글 흐름이 자연스러운지 봐달라'는 고차원적인 독해를 요구해선 안 된다. 그건 메시지 팀 안에서, 그것도 상하 관계에서 할 일이다. 스크린은 어디까지나 국민 일반이 보는 수준에서 봐줄 사람 정도면 된다.

스크린 결과 글에 핵심이 안 보인다는 평가가 나오면 먼저 원인이 글 쓴 쪽인지 아니면 글 읽은 쪽인지 짚어내야 한다. 그리고 글쓴이에게 잘 설명해 약점을 보완하도록 해야 한다. 잘 모르고 쓴 것이면 더 공부하고 써야 할 것이다. 아직 글 솜씨가 모자라 그렇다면, 계속 반복하며 가르치는 수밖에 없다. 문제는 '톤 다운' 하다 어설퍼지는 경우다.

혼동하지 말아야 한다. 어떤 정치 글을 놓고 '세다, 독하다'라고 말하는 경우가 있다. 이를테면 대놓고 누군가를 욕하거나, 모욕적 표현, 혹은 온라인 커뮤니티에서나 쓸법한 혐오나 비하의 용어를 국회의원이 가져다 쓰면 글이 화끈해진다. 그러나 본인의 격은 떨어질 각오를 해야 한다. 그러나 그건 어디까지나 해당 정치인의 스타일이다. 그래도 좋다면 그렇게 하는 것이고, 좋아하지 않으면 안 하면 된다. 그러나 '톤 다운'을 한다고 해서 무골호인처럼 굴어서는 안 된다.

정치 쟁점 중에는 아군의 입장과 적군의 입장이 나뉠 수밖에 없는 것들이 있다. 아니, 많다. 그런 첨예한 대립 지점에 서서 태연하게 양시론을 펼치거나, 고고하게 양비론을 시전하면 안 된다. 적군은 자기들에게 유리한 대목을 가져다 이간질에 쓸 것이며, 아군은 불쾌한 대목만 들어 정체성을 의심할 것이기 때문이다.

또 '톤 다운'을 한다면서 글의 핵심을 흐리거나 쟁점을 피해서도 안 된다. 첨예하게 대립하고 있는 쟁점에 대한 자기 생각이 뭔지 당당하게 밝혀야 한다. 계속 피하며 누구와도 갈등하지 않으려는 것이 중도주의가 아니다. 정치를 하면서 누구와도 척지지 않으려다 보면 누구의 지지도 받지 못하게 된다.

오직 피해야 할 것이 있다면 표현을 세게, 독하게 함으로써 소위 '빠' 문화에 편승하려는 태도다. 그런 건 안 해도 된다. 그렇다고 해서, 자신은 백로인 양 까마귀 노는 골에는 안 가려 하는 국회의원은 지도자가 될 수 없다. 진자리 궂은 자리 다 피하고, 자기는 진흙 밭에 구르는 개가 되지 않겠다는 선비는 국회의원까지만 해야지 큰 정치는 못한다.

정치는 적을 잘 정해야 한다. 그래야 우리 편을 얻는다. 적을 잘 정할수록 편은 크고 단단해진다. 적을 만들지 않는 정치, 누구와도 우호적인 정치는 연예인 정치다. 연예인과 정치인은 둘 다 인기를 먹고 산다는 점에서 같다. 하지만 연예인에겐 없을 수 있는 적이 정치인에게는 무조건 있다. 더욱이 적과 잘 싸울수록 인기를 얻는 게 정치다. 그런 정치를 연예인처럼 하다 보면 누구도 싫어하진 않으나, 아무도 따르지 않는 정치인이 된다. 사람 좋다는 소리는 들어도 지도자가 되지는 못한다. 한계가 있다.

점잖고 우아하지만, 내용은 맹탕인 글만 쓰는 국회의원이 많다. 그들은 정치를 연예로 오인하는 이들이다. 독한 말로 싸우라는 게 아니다. 자신만의 생각과 마음이 담긴 말을 하라는 의미다. 그러다 보면 싸우게 된다. 그러나 그렇게 싸우는 게 바로 진짜 정치다. '톤 다운' 하느라 핵심을 놓치고 있는 글이 계속 나간다면, 글을 책임진 보좌관은 고민해야 한다. 맹탕 연예인을 키울 것인지, 자신만의 생각이 담긴 글을 쓰는 진짜 정치인을 만들 것인지 선택해야 한다.

피드백은 스크린과 좀 다르다. 초안을 쓴 이는 먼저 스크린을 통과한 다음, 피드백 절차를 밟아야 한다. 피드백은 선수끼리 하는 지적 질의 향연이다. 무참하고 기분 나쁘고 자존심 상해도 할 수 없다. 좋은 게 좋다는 식으로 넘어가는 식의 피드백은 위험하다. 피드백 과정에선 모든 것을 지적할 수 있어야 한다. 글의 논지와 논조는 물론 소재, 문장, 표현, 단어 등등 거침없어야 한다. 특히 정치 글을 피드백할 때는 사회적 금기나, 해석하기에 따라 오해할 수 있는 표현을 매의 눈으로 찾아내야 한다.

이렇게 모든 걸 짚어야 해서 아랫사람은 말할 것도 없고, 수평적 관계에도 피드백을 맡기는 건 조심스럽다. 원칙적으로 피드백은 상급자가 하는 것이 맞다. 피드백의 최악은 초고를 폐기하고 상급자가 새로 쓰는 사태다. 일어나선 안 될 대참사다. 가급적 그러지 않는 게 좋다. 세상 누구도 처음부터 잘하는 사람은 없다. 오랜 시간과 성실한 노력 끝에 비로소 잘하게 된다. 따라서 무엇이 문제인지, 어떻게 고쳤으면 좋겠는지 의견을 적어주고, 다시 써오게 하는 것이 정석이다. 그래야 후배가 큰다. 그러나 이건 시간이 있고 팀워크가 잘 짜여 있을 때라야 가능하다.

그렇지 못할 때가 문제다. 글이란 게 일찍 시작해도 항상 마감에 쫓긴다. 몇 명이 온갖 글을 쳐내느라 허겁지겁하다 보면 더더욱 그렇다. 따라서 피드백은 글의 중요도에 따라 깐깐하게 할 건지 평균적 수준에서 할 건지 상급자가 정해줘야 한다. 사실 그보다 더 참혹한 상황도 있다. 초안을 써서 올렸는데 글 주인이 처음부터 원고를 다시 쓰는 사태다. 이건 메시지 팀의 존재 가치를 의심받는 상황이라 할 수 있다. 이런 피드백 절차가 제대로 작동되게 하는 방법은 앞에서 말한 원고 생산 과정을 분업화하는가, 한 사람에게 일임하는가에 따라 다르다.

분업화된 생산 체제에서는 글을 건건이 하기보다, 일정 기간 모아서 그중 가장 대표적인 글 하나를 뽑아 상급자, 이를테면 메시지 팀장이 피드백해주는 게 좋다. 서로 솔직하게 얘기해야 하니 술자리를 겸해도 좋다. 다른 사람이 있으면 좋은 얘기만 해줘야 한다. 상급자와 같은 급의 선배가 동석할 수는 있겠다. 그러나 칭찬과 함께 약점이나 흠결까지 지적할 때는 절대 여러 사람 앞에서 하지 말아야 한다. 그게 글쟁이끼리의 예의다.

한 사람에게 일임하고 있을 때는 아무나 함부로 피드백하게 해선 안 된다. 만약 의원실 같으면 의원이나 수석 보좌관만이 할 수 있다. 대신 자주 해도 된다. 칭찬을 7할, 고치거나 보완할 점을 3할 정도로 해서, 전체적인 방향과 글의 톤을 잡는 데 도움이 될 이야기를 하는 게 바람직하다. 글 쓰는 사람은 누군가가 자기 글을 주의 깊게 읽어주면 무조건 좋아하게 되어 있다. 거기다 칭찬할 점과 보완할 점을 말해 주는데, 그게 자기가 봐도 정확하다면 진심으로 고마워하며 믿고 따른다. 그래서 피드백을 받으며 글쓰기 훈련을 받은 보좌진은 성장 속도가 빠르다.

이 모든 걸 교열 작업이라고 한다. 이 모든 걸 한 방에 해줄 수 있는 누군가가 옆에 있으면 아주 좋다. 뛰어난 글쟁이가 되려면 좋은 교열자를 옆에 두어야 한다. 지음(知音)이 거문고 고수를 만들 듯, 예리한 교열자가 탁월한 글쟁이를 만든다.

사. 퇴고와 발표

여기까지 마치면 퇴고까지 한 셈이다. 퇴고가 된 원고는 즉각 발표할 플랫폼 담당자에게 보내야 한다. 이때도 속도가 중요하다. 소셜 미디어의 메시지는 다른 누구보다 빠를수록 좋다. 그래야 언론에서 받아주기 때문이다. 다른 데서 같은 메시지가 나가면 우리 것은 뉴스가 안 된다. 헛수고한 셈이 된다. 속도를 당기기 위해 글쟁이들은 피눈물 나는 노력을 한다.

글을 빨리 내는 방법은 사실 한 가지밖에 없다. 아침 출근하면서 뉴스를 본 다음, 쟁점이 될 만한 사안에 대한 자기 생각을 정리해둬야 한다. 그렇게 습관화해야 한다. 글쟁이는 모든 현안에 대해 자기 주관이 있어야 한다. 정치 글은 문장력만으로 써지지 않는다. 정무와 정책을 두루 알지 못하면 정치 글은 못 쓴다. 늘 공부해야 한다. 어느 과목에 뭘 물어도 답이 금방 나오는 고3 수험생처럼 늘 준비 상태를 유지해야 뛰어난 글쟁이가 된다.

당연히 메시지 팀은 항상 통신 축선상에 있어야 한다. 동시에 여차하면 바로 쓸 수 있는 도구를 휴대하고 다녀야 한다. 특히 선거 때는 더 말할 나위 없다. 글쟁이에게 글을 쓰라고 지시할 때, 가장 하지 말아야 할 악행이 번갯불에 콩 볶듯 화급하게 시키는 짓이다. 특히 발표 시기를 정해놓고 임박한 시점에 주문을 내면 글 쓰는 이들의 스트레스는 폭발 직전까지 올라간다. 글은 생각인데 생각할 틈을 주지 않고 마치 자판기에 버튼만 누르면 퉁퉁 떨어지는 캔 커피처럼 글을 써내라고 하니 정말 화가 치민다. 그런데 그런 일이 비일비재한 곳이 정치판, 특히 선거판이다. 실제로 글쟁이 중에는 자판기의 속도로 글을 써내는 이들도 많다. 오늘은 어떤 이슈에 대해 메시지가 나가야 할지 빨리 판단하는 동시에, 글의 논지까지 빛의 속도로 생각해두는 습관이 몸에 밴 고수이기에 가능한 일이다.

메시지 팀장의 역할은 매우 중요하다. 팀장은 어떤 메시지를 낼지 기획하는 기능을 한다. 팀장은 글의 주인이나 전략 단위에서 어떤 글을 쓸지 결정하기 전에, 대충 어떤 글이 나가야 할 듯하니 미리 마음의 준비를 하고 있으라고 팀원에게 말해주는 게 좋다. 생각할 시간을 벌어주는 것이다. 갑자기 터진 현안에 대해 메시지를 낼 때는 어쩔 수 없다. 그 사안에 대해 가장 잘 알고 있는 선수를 찾아 맡기거나, 급히 온라인으로 회의를 조직해 집단 지성을 발휘해야 한다.

이런 스트레스 때문에 메시지 팀의 업무 강도는 높다. 그래서 술자리도 잦다. 술자리에서 평소 대화를 많이 하는 게 좋다. 현안에 대해 정무적 판단과 의견, 관점을 토론하다 보면 글 쓰는 데 많은 도움이 된다. 그러나 절대 과음하면 안 된다. 9시면 자리를 파하고 몸과 마음을 재충전하도록 집으로 보내는 게 다음 날을 위해서도 좋다.

글을 완성한 후, 연설문은 연설하고 소셜 미디어에 올릴 글은 올리는 것으로 일이 다 끝날까? 그렇지 않다. 정치권에서 어떤 정치인의 글이나 메시지를 완성하고 발표하는 것은 보도자료를 내는 것과 같다고 생각해야 한다. 정치에서 언론에 보도되지 않는 메시지는 실패한 메시지다. 물론 독자들과 직접 나누는 소통도 중요하다. 소셜 미디어의 매력이 그런 것이다. 유권자, 지지자, 지역구민, 후원회원, 친구, 팔로워 등은 정치인의 중요한 자산이다. 그들과 소통하기 위한 메시지도 당연히 있어야 한다. 하지만 지인들과 소통하라고 국민이 정치인 만들어준 게 아니다. 혼자 보는 건 일기고, 몇몇 친구들과 보는 건 동호회 게시판이지, 정치인이 그런 글을 메시지랍시고 쓰고 있으면 안 된다. 그런데 많은 정치인이 그렇게 착각한다. 하나 마나 한 소리를 글이나 메시지랍시고 낸다.

예컨대 '밤늦도록 본회의가 있었다. 법안 수백 개를 처리했다. 이런저런 중요한 법도 있었다. 다 처리하고 나니 뿌듯했다.' 이런 소리를 자기 소셜 미디어에 올린다. 혹은 '오늘 행사에 갔다. 행사를 개최한 단체 주요 인사 누구누구와 인사를 나누었다. 어떤 말을 격려사로 했다. 행사의 취지가 앞으로도 잘 실현됐으면 좋겠다'라는 글도 흔하다. 조금 나은 경우라도 마찬가지다. '오늘 김장하는 봉사 모임에 갔다. 얼굴에 고춧가루를 묻혀가며 양념을 버무려 맛있는 김치를 담갔다. 김치는 불우이웃에게 전달한다고 한다. 보람찬 일을 하니 기분이 좋았다.'

이런 글은 정치인의 메시지가 아니다. 무엇이 정치인의 메시지일까? 기자가 봤을 때 기삿거리가 되느냐 마느냐를 생각해보면 된다. 그게 안 되는 글은 잡문이다. 같은 소재라도 저렇게 잡문으로 쓸 수도 있고, 기사감이 되게 쓸 수도 있다. 기사감이 되도록 쓴다는 건 글이 공적이어야 한다는 의미다. 사사로운 글도 물론 쓸 수 있고 낼 수 있다. 하지만 그건 예외적으로 가끔 있는 일이어야 한다. 가끔 쓸 때 공감받을 수 있다. 허구한 날 신변잡기만 쓰고 있으면 안 된다.

이를테면 앞에서 본 첫 번째 잡문은 '오늘 본회의에서 처리한 법 중에 내가 특히 깊이 관여했던 법이 무엇이다. 왜 그 법이 중요한가 하면 이런 목적이나 지향하는 가치가 담겨 있기 때문이다. 그런데 법 제정 과정에서 어떤 반대나 격론이 있었다. 그걸 어떻게 극복했다. 혹은 타협할 수밖에 없었지만, 앞으로 어떤 방향으로 더 개정되어야 한다. 그러기 위해 앞으로 어떤 후속 작업을 하겠다'라고 하면 정치 메시지가 된다.

두 번째 잡문도 '오늘 참석한 행사의 목적이나 취지는 이런 거다. 이게 왜 중요한가 하면 이런저런 이유가 있기 때문이다. 그런데도 여전히 잘 해결되지 않고 있다. 그 이유는 어떤 것이 있다. 누구의 이익 때문이거나, 어떤 애로가 있기 때문이다. 하지만 내가 추구하는 어떤 가치와 배치된다. 그래서 앞으로 어떻게 실천해나가자고 격려사를 했다'라고 하면 메시지가 된다. 세 번째도 마찬가지다. 찾아보면 김장 봉사를 공적 의제로 끌어갈 수 있는 수많은 화두가 있다. 복지의 사각지대를 말할 수도 있고, 농민과 직거래를 통한 생산자와 소비자 간의 상생을 얘기할 수도 있고, 해마다 봉사에 참여하는 시민의 숫자를 조사해 사회적 연대 의식의 필요성을 강조할 수도 있다.

메시지를 쓸 때 항상 염두에 둬야 할 것은 글감을 공적 의제화하는 관점이다. 그렇게 해도 이 가운데 기사감이 될 만한 글은 첫 번째밖에 없다. 두 번째 글도 비교적 큰 선거의 후보라면 기사감이 된다. 세 번째는 기삿거리까지는 아니지만, 사진이나 영상으로 보도될 수 있다. 이런 식으로 메시지를 쓸 때 보도자료를 쓴다고 생각하고 글을 구성해야 한다. 그래서 메시지를 낼 때 타이밍이 중요하다.

예컨대 연설문 원고가 완성되면 글 주인에게 올리는 건 물론이고 공보 팀에도 줘야 한다. 한 시간이라도 빨리 받아보려는 기자들의 전화가 빗발치기 때문이다. 아침 일찍 하는 연설이라면 전날 저녁 전까지는 줘야 한다. 그래야 기사화할 수 있기 때문이다. 그렇다고 너무 빨리 주는 것도 좋지 않다. 연설문 원고는 연설하기 직전까지도 수정될 수 있다. 중요한 '워딩'이 새로 들어갈 수도 있고, 빠질 수도 있다. 너무 늦지도 빠르지도 않게 제공해야 한다.

소셜 미디어 메시지라면 언제 올리는 게(발표하는 게) 좋을까? 가장 좋은 시간은 아침 7시이고, 그 외엔 오전 11시 30분, 혹은 저녁 5시 이전이 좋다. 요즘은 언론사마다 온라인 팀이 있어 정치인들의 소셜 미디어를 주시하고 있다. 아침 일찍 7시에 올려야 그날 뉴스로 다루어질 확률이 높다. 메시지란 게 시시각각 나가야 하기도 하고, 글이란 게 그렇게 금방 써지는 게 아니다. 그래서 몇 시에 글이 완성되든 하루에 두 번 기회가 오는데, 그게 11시 30분과 오후 5시다. 점심시간인 12시 이후부터 2~3시까지는 되도록 올리지 말아야 한다. 마찬가지로 퇴근 시간인 6시 지나서부터 8~9시까지도 안 올리는 게 좋다. 기자들도 밥 먹어야 하고 쉬어야 한다. 그러면서 클릭 수가 잘 올라가는 때가 그 시간이다. 소셜 미디어 유저들은 대개 점심이나 저녁 먹으러 나가서 스마트폰을 들여다본다.

아. 후속 작업

글이 나가고 나서도 일이 다 끝나는 건 아니다. 메시지란 내는 자체가 목적이 아니기 때문이다. 반응이 중요하다. 글 주인에 대한 호감을 증폭하고, 인지도를 높이는 반응이 나와야 한다. 언론, 정치권 내부, 상대 진영, 소셜 미디어 사용자들의 반응이 다 중요하다. 반응을 살피고 그에 맞춰 대응함으로써 메시지 전략을 발전시켜야 한다. 온라인 시대인 만큼 반응이 느리면 바로 도태된다.

비교적 주요한 정치인이라면 최소한 한 달에 한 번씩 트래픽의 증감을 파악하고, 키워드를 분석하는 보고서를 작성해야 한다. 어떤 성별, 연령별 사용자들이 주로 반응하는지, 내놓은 메시지 중에 어떤 이슈에 민감한지, 반응이 긍정적인지 부정적인지 등을 글 주인과 메시지 담당자가 정확히 알고 있어야 이후 방향을 잘 잡을 수 있다.

아직 정치 신인이라면 주변 지인들을 모니터단으로 꾸려두면 좋다. '단'이라고 해서 무슨 정기적으로 만나는 모임을 조직할 것까진 없다. 사회과학이나 인문학 분야 교수, 대학원생, 소셜 미디어를 열심히 하는 정치 고관여층, 지역구 핵심 당원, 시민 단체에서 활동하는 주부, 40대 직장인 등 서로 다른 이들의 반응을 살피면 된다. 비슷한 부류보다 여러 부류을 망라하는 게 좋다.

무엇보다 글 주인에 대해 호감을 가지고 있어 꾸준히 지켜볼 정성을 가진 이들이면 된다. 단체 대화방을 만들고 발표하는 메시지를 계속 올려 참가자들이 읽도록 한 다음, 각자 의견을 물어보는 방식으로 운영한다. 방 구성원은 열에서 열다섯 명 정도, 그보다 많지 않아야 골고루 발언할 수 있다. 의견은 '톡'으로 쓰기도 하겠지만, 전화를 걸어 대화하는 게 좋다. 더 솔직하고 구체적인 반응들이 나오기 때문이다.

모니터 요원들은 대개 논조보다는 논지에 대해 의견을 개진한다. 문장이나 표현보다는 글의 주장에 동의하는지, 너무 밋밋하거나 두루뭉술하지는 않은지, 반대로 너무 과격하거나 공격적이지는 않은지 등을 말해준다. 의견을 구했는데도 쓰다 달다 별말이 없는 경우는 진짜 심각한 상황이다. 메시지다운 메시지가 아니라는 뜻이기 때문이다. 읽기는 했으나 돌아서면 아무것도 기억 안 나는 메시지를 열심히 쓰고 있다는 신호이기도 하다.

하나하나의 메시지도 중요하지만, 더 중요한 건 일관성이다. 정치인의 메시지에는 고유한 철학이 연면히 흐르고 있어야 한다. 글에 대한 반응을 널리 모으는 건, 궁극적으로 일관된 기조를 만드는 방법이기 때문이다. 메시지의 기조는 결국 어떤 정치인이 가진 정치철학에서 나온다. 정치인의 메시지에 기조가 없다는 이야기는 그의 철학이 뭔지 알 수 없다는 말이다. 이럴 때 이렇게 말하고, 저럴 때 저렇게 말하면 정치철학이 복잡한 게 아니라 그냥 없는 것이다. 진보주의 혹은 보수주의 등 고전적 정치철학이 흐려지고, 실용적이고 중도주의적 정치철학이 부상한다고 하더라도 마찬가지다. 실용주의도 철학이라면 철학이다. 처음부터 실용적 중도주의를 기조로 해도 된다. 그 역시 훌륭한 기조다. 문제는 왔다 갔다 하는 것이다. 그건 기회주의다. 기회주의로는 절대 끝까지 못 간다.

5장

글의 종류별 작성법

핵심이 없는 보고서가 자주 발견되는 곳은 행정부다. 책임을 안 지려는 굳센 의지가 보고서 면면에 넘친다. 판단을 안 한다. 결론이 없다. 어떤 주장도 하지 않는다. 어디에도 '아, 이게 핵심이구나' 싶은 대목이 없다. 고명을 밑으로 숨긴 냉면 같다. 아주 유심히 읽으면, 보고자의 판단이 살짝 보이긴 한다. 판단은 보고서를 읽는 윗사람의 몫이라고 생각하고 보물찾기 하듯 애써 감춰놓는다.

하지만 정치권에선 그런 맹탕 보고서는 안 된다. 윗사람이 봤을 때, 어떻게 하자는 게 보여야 한다. 그 이유도 분명히 제시되어 있어야 한다. 최소한 두 가지 이상의 대안이 들어 있는 보고서라야 한다. 틀려도 괜찮다. 보고받은 윗사람이 대안의 근거를 물어보고 틀렸다고 기각하면, 기각당하면 된다. 정치적 판단을 배우면서 점점 판단을 일치시켜가는 것, 그게 정치 참모의 길이다.

사람들이 글쓰기를 어려워하지만, 어려움을 덜 방법이 없지는 않다. 심지어 쉽게 쓰는 방법도 있다. 모든 일이 그렇지만 일은 쉽게 하는 사람이 잘하는 사람이다. 어떻게 하면 글쓰기가 쉬워질까? 내가 써야 할 글을 무서워하지 않으면 된다. 무서운데 어떻게 무서워하지 말란 말인가?

이를테면 이런 것이다. 만약 내가 옥상과 옥상 사이에 철도 레일을 놓고 건너가라고 하면 다들 무서워하다 떨어질 것이다. 그러나 우리는 폐선된 경춘선이나 경의선 철로 위를 연인과 걸어본 적이 한 번쯤은 다 있다. 그때 적어도 10m는 떨어지지 않고 걷지 않았던가? 왜 같은 철로인데 옥상에선 무섭고 지상에선 무섭지 않을까? 그렇다. 지상에선 떨어져도 안 다칠 것을 알기 때문이다.

글을 쓸 때 못 썼다는 소리 들을까 봐 미리 겁먹지 말아야 한다. 내 글을 본 누군가가 '왜 이렇게 못 썼지? 이 친구 능력이 떨어지는군'이라고 지적당할까 두려워하지 말아야 한다. 그 반대로 생각해야 한다. '내가 이 글에 남들이 생각하지 못할 무언가를 찾아내 써야지, 참신한 논거나 주장을 제시해 칭찬을 들어야지'라고 생각하는 게 낫다. 무서워하면 더 떨린다. 지레 겁먹을 필요 없다.

이하는 종류별 글의 특성과 참고가 될 만한 작성법이다. 겁을 먹지 않기 위한 일종의 요령이다.

가. 보고서

보고서는 모든 글의 기본이다. 아랫사람은 윗사람에게 보고한다. 구성원 중 한 사람이 파악한 정보는 다른 구성원 모두와 공유해야 한다. 따라서 보고서는 수직적이거나, 수평적인 관계를 염두에 두고 작성해야 한다. 이렇게 말하는 이유가 있다. 지시를 받은 사안이든, 스스로 준비한 사안이든 자료를 찾고, 조사하고, 비교하고, 핵심을 정리해서 보고서를 쓴다.

많은 이들이 보고서를 작성할 때 너무 열심히 하려 든다. 너무 많은 자료를 모으고, 너무 오래 조사를 한다. 보고서를 쓰기 시작하고 나서도, 자신이 읽거나 조사하며 모은 전부를 집어넣으려 한다. 보고서가 한정 없이 길어진다. 마감 시간을 넘기기 일쑤다. 내용이 장황해 진짜 알아야 할 내용은 정작 알 수 없다.

보고서를 받은 윗사람은 짜증 섞인 실망을 하고, 구성원 전체는 읽을 생각을 포기한 채 '그래서 핵심이 뭐야?'라고 묻는다. 심지어 작성자를 불러 보고서를 앞에 놓고 다시 말로 물어본다. '그래서 뭐라는 거야?' 왜 이런 참담한 사태가 자꾸 벌어질까? 보고서를 작성하는 애초 목적을 잊어버렸기 때문이다. 자기가 알게 된 모든 걸 담는 게 보고서가 아니다. 보고서는 논문이 아니다. 많이 쓸수록 좋은 학점을 받던 답안지도 아니다.

핵심이 없는 보고서가 자주 발견되는 곳은 행정부다. 책임을 안 지려는 굳센 의지가 보고서 면면에 넘친다. 판단을 안 한다. 결론이 없다. 어떤 주장도 하지 않는다. 어디에도 '아, 이게 핵심이구나' 싶은 대목이 없다. 고명을 밑으로 숨긴 냉면 같다. 아주 유심히 읽으면 보고자의 판단이 살짝 보이긴 한다. 판단은 보고서를 읽는 윗사람의 몫이라고 생각하고 보물찾기 하듯 애써 감춰놓는다. 관료주의 때문에 그런지도 모르겠다. 결정은 위에서 하고, 아래는 그에 따른 집행만 하면 되는 시스템이 관료주의다.

하지만 정치권에선 그런 맹탕 보고서는 안 된다. 윗사람이 봤을 때 어떻게 하자는 게 보여야 한다. 그 이유도 분명히 제시되어 있어야 한다. 최소한 두 가지 이상의 대안이 들어 있는 보고서라야 한다. 틀려도 괜찮다. 보고받은 윗사람이 대안의 근거를 물어보고 틀렸다고 기각하면, 기각당하면 된다. 정치적 판단을 배우면서 점점 판단을 일치시켜가는 것, 그게 정치 참모의 길이다.

'노무현 대통령비서실 보고서 품질향상 연구팀'이 2007년에 낸 책, 《대통령 보고서: 청와대 비서실의 보고서 작성법》에서도 같은 지적을 하고 있다. '팀'은 기존 보고서의 네 가지 문제점으로 '1. 기본적인 틀이 갖춰져 있지 않다. 2. 내용이 장황하고 초점이 없다. 3. 읽을수록 오히려 궁금한 점이 생긴다. 4. 근본적인 문제의식이 안 보인다'를 들고 있다. 이 중 가장 큰 문제이면서 동시에 해결책이 4번, 근본적 문제의식의 부재다. 그렇다면 제대로 된 문제의식을 느낀 이가 보고서를 작성하면 앞의 세 가지 문제도 생기지 않을 것이다.

보고서는 아래에서 위로 가는 일방적 문서가 아니다. 위아래가 함께 고민하고 모색하기 위해 만드는 쌍방향 문서다. 보고서에는 작성자의 영혼이 실려야 한다. 그렇지 않고 그저 의원의 판단에 필요한 기초 자료만 제공한다고 생각하면 보고서는 수박 겉핥기가 된다. 이 보고서에 기초해 함께 고민하고 모색한다고 생각하고 작성해야 한다. 그러려면 왜 이 보고서를 작성하는지, 용도와 목적을 정확히 알고 시작해야 한다. 무엇을 보고하라고 하는지 확실히 이해해야 한다. 그걸 잘 모르고 시작하면 백발백중 쓸모는 없고, 시간과 노력만 잔뜩 들인 보고서가 나온다. 용도와 목적, 대상과 범위를 정확히 파악했다면 이제 그걸 중심으로 보고서의 기본 구성을 갖춰 써나가야 한다.

보고서의 기본 구성엔 ① 보고서가 다루는 사안 ② 왜 이 사안이 지금 문제인지, 즉 왜 이 보고서가 필요한지 ③ 그래서 무엇을 어떻게 조사 파악했는지 ④ 이 문제를 둘러싼 이해관계는 어떻게 얽혀 있는지 ⑤ 파악한 내용을 요약하고 ⑥ 그래서 어떻게 대응 혹은 해결하는 게 좋겠는지, 자신의 의견과 함께 이유를 밝히고 ⑦ 그렇게 하고 나면 무엇이 달성되고 무엇이 과제로 남을 건지까지 포함되어야 한다.

보고서는 짧을수록 좋다. 사안에 따라 다르고 근무 환경에 따라 다르겠지만 가능한 한두 쪽 안에서 해결해야 한다. 5분 안에 읽을 수 있어야 하기 때문이다. 읽어본 후 윗사람이 추가 보고서를 요구하면, 그때 추가하면 된다. 첫 번째 보고서에 죄다 집어넣을 필요 없다. 피드백을 통해 보고서를 추가 확장해가는 게 훨씬 효율적인 방식이다.

보고서는 개조식으로 쓸 수도 있고, 서술식으로 쓸 수도 있다. 개조식으로 쓰면 문장이 짧아지는 대신 무슨 말인지 알아듣기 어려워질 때가 많다. 서술식은 길게 늘어지지만 않는다면 보고자가 조사하는 과정에서 받은 느낌까지 전달할 수 있는 장점이 있다. 정치는 행정과 달리 사람의 마음을 다루는 일인지라, 개조식보다 서술식이 바람직할 때가 많다. 개조식과 서술식을 섞어서 써도 사실 관계없다. 예컨대 사실 부분은 개조식, 의견 부분은 서술식으로 하는 것이다. 그런 룰에 서로 익숙해지면 아랫사람은 쓰기 쉽고, 윗사람은 이해하기 쉬워진다.

지금 행정부에서 문서를 작성하는 담당자는 주로 5급 사무관들이다. 그들의 보고서가 난해하기로 악명 높은 개조식이다. 주어도 없고, 목적어도 없고, 명사와 명사의 나열로 끝난다. 그런데 희한하게도 국장의 손을 거치면 달라진다. 주술 관계가 드러나고 동사가 들어가면서 비로소 이해가 가능해진다. 이유가 있다. 국장만 돼도 보고서에 나오는 어떤 행정 행위가 현장에서 어떻게 실행되고, 시민은 이를 어떻게 수용할지 보인다. 반면 사무관은 아직 현장을 모른다. 오로지 배운 행정 용어를 구사하며 개조식으로 써야 한다고만 생각한다. 이처럼 개조식으로 쓰는 건 어느 정도 글솜씨가 되거나, 업무에 능한 이라야 제대로 쓸 수 있다.

정치권은 굳이 그럴 필요 없다. 개조식으로 써서 무슨 말인지 모르게 하느니, 조금 길어져도 서술식으로 써서 얼른 이해되게 하는 게 좋다. 보고서의 분량을 짧게 만드는 방법은 따로 있다. 보고서 작성과 비슷한 게 어떤 책을 읽은 후 발제문을 작성하는 것이다. 보통 발제하라고 하면 전체 내용을 축약하는 식으로 해온다. 본문에서 발췌하거나 요약하는 식이다. 그런 발제는 그러나 아주 잘한 발제가 아니다. 잘한 발제는 전체 내용을 읽은 다음, 저자가 주장하는 핵심 논지와 논거 그리고 함의를 요약하고, 주제를 둘러싼 쟁점과 평가까지 자신의 머리로 온전히 해석한 후, 이해한 바를 다른 이에게 일목요연하게 정리해 일러주는 것이다.

발제는 결국 토론하기 위해 한다. 토론을 활발히 일으키는 발제가 좋은 발제다. 토론이 활발해지려면 쟁점이 있어야 한다. 책의 내용을 단순히 축약하는 것만으로는 쟁점은커녕 책의 핵심 주장조차 이해 못 한다. 쟁점을 발견하려면 저자의 관점과 주장이 무엇인지 완전히 파악한 위에 다른 저자와는 어떻게 다른지, 이론의 위상과 계보까지 살펴야 한다.

정치권의 보고서도 마찬가지다. 무엇이 쟁점인지를 발견하는 것, 그것이 보고자의 과제다. 정치란 게 항상 쟁점을 둘러싼 이해 상충을 해결하는 게 본업이다. 따라서 정치 보고서의 목적은 갈등의 구조를 이해시키는 것이다. 사안을 이렇게 바라볼 것인가? 저렇게 볼 것인가? 이런 방향으로 해결하는 게 옳을까? 저런 방향이 옳을까? 이런 고민이 설득력 있게 제시되지 않는 보고서는 한가로운 보고서다.

보고서를 실제 작성할 때, 자료를 모으는 것이 첫 번째 할 일이다. 자료는 문서일 수도 있고, 사람일 수도 있다. 문서 자료를 잘 찾는 사람은 문서부터 요령 있게 모으면 된다. 무조건 많이 모은다고 좋은 게 아니다. 다 모은 다음에 읽으려 하지 말고, 먼저 한두 개를 찾아 읽는 게 좋다. 사안에 관한 기본 정보가 담겨 있는 문서가 좋다. 좋은 기초 자료는 조사자의 관심 방향에 따라 추가로 알아야 할 자료를 안내해준다. 그렇게 따라가면서 자료를 찾아야지, 무조건 잔뜩 모으기만 하다간 자칫 길을 잃을 수 있다. 사람을 통해 기본 정보를 얻는 것도 좋은 방법이다. 전문가가 있다면 그에게서 설명을 들어보는 게 좋다. 짧은 시간에 많은 정보를 얻게 된다. 일종의 지도를 얻는 셈이다. 지도가 있으면 동서남북 어디에 무엇이 있는지 대충 알고 찾아갈 수 있다.

자료를 모아놓고 읽어나갈 때 조심해야 할 게 있다. 나무만 보고 숲을 못 본다는 말처럼, 나무만 보다가 길을 잃는 이들이 의외로 많다. 대부분 자료에 빠져버리기 때문이다. 1차 자료를 먼저 두루 보면서 기본 구조를 파악한 다음, 문제의식을 한두 가지로 정리해 그에 관한 2차 자료를 보는 식으로 나아가야 한다. 닥치는 대로 1차와 2차와 3차 자료를 뒤죽박죽 읽다간 반드시 길을 잃고 만다. 에너지 낭비도 심하다. 모든 일은 일의 경중과 완급에 맞는 만큼만 에너지를 써야 한다. 닭 잡는 데 소 잡는 칼 쓰면 안 된다.

자료를 볼 때 보고서의 용도와 취지, 그리고 쟁점 발견을 염두에 두고 읽어야 한다. 보고서 원고를 작성한 다음엔 과공 비례를 조심해야 한다. 보고자는 자신이 파악한 내용에 너무 빠지곤 한다. 보고서에 이것도 중요하고, 저것도 중요하다는 표식을 남기려 한다. 편집 기술을 한껏 발휘한 보고서가 그래서 나온다. 안 그래도 된다. 괜히 난삽해진다. 제목과 소제목 잘 뽑고 페이지 번호 안 빠뜨리면 된다. 괜히 색깔 넣고, 박스 치고, 밑줄 긋고, 글자 급수 키우고 하다간 각자 떠드는 나머지 다 소음이 된다.

보고서에는 될수록 괄호 안에 부연 설명을 넣거나 각주 같은 걸

안 다는 게 좋다. 물론 그런 걸 넣으면 보고자는 자신이 파악한 내용을 남김없이 쏟아붓는 기분이 든다. 하지만 읽는 이들은 헛갈리기 쉽다. 그냥 알아두라고 넣은 부가 설명인지, 그게 현상 아래 깔린 진짜 중요한 요점이라는 건지, 알아도 그만 몰라도 그만이라는 건지 어지럽다. 이렇게 했을 때는 보고자가 무슨 의도가 있을 터인데, 그게 무엇인지 문서를 읽기만 해서는 알 수 없다. 행정부 보고서에는 그런 부연 설명이 많다.

행정부는 그래도 된다. 그들은 거의 평생 같은 부처 안에서 부서를 옮겨 다니며 근무한다. 업무에 오랫동안 익숙해져 있다. 그러니 왜 이 대목을 괄호 안에다 썼는지, 혹은 박스 안에 집어넣었는지 대충 짐작한다. 거기다 항상 공문서를 작성한다는 의식, 즉 어떤 형식을 갖추어야 윗사람에 대한 예의를 갖춘다는 인식이 있다. 뭐 하나 빠뜨리지 않고 검토했다는 흔적을 남기고 싶은 데다, 형식미도 업무 능력의 하나라 생각한다.

그러나 정치권의 문서는 공문서가 아니다. 사문서도 아니지만 그렇다고 보존 의무나 법적 효력을 갖는 것이 아니다. 작성하고 보고 후에 즉시 파기해야 할 문서도 많다. 기밀성만 유지하면 되지 굳이 정해진 형식을 갖출 필요 없다. 그러니 부가 설명이든 참고 사항이든 본문에 그냥 포함해서 쓰는 게 깔끔하다.

보고서를 짧게 쓰는 데 필요한 것은 문장력이 아니다. 중요한 것과 덜 중요한 것을 가려내는 능력이다. 그 능력의 바탕은 비정함이다. 알아낸 것을 단호하게 버리는 비정함이 없으면, 보고서는 길어지기 마련이다. 자신이 아는 모든 걸 일단 써놓은 다음, 비정한 눈으로 쳐내야 한다. 그렇게 반복하다 보면 나중엔 처음부터 중요한 것만 쓰는 습관이 몸에 밴다.

무엇이 중요하고, 무엇이 덜 중요할까? 보고서에 담고자 하는 핵심이 있으면 쉽게 구분할 수 있다. 핵심을 설명하는 데 필요하면 중요하고, 필요 없으면 덜 중요한 것이다. 보고서를 쓸 때 막 보고하고 싶은 열망이 치솟는 무엇인가가 있어야 한다. 이 말을 하지 않으면 죽을 것 같은 것이 있어야 한다. 그게 보고할 핵심이다.

보고서의 맨 앞에 이 핵심을 넣어야 한다. 앞에서 말한 기본 구성의 ⑥번이 대개 그 핵심일 것이다. 윗사람은 결국 '그래서 어떻게 대응 혹은 해결하는 게 좋겠는지, 작성자의 의견과 함께 그 이유'가 궁금하기 때문이다. 나머지 ①부터 ⑦까지는 모두 그에 대한 보조 설명에 불과하다.

특별히 주문이 없더라도 정기적으로 작성해야 할 보고서가 있다. 정무, 정책, 지역구 세 가지다. 의원실이라면 정무 보고서가 2주에 한 번은 올라가야 한다. 크게 정세 보고서가 있을 수 있고, 의원의 정치적 행보를 제안하는 보고서가 있을 수 있다. 요즘은 정세 보고서를 작성하는 데가 중앙당 외에는 거의 없다. 일반 의원이 볼 정세 보고서는 정치 현안에 대한 주요 정치 행위자와 언론의 입장을 요약하는 정도면 된다. 만약 의원이 뉴스를 열심히 읽는 스타일이면 정치 현안에 대한 분석과 스탠스를 정리해주는 게 좋다.

더 중요한 것은 의원의 정치적 전망을 모색하는 작업이다. 의원이 이 시점에서 뭘 해야 하는지, 무엇을 목표로 삼고 무엇을 준비하거나 이행할지, 어떤 정치적 자세를 취할지를 다루는 보고서를 작성해야 한다. 초선에게 재선, 재선에게 삼선의 꿈을 실현할 방안을 보고하라는 뜻이 아니다. 정치는 재선만 꿈꾸면 재선 못 한다. 삼선에 급급하면 삼선 못한다. 오로지 선수 늘리는 데만 진력하는 정치인은 혼자 둬도 된다. 굳이 정무 보고서까지 써줄 필요 없다. 써주면 오히려 지역구 관리나 열심히 하라고 핀잔을 줄지도 모른다. 어쩌면 이미 보좌관을 지역구 사무실에 보내놓고 있을 것이다. 그런 의원들이 갈수록 많아지고 있다.

제대로 된 정치를 해야 재선, 삼선을 할 수 있다. 공천 제도가 당내 경선 방식으로 바뀌었다. 당원들과 지지자들이 경선 선거인단이 된다. 경선 후보자들이 자신의 지지자들을 당원으로 가입시키기 위해 각자 혈안이 된다. 지방선거 때와 총선 때, 이런 선거인단 동원 때문에 당원들이 우르르 들어왔다가 선거가 끝나면 또 우르르 나간다. 그러다 보니 유동 당원과 상주 당원이 있는 건 어쩔 수 없다. 의원이 지역구에 목을 매고, 보좌관을 내려보내 상주시키는 건 유동 당원을 관리하기 위한 목적이 크다.

그러나 길게 보면 상주 당원의 눈에 차지 않는 의원은 오래 못 간다. 유동 당원만 가지곤 재선 이상 하기 어렵다. 상주 당원은 특히, 그리고 유동 당원조차 의원이 언론에 자주 나오고, 정치적 지명도가 올라가고, 점점 거물로 성장하는 게 보여야 재선, 삼선 시켜준다. 지역구에만 코 박고 있다가는 언제 중앙당에서 전략 공천 지역으로 지정해버릴지 모른다.

중앙당이 경선 직전에 여론조사를 하기 때문이다. 현역 의원에 대한 선호도가 정당 지지도보다 낮게 나오거나, 원외 경쟁자를 서너 배 압도하는 지지율이 나오지 않으면 한순간에 날아간다. 여론조사에서 지지율이 잘 나오려면 인지도를 높여야 한다. 아무리 열심히 지역구 행사를 쫓아다녀도 인지도를 높이는 데는 한계가 있다. 인지도는 결국 언론에 오르내려야 올라간다.

모든 정치인은 항상 자기 전망을 세워놓고 있어야 한다. 초선 때부터 목표를 가져야 한다. 그래야 어떤 법을 만들 것인지, 누구를 위한 정책을 세울 건지, 누구와 싸우는 정치를 할 건지가 분명해진다. 전망이 없으면 목표가 없고, 목표가 없으면 일하지 않는다. 오직 지역구 관리만 죽어라 한다. 지역구 관리가 나쁘다는 이야기가 아니다. 지역구 관리야 당연히 해야 한다.

지역 보좌진은 지역구에서 일어나는 사건과 동향, 현안과 민원, 시민 단체, 지자체 집행부와 지방 의회의 움직임 등에 대해 보고서를 작성해야 한다. 하지만 오로지 지역구만 신경 쓰는 정치는 퇴행적으로 흐를 수밖에 없다. 중앙 정치, 의정 활동(법안, 정책, 예산), 지역구 관리에 각각 3분의 1씩 시간과 노력을 쏟아야 한다. 중앙 정치를 해야 언론에 오르내리고, 언론에 오르내려야 인지도를 올릴 수 있다.

정책 보고서는 상임위 회의나 국정감사가 시작되기 전에 작성하면 좋다. 무엇을 준비하고, 무엇에 주력할 것인지, 전체적인 얼개를 짜는 기회가 된다. 추진하는 법안의 현황도 같이 보고하면 보좌진 전체가 공유할 수 있다. 정무는 정책을, 정책은 정무를 서로 알고 있어야 한다. 정책 보좌진에서 법안 하나 잘못 냈다간 정무에서 수습해야 하는 수가 있다. 역으로 정무가 정책과 상의하지 않고 정치적 스탠스를 잘못 정했다간 뒷감당 못 할 때가 왕왕 있다. 정무와 정책 보고서는 모든 보좌진이 공유해야 한다.

나. 질의서

상임위 정책 질의서 작성만큼 보좌진들이 공들이는 업무도, 힘겨워하는 업무도 없다. 질의서도 글의 한 종류다. 질의서는 두 가지 성격을 갖는다. 하나는 정책 보고, 다른 하나는 질의 원고다. 보좌진이 어려워하는 것은 두 가지 성격이 같이 있기 때문이다. 정책 보고서 측면을 먼저 보자. 앞서 펴낸 《보좌의 정치학》에서 질의서는 비수 같아야 한다고 했다. 날카로워야지 지당한 얘기는 하나 마나다. 질의는 부처 장관을 진땀나게 해야 한다. 기자가 봤을 때 기사감이다 싶어야 한다. 다섯 개의 꼭지를 질의한다면 그중 한두 개는 그렇게 독해야 한다.

원래는 정부의 잘못을 파헤쳐 폭로하는 게 독한 질의였다. 1990년대까지만 해도 폭로할 것이 많았다. 그러나 그런 시대는 지나갔다. 행정부가 투명해지거나 보안이 완벽해졌기 때문이다. 사회가 전반적으로 많이 합리화되었다. 이젠 폭로가 아니라 비판이 주다. 정책의 합리성과 정책의 정치적 성격에 대한 비판이 주된 질의 내용이 되었다.

그러면서 중요한 변화가 생겼다. 과거에는 가려진 사실을 찾아내는 게 중요했다. 그러나 지금은 이미 알려진 사실을 어떻게 해석하느냐가 중요해졌다. 인터넷 시대가 되었기 때문이다. 시민들은 이제 폭로할 게 있어도 국회의원에게 가져가지 않는다. 온라인 매체나 소셜 미디어에 직접 올리면 된다. 제보받은 사실에 기초해 언론과 의원실의 공조로 추가 취재를 해서 비리를 파헤치던 시대는 지나갔다. 정보가 빛의 속도로 흘러 다닌다. 나만 아는 사실이라 쥐고 묵히다간 뒤통수 맞기 일쑤다. 비밀이 없다.

제보받거나 취재해서 질의서를 작성하던 시대는 끝났다. 이제는 분석의 시대다. 정보가 오히려 너무 많아서 문제다. 언론조차 속보 경쟁하느라 정신이 없다. 깊이 들여다보지 않는다. 사실 따로, 진실 따로 구분할 겨를이 없다. 복잡하게 흩어진 사실 간의 연관을 파악할 여유가 없다. 눈에 보이는 것만 보느라 보이지 않는 걸 보지 못한다. 사실에 몰입한 나머지 그래서 뭐가 어떻다는 건지 의미를 해석해내지 못한다. 역설적으로 그래서, 해석이 사실의 발견보다 더 중요한 시대가 되었다.

해석은 결국 입론(立論), 즉 논리를 세우는 작업이다. 물론 사실 하나가 파괴력이 있을 때도 있다. 그러나 분노가 단발성으로 그치게 해선 안 된다. 세상의 모든 부정과 비리는 복잡하게 얽혀 있다. 나쁜 짓을 하는 자들은 머리를 잘 쓴다. 복잡한 사실을 하나의 논리로 꿰어야 한다. 그래서 결국 뭘 잘못했다는 건지 전모를 알아듣기 쉽게 밝히는 일이 해석이고 입론이다.

질의서를 쓰다 보면 비판하고자 하는 논점이 정책적 합리성의 문제일 때가 있고, 정책의 정치적 성격 문제일 때가 있다. 정치적 올바름 때문인지, 혹은 학자들이 그래서인지는 몰라도 국회에서의 질의가 정책적 비판이 되어야 한다는 말을 많이 한다. 정책적 합리성에 대한 문제 제기와 비판, 대안 제시가 국회 본연의 임무라고 한다. 그러나 각오해야 할 게 있다. 그렇게 해서는 신문에 한 줄도 안 난다. 공무원들도 눈앞에서만 시정하겠다고 하지 별로 겁내지 않는다. 돌아서는 순간 다 잊는다.

물론 정책 합리성도 중요하다. 같은 예산(비용)을 써도 더 큰 효과(편익)를 내도록 해야 한다. 가진 자보다 덜 가진 자에게 지원해야 한다. 해봤자 효과가 안 나오는 사업은 예산을 잘라야 한다. 공무원들이 성의껏 하면 정책 목표에 더 가까이 닿을 텐데 귀찮다고 대충하는 걸 찾아 바로잡아야 한다. 그러나 공무원들도 이제 그렇게 막 안 한다. 공무원들의 문제는 합리성의 결여가 아니다. 오히려 합리성이 문제의 원인이다. 그들이 생각하는 합리성이 있다. 소위 관료적 합리성이다. 그게 시대의 변화를 못 따라간다. 늘 하던 대로만 하려고 한다. 공무원들에겐 보수적 생리가 있다. 그것을 우리는 관료주의라고 한다. 항상 그게 문제다.

정부가 하는 일 중에 당시 집권당의 가치나 공약 때문에 하는 것이 대략 20~30%쯤 된다. 70~80%는 누가 집권하든 해야 할 사업이다. 흔히 국회에서 공방이 벌어지는 정책 사안은 크게 보면 두 가지다. 낡은 관료주의적 관행이거나, 집권당의 공약 실현을 위한 정책. 여당은 관료주의에서 벗어나 여당의 가치 실현을 위한 사업에 집중하라고 질타할 것이고, 야당은 여당 사업이 가치론적으로든 실질적으로든 문제가 많으니 하면 안 된다고 막을 것이다.

정책 보고서 측면에 이어, 질의 원고라는 측면을 살펴보자. 정책도 결국은 정치다. 합리성을 따지는 것도 좋지만 정치적으로 해석하고 비판하는 게 질의서의 뼈대가 되어야 한다. 해석해서 예리하고 정연한 논지를 세우고 반박의 여지가 없도록 서슬 퍼런 논조와 어조로 비판해야 좋은 질의가 된다.

질의서가 흔히 저지르는 실수가 있다. 손가락을 너무 따지다 달을 놓치는 질의가 첫 번째고, 의원 자신이 자꾸 설명하고 있는 질의가 두 번째다. 의원이 장관에게 질의를 한다. 그게 1차 상황이다. 의원의 질의는 일부 '워딩'이 인용되어 보도된다. 그게 2차 상황이다. 대개 의원이나 보좌진은 1차 상황만 염두에 두고 질의서를 쓰고 질의한다. 질의라는 게 하다 보면 자꾸 파고 들어가게 되어 있다. 나중엔 점점 세부 사항을 갖고 장관과 입씨름을 벌이게 된다. 그러다 보면 어느 순간 왜 이걸 묻는지, 원래 목적은 어디론가 사라져버린다. 질의를 미괄식으로 하기 때문이다. 장관의 답을 통해 '내가 맞지?' 하고 확인하려 하기 때문이다.

그런 질의는 보는 이가 답답하다. 그러지 말고 질의를 통해 하려는 주장을 맨 앞에서 먼저 질러놓고 시작해야 한다. 장관과 일문일답을 하더라도 중간에 한두 번은 간략히 반복해야 한다. 그러면서 세부 사항으로 들어가야 한다. 계속 세부 사항만 물고 늘어지면 2차 상황에서 빠져버린다. 즉 기사가 될 만한 사안인데 죽어버리는 것이다. 질문이 토막 나 있으면 뉴스 화면으로 못 쓴다. 종이 신문 기자도 처음부터 끝까지 지켜볼 수 없다. 보통 서너 군데 상임위를 담당하기 때문에 중요한 대목이 아니다 싶으면 채널을 돌린다. 그러니 '도대체 저 질문을 왜 하지?' 하고 시청자나 기자가 맥락을 이해할 수 없으면 2차 상황에 무용한 질문이 된다.

질의는 검사가 하는 신문과 다르다. 캐묻거나 추궁하는 게 아니다. 모르는 걸 묻는 것도 아니고, 물어서 확인하자고 할 것도 없다. 기본적인 근거에 논리 정연한 주장이 있으면 된다. 그렇게 주장하고, 근거를 제시하면 된다. 그러면 장관이 인정하거나 변명하거나 회피하게 되어 있다. 그런 모습을 국민 앞에 적나라하게 보여주는 게 질의의 목적이다. 질의서는 따라서 일종의 연극 대본이다. 1차 상황보다 2차 상황을 염두에 두고 질의서를 써야 한다. 그렇다고 진짜 대본처럼 대사와 지문으로 질의서를 작성하라는 말은 아니다.

더 좋지 않은 건 의원이 질의하면서 장관에게 자꾸 설명하려는 태도다. 요즘은 질의할 때 PPT를 많이 쓴다. '문제가 얼마나 심각한가 하면, 이 자료나 수치를 보면 알 수 있을 거야, 자 봐봐, 보니까 어때? 인정할 수밖에 없지?' 이렇게 장관을 압박하기 위해서다. 검사가 판사 앞에서 '스모킹 건'을 흔드는 것과 비슷하다. 그러나 PPT는 별 효과 없다. 오히려 방해된다.

방송 카메라가 PPT 화면을 잡느라 의원을 잡고 있던 화면만 사라질 뿐이다. 정작 화면으로 나가는 도표나 그림은 시청자가 미처 읽을 사이도 없이 넘어간다. 그렇다면 장관은 그 PPT를 자세히 읽어볼까? 장관은 이미 다 알고 있다. 알면서 모르는 척할 뿐이다. PPT가 한두 장이면 또 모르겠다. 그걸 열 장씩 넘기며 질의하면 아무도 안 본다. 사실 워낙 멀어서 잘 보이지도 않는다. PPT까지 보여주며 설명해야 듣는 이가 이해할 정도로 복잡한 사안이면, 애초에 질의서를 잘못 쓴 것이다. 이를테면 어떤 상황을 한눈에 보여주거나 결정적 장면에 해당하는 사진 한 장이 가장 좋은 PPT다.

장관에게는 설명할 필요가 없다. 시청자에게도 설명할 필요 없다. 구체적 자료나 수치는 보도자료에 첨부하는 것이지, 그걸 설명하려 들면 질의 시간만 잡아먹고 시선만 분산시킨다. PPT는 말 그대로 윗사람이나 다중에게 PT할 때나 쓰는 거지, 한 편의 드라마를 찍는 데 쓰는 거 아니다. 괜히 있어 보이고 싶은 허영심에 쓸데없이 시간과 노력을 허비하는 셈이다. PPT 준비할 시간에 차라리 원고를 숙지하고, 장관의 반응에 따라 허점을 찌르는 '워딩'을 준비하는 게 낫다.

그걸 의원들이 못 하고, 안 한다. 질의서에 5를 써줘도 10을 질의하는 의원이 있는가 하면, 10을 써 줘도 5도 소화 못 하는 의원이 수두룩하다. 내용 파악이 안 되는 건 물론이고 예리함에서 두각을 드러내는 의원이 열에 한두 명도 안 된다. 자기 딴에는 장관을 들었다 놨다 했다고 생각하지만, 듣는 이로선 고함만 쳤지 지금 무슨 소리를 하는 건지 알 수 없는 질의도 숱하다. 시청자들이 국회에서 하는 회의 중계가 재미없다고 한다.

보좌진의 책임도 있다. 어떤 질의는 정책 보고로, 어떤 질의는 그야말로 질의 원고로 써야 한다. 그런데 우선 내용을 의원에게 숙지시켜야 한다는 압박감 때문에 미주알고주알 다 원고에 쓴다. 그러면서도 한편으론 불안감이 엄습한다. 내용을 많이 써주어도 숙지를 못 해서인지 말솜씨가 부족해서인지, 의원은 시원하게 질의를 못 한다. 그러니 장관을 몰아붙이는 '워딩'까지 써줘야 하나 싶다. 대부분 질의서에는 두 가지가 다 들어간다. 그러면 질의 한 꼭지가 너무 길어진다. 주어진 질의 시간은 10분이다. 서너 꼭지를 소화해야 하는데 이렇게 한 꼭지가 길어지면 결과적으로 죄다 부실한 질의가 된다.

해결책은 의원에 따라서 질의서의 양식을 달리하는 방법이다. 일반적으로는 숙지시키기 위한 정책 보고는 개조식으로 쓰고, 그 밑에 질의 원고를 써주는 것이다. 대신 길어지지 않도록 곁가지는 다 버려야 한다. 칼로 대나무를 쪼개듯 죽 나가야지 '한편으로, 뿐만 아니라, 그에 더하여……' 등으로 시작하는 문단은 다 빼야 한다. 물론 의원이 순발력이 있고 문제 파악 능력이 좋으면 정책 보고 형식으로 써줘도 충분하다. 그 반대면 병기하되, 질의 원고 성격을 더 많이 넣어야 한다.

사실보다 해석이 중요한 다른 이유가 있다. 행정부 때문이다. 행정부의 국회 상임위나 국정감사 대응 매뉴얼이 거의 완벽의 수준에 도달했다. 자료 요구해봤자 온갖 핑계를 대고 잘 안 준다. 주는 자료는 맹물이다. 답변하는 장관에 대한 훈련도 철저하다. 국정감사 한 달 전부터 부처 기획조정실 주관으로 예상 질의응답 자료집을 만든다. 각 과별로 지난 1년 동안 제기된 모든 쟁점을 망라한다. 각 실장이 장관에게 보고하면서 리허설까지 한다. 국회에서 온 요구 자료를 보면 대개 어떤 질문이 나올지 미리 알 수 있다. 국정감사를 앞두고 떠오른 현안은 특별히 신경 써서 답변을 준비한다. 1~2주 전까지 두세 번의 예상 문제 풀이를, 이틀 전에는 의원별 예상 질의와 모범 답안을 뽑아 장관에게 숙지시킨다.

그러니 사실을 따지는 질의로는 어차피 행정부 손바닥 위에서 놀게 되어 있다. 이미 행정부도 알고 국회도 아는 사실만으로 충분하다. 그 이상 더 안다고 크게 달라지지 않는다. 중요한 것은 사실들이 어떤 의미를 갖는가를 비판적 관점으로 해석하는 입론이다. 거기에 의원의 고유한 철학이 더해지면 더할 나위 없는 질의가 나온다.

물론 이 모든 것을 고려해 질의서를 작성했다고 해서 의원의 질의가 훌륭해진다는 보장은 없다. 우선 질의가 훌륭하다는 것은 어떤 의미일까? 상임위나 국감이 끝나면 어느 의원의 질의 실력이 뛰어난지 보좌진 사이에선 소문이 난다. 첫 번째는 문제의 핵심을 칼같이 정확하게 파악하고 묻는 질의다. 핵심을 못 건드리고 변죽만 울려대는 질의는 지켜보기조차 안쓰럽다. 핵심을 찌르는 질의는 언론의 주목도 받기 마련이다. 같은 사안을 질문한 의원이 여럿이어도 핵심을 찌르는 의원의 질의를 중심으로 기사가 작성된다. 그런 질의는 듣는 이의 속을 시원하게 한다.

두 번째는 가만 들어보면 문제를 완벽하게 파악하고 묻는 게 느껴지는 질의다. 인간 됨됨이가 진지하고 성실한 증거다. 아무리 젠체하고 무게 잡아도 교만과 야비함은 드러나기 마련이고 아무리 차분하고 나직해도 진지함과 성실성은 눈에 띄는 법이다. 진정한 프로는 서로를 알아본다. 공무원들도 그런 의원을 무서워한다. 장관도 함부로 대하지 않는다. 소속 당을 떠나 그런 의원은 상임위가 내리는 판단과 결정의 기준점이 된다.

세 번째는 누구나 알고 있지만 여태 묵인해오던 폐단을 새로운 시각에서 지적하는 참신한 질의다. 어느 상임위든 부처에서 관행적으로 이루어지던 구습이나 손봐야 할 적폐가 있다. 그런데 여야 합의가 안 이루어진다는 이유로, 또는 현실적인 대안이 없다는 핑계로 묻어두고 지금까지 왔다. 이걸 건드리는 게 개혁이다. 그동안 안 바뀌고 여기까지 왔을 때는 다 이유가 있다는 게 보수주의의 세계관이다. 그러니 뭐 하나 바꾸는 게 절대 쉽지 않다. 이런 보수주의에 도전하는 의원들이 필요하다. 다소 거칠지라도 이런 도전은 편을 불러 모은다. 더 나은 세상을 만드는 힘이 된다.

의원의 질의가 이 셋 중 하나에 해당하면 훌륭하다고 할 수 있다. 질의는 질의서 문장을 잘 쓰고 못 쓰고의 문제가 아니다. 문제의 핵심을 예리하게 짚고 깊이 있게 파악해, 낡은 것을 혁파하는 질의서를 써야 한다. 그런 질의서가 의원에게 무기가 된다. 그러나 늘 그랬듯이, 보좌진의 질의서 수준이 의원이 수행하는 전투 수준보다 높다. 의원들의 질의 모습을 보고 있노라면 저절로 채널이 돌아간다.

질의의 내용과 형식이 개선되어야 한다. 국민이 보는 앞에서 국회의원이 하는 업무 중에 질의가 제일 후지다. 뒤집어 보면 개선의 여지가 가장 큰 분야도 질의다. 장관도 부처 실장들과 리허설을 한다. 그런데 왜 의원은 보좌진과 예행연습을 하지 않는가? 대선은 물론이고, 총선에 출마한 후보들은 의무적으로 TV 토론을 하게 되어 있다. 당연히 예행연습을 한다. 하고 나간 것과 안 하고 나간 것의 차이가 크다. 국정감사 시즌이 되면 언론에서 매일 의원들의 질의를 평가해 순위를 매긴다. 다들 1등 하고 싶어 한다. 질의서도 엄청나게 챙긴다. 마음에 드니 안 드니, 뭐 더 화끈한 거 없냐, 남들 안 하는데 우리만 준비한 것 없느냐, 들들 볶는다.

그보다 더 효과적인 게 의원도 장관처럼 예행연습을 하는 것이다. 질의서를 숙지하고, 질문하고 답변 듣고 재차 질문하는 식으로 연습하면 훨씬 좋아진다. 질의할 내용에 대한 이해가 깊어지니 문제의 핵심을 정확하게 찌를 수 있게 된다. 그렇게 연습하면서 실력을 키우다 보면, 마침내 어느 날 낡은 문제에 도전해 새로운 대안을 제시하는 개혁적 의원이 되어 있는 자신을 발견하게 될 것이다.

진짜 언론의 주목을 받는 국회의원이 되고 싶다면 개인기가 출중해야 한다. 보좌진이 써준 질의서를 대충 이해하고 들어가 어설프게 질의하고 나오는 의원은 절대 거물로 못 큰다. 시대가 바뀌었다. 옛날처럼 무게 잡고 어깨에 힘만 주는 중진들이 정치하던 시대는 끝났다. 활발하고 날카롭고 똑똑해야 국민이 알아준다. 질의 솜씨를 발전시킬 생각은 안 하고 보좌진이 써온 질의서만 타박하는 의원은 절대 출중해질 수 없다. 계속 보좌진을 내보내고 새로 다시 들인다고 달라지지 않는다. 문제 해결은 자신에게서 출발해야 한다.

다. 대정부 질문

입법부는 행정부를 감시 견제한다. 대정부 질문은 국회의원의 행정부 감시 견제 활동의 상징이다. 의원 중에는 대정부 질문을 할 기회를 잡기 위해 애쓰는 이도 있고, 반면에 이런저런 핑계를 대며 피해 다니는 이들도 있다. 대정부 질문을 하는 모습을 보면, 그가 크게 될 재목인지 아닌지 바로 드러난다. 실력이 고스란히 드러난다.

대정부 질문은 두 가지 때문에 중요하다. 정치, 외교, 안보, 경제, 사회, 문화 분야별 관련 장관은 물론이고, 총리를 상대로 질문하고 답변을 요구할 수 있다. 또 중요한 이슈가 있을 때는 현장 중계가 된다. 국민이 지켜보는 것이다. 그런데 이 중요한 대정부 질문이 갈수록 시시하거나 볼썽사나워지고 있다. 시시해지는 이유는 질문이 소소하기 때문이다. 상임위 때 장관에게 물어보면 될 걸 굳이 왜 총리를 상대로 묻는지 알 수 없는 질문이 태반이다. 볼썽사나운 이유도 마찬가지다.

애들도 안 할 말싸움을 하고 있기 때문이다.

주로 야당 초·재선 의원들이 총리를 공격한다. 그런데 공격의 논리가 빈약하다. '잘못을 인정하라, 사과하라, 책임져라'라고 요구하더라도 그게 왜 잘못인지, 왜 사과해야 하는지, 어떻게 책임을 지라는 건지 이유가 논리적으로 구성되어 있어야 한다. 그런 게 없다. 대부분 단편적이고 표피적이다. 그러니 말꼬리 잡기로 흐르게 된다. 겉으로만 격렬하지 내용은 실상 별것 없다. 질문에 철학과 관점이 없다.

그렇게 된 이유가 있다. 대정부 질문만 하면 여야 간에 책상을 치고, 고함이 터지고, 급기야 의장이 정회를 선언하는 것으로 파국을 맞던 시절이 있었다. 다음 날 신문 1면엔 '대치 정국'이니 '정국 급랭'이라는 제목이 실렸다. 대정부 질문만 하면 싸움이 벌어지고 국회가 파행되었다. 김대중 정부 시절부터 개선하자는 움직임이 일었다. 정치 공방이 아니라 정책을 묻고 답하는 대정부 질문을 하자, 싸우는 국회가 아니라 일하는 국회를 만들자 등등 주문이 밀려들었다. 그 결과, 20분이던 시간이 15분으로 줄었다. 질문 방식도 일괄 질문 답변이 아니라 일문일답으로 변경되었다. 질문 방식을 바꾼 덕분인지, 정권 교체 효과 때문인지, 대정부 질문을 하는 본회의장 분위기가 바뀌었다. 질문은 더 시시해졌고 볼썽사나운 건 별반 차이 없다.

분야를 막론하고 대정부 질문이 견지해야 할 원칙은 세 가지다. 첫째는 총체성이다. 경제 분야라면 당시 경제 정책 전반이 지향하는 어떤 목표와 실현 수단을 공격 대상으로 삼아야 한다. 금융과 부동산, 환율과 무역수지, 물가와 재정, 이런 식으로 모든 것이 연결되는 게 경제다. 다른 분야도 마찬가지다. 이를테면 몇 년 몇 월 어느 의원이 한 대정부 질문 원고를 읽어보면 당시 그 분야 전반에 걸친 현황과 문제점이 뭐였는지를 알 수 있어야 한다. 질문 자체가 이정표나 표지석 같아야 한다.

한 가지 문제를 깊이 파고듦으로써 전문성을 과시하는 질문은 어떨까? 실제 많이들 그렇게 생각한다. 경제 관료 출신 의원이 '난 이번에 조세 감면 제도에 대해 한번 파보겠어'라고 할 수 있다. 그런데 그렇게 하면 망한다. '아, 저 의원이 세제에서는 군계일학이구나' 하는 생각은 담당 공무원만 한다. 그런데 공무원들은 익히 아는 사실이다. 일반 국민은 어떨까? 듣다 말고 채널 돌린다. 기자들? 못 알아듣는다. 대정부 질문은 총체적이어야지, 부분적이어서는 상임위 질의와 차별화되지 않는다. 자기만 만족하고 끝날 뿐 아무도 기억 못 한다.

요즘은 원내 대표실에서 대정부 질문을 할 의원과 보좌진을 사전에 모아 회의를 연다. 각자 어떤 문제를 다룰 것인지 확인해 중첩되는 부분이 있으면 조율한다. 당 차원에서 전략적으로 공격할 포인트를 배분하거나 방침을 하달하기도 한다. 의원실의 자율성을 침해하는 측면이 있다. 그러나 개별 의원실에서 제대로 못한 나머지 자초한 간섭이기도 하다. 자타가 공인할 정도로 막강한 정보력과 공격력을 보유했던 한 원내 대표가 만든 관행이다. 그렇게 해서라도 의원들의 질문 실력을 강화해야겠다고, 그 원내 대표는 판단한 것 같다. 그만큼 대정부 질문의 평균적 수준이 저열했다는 증거다.

둘째는 기승전결이다. 스토리를 구성하든가 논리를 만들어야 한다. 당연한 말인데 흔히 잊어버린다. 단상에 올라 처음부터 끝까지 이 문제, 저 문제 내내 나열만 하고 끝내는 경우가 십중팔구다. 그렇게 되는 건 의원의 욕심 때문이다. 내가 모든 문제를 다 알고 있다, 무엇 하나 빠뜨리면 안 된다, 빠뜨리면 내가 몰라서 안 했다고 오해받는다, 그러니 짧게라도 이것 추가, 저것 삽입, 그것 언급……. 흔히 이렇게 원고를 질문 전날까지 계속 뜯어고친다. 누더기가 된다.

질문은 기(起)에서 공격하고자 하는 주제가 뭔지 단도직입적으로 제기하고, 어떻게 고쳐야 하는지 대안까지 내놓아야 한다. 승(乘)에서는 왜 공격하는지 이유를 들어야 한다. 중요한 것 세 가지 정도만 꼽고 다음으로 넘어가야 한다. 전(轉)에서는 국민이 받는 고통을 절절하게 설명해야 한다. 아니면 그래놓고도 정신 못 차리는 정부 여당의 행태를 비판해야 한다. 마지막 결(結)에서는 책임져야 할 내용과 누가 어떻게 책임져야 하는지를 주장해야 한다. 그리고 총리로부터 수긍하는 답변을 끌어내고 마무리하면 된다.

그런데 이렇게 초고를 써놓고 계속 빼고 집어넣고 줄이고 추가하면 원고가 어떻게 되겠는가? 기승전결이 다 흐트러진다. '저 질문을 왜 하는 거지? 그래서 결국 하고 싶은 말이 뭔데?'라는 흐리멍덩한 이미지만 남는다. 의욕 과잉과 아마추어리즘이 빚어낸 일종의 자살 행위다.

셋째는 암기다. 대정부 질문은 연설하듯이 하는 게 좋다. 연설은 대개 원고를 외워서 한다. 대정부 질문 영상을 보면 누구나 느낄 수 있다. 대부분 답변하는 총리 쳐다봤다, 원고 내려다봤다 한다. 시선이 아래로 떨어지는 순간 갑자기 격이 확 떨어진다. 원고는 기세등등한데, 고개를 떨구고 시선을 내리까니 총리에게 밀린다는 인상을 준다. 질문자는 답변자를 계속 응시해야 한다. 그래야 당당해 보인다. 의원은 옳고, 총리는 뭔가 꿀린다는 느낌을 국민에게 줘야 한다. 그런데 그 반대다. 총리는 답변하는 동안 대개 원고를 내려다보지 않는다. 질문 요지를 48시간 전에 받아서 다 파악하고 있기 때문이다. 또 일국의 총리 정도 되면 다선 의원 출신이다. 굳이 원고 안 보고 대답할 정도의 내공이 있다. 그러니 의원들이 오히려 휘둘린다. 그러지 말고 원고를 일찌감치 마감하고, 직전 하루 정도는 입에 붙도록 소리 내 읽으며 외워야 한다. 그러면 고개 숙이지 않아도 된다. 원고 내용만 좋다고 질문 잘하는 게 아니다. 상임위 회의장에선 의원이나 장관이나 다들 앉아서 질의하고 답변한다. 그럴 땐 원고를 보면서 읽어도 된다. 그러나 본회의장에서 하는 대정부 질문은 둘 다 일어서서 마주 보며 질의 응답한다. 모양새 자체가 회의가 아니라 쌍방 간의 공방이고, 말로 하는 대결이다. 그런데 거기서 고개 숙이고 원고를 읽으면 진짜 모양 빠진다. 별것 아닌 것 같지만 박진감이 다르고 자신감이 달라 보인다.

요컨대 대정부 질문은 원고만큼이나 의원의 퍼포먼스가 중요하다. 원고도 철저하게 연설문처럼 써야 한다. 연설문은 문장이 길면 안 된다. 그래야 외우기 쉽고 말하기 쉽다. 앞뒤 맥락을 매끈하게 연결하려다 보면 설명이 지나치게 많이 들어간다. 그러면 분량이 초과한다. 대정부 질문은 절대 시간을 넘기면 안 된다. 시간을 넘기면 마이크가 꺼져버린다. 연설하다 말고 뚝 끊겨버리니 김이 확 샌다. 설명에 해당하는 대목은 원고에 넣되, 실제 연설할 때는 건너뛰어도 된다. 대정부 질문 원고를 의원들의 모니터에 다 띄우기 때문에 건너뛰어도 읽으며 따라온다. 글을 읽을 때는 논리적 비약이 있으면 안 되지만 말로 할 때는 큰 상관없다. 너무 치밀하게 쓰지 않아도 된다. 전체적으로 볼 때

일관된 논리가 흐르고 있으면 된다.

라. 보도자료

의원의 중요한 활동에 대해서는 별도 보도자료를 작성해 배포한다. 보도자료는 기자들을 대상으로 하는 문서다. 용도가 분명하니 성격도 분명하다. 기사로 써달라는 부탁이 들어가야 한다. 어떻게 부탁해야 할까? 엎드려 부탁하는 게 아니다. 놓치면 안 될 뉴스 가치가 있음을 보여주면 된다. 왜 이게 뉴스감이 되는가를 한눈에 알아볼 수 있게 해야 한다. 기자는 하루에 많을 때는 수십, 수백 건의 보도자료를 받는다. 이메일로 왔든, 인쇄본으로 왔든 차분하게 읽을 틈이 없다.

기자들은 일단 어느 의원실에서 온 것인가를 먼저 본다. 항상 뉴스메이커가 있다. 그다음은 제목이다. 요즘 언론사 데스크가 하는 일이다. 제목을 낚시성으로 잘 뽑아야 한다. 여기서부터가 보도자료가 질의서와 다른 점이다. 질의서는 과장하거나 왜곡하면 안 된다. 하지만 보도자료는 다르다. 있는 사실 그대로 써놓고 '기자들이 알아서 판단해주겠지' 하면, 백이면 백 번 다 물 먹는다. 문제가 되지 않는 선에서 과장해야 한다. 내용이 다소 복잡하더라도 '야마'가 확실해야 한다. '야마'만큼은 누가 봐도 금방 이해 가능한 것이어야 한다. 어렵고 복잡하면 독자들이 잘 안 보니 기자들도 좋아하지 않는다. 그래서 보도자료는 음식을 차려 눈앞에 대령하는 걸 넘어, 씹어서 입안에 넣어줘야 한다. 그냥 삼키기만 하면 되도록 작성한 보도자료가 가장 좋은 보도자료다.

마지막으로 새로운 것이어야 한다. 개가 사람을 물었을 때 뉴스가 안 되는 이유는 이전에 일어난 일이기 때문이다. 보통 의원실에선 자신들이 추적해 확인한 정부의 잘못이 대단히 심각하고 중요한 문제라고 생각한다. 살짝 흥분 상태에 빠진다. 당연히 보도되리라 생각한다. 사실관계만 말해줘도 기자가 알아서 써주겠지 싶다. 그러나 반드시 그렇지 않다. 기자들이 그 이야기를 듣고 똑같이 생각할지는 알 수 없다. 정부의 잘못이되 처음 밝혀진 건수면 4~5단이지만, 여러 번 나왔던 이야기면 1~2단 기사도 어렵다. 이럴 땐 어떻게 해야 할까?

보도자료를 만들 때 같은 내용을 갖고도 어떻게 포장하느냐가 중요하다는 점에 유의해야 한다. 포장하기에 따라 뉴스가 안 될 것도 되고, 작은 것도 크게 키울 수 있기 때문이다. 그러자면 전체 내용 중에서 기자가 솔깃할 지점을 잡아 그걸 중심으로 재구성해야 한다. 공보 업무를 아는 정무 보좌관이 보도자료를 만들어야 한다는 건 이 때문이다. 기자가 무엇에 솔깃한지는 언론사마다 다르다. 하지만 공통적으로 상위 권력이 표적일수록, 정책보다는 정치일수록, 민사보다는 형사에 해당할수록, 돈이나 이권의 규모가 클수록, 지금 한참 뜨거운 이슈와 연관될수록, 애매하기보다는 명백할수록, 이미 널리 지탄받는 인물이 등장할수록 솔깃해하는 것 같다.

내용을 간단명료하게 압축해야 한다. 질의서를 그대로 보도자료로 보내면 기자들은 절대 안 본다. 기자들은 3초 안에 이해되지 않는 건 기사로 안 쓴다. 복잡하고 어려우면 독자들도 안 보기 때문이다. 내용을 간결하게 압축했으면 그다음은 제목과 리드 카피 작업이다. 제목을 잘 뽑아야 책이 잘 팔리듯, 보도자료도 제목을 잘 붙여야 기자의 눈길을 끈다. 경악, 충격, 단독 같은 말만 빼고, 요즘 포털에 올라오는 기사들처럼 거침없이 파격적으로 뽑아야 한다. 리드는 그것만 읽어도 내용을 짐작할 수 있게 보고자료 중간중간에 두세 줄을 넘지 않는 범위에서 서너 개 정도 붙여준다. 내용을 줄이면서 제거한 자세한 설명은 의원의 홈페이지나 블로그에 올리고 링크를 보도자료에 적어주는 게 좋다. 첨부 자료로 붙여봤자 어차피 안 본다. 기사화할 생각이면 담당 보좌진에게 바로 물어본다.

의원의 정치 활동에 대한 보도자료는 비교적 큰 고민 없이 써도 된다. 문제는 정책 질의서를 보도자료로 만드는 작업이다. 큰 난점이 있다. 질의서를 다 쓰고 나면 보도자료 쓸 시간이 없다. 질의서가 신통치 않으면 의원에게 싫은 소리를 듣기에, 질의서 작성에 마지막까지 최선을 다하기 때문이다. 그래서 질의서가 오케이 난 후에야 보도자료를 만든다. 시간이 없으니 대개 질의서를 좀 줄여서 보도자료 양식에 얹기 일쑤다. 앞에서 설명했듯이 그렇게 하면 기사화가 잘 안 된다. 질의서와 보도자료는 완전히 별개다. 질의서 쓰는 머리 다르고, 보도자료 쓰는 머리 다르다. 질의서는 정책이고, 보도자료는 정무다.

가장 좋은 방법은 질의서가 3분의 2 정도 완성되면, 그걸 받아 누군가가 보도자료를 만드는 식으로 아예 공정을 분리하는 것이다. 그렇게 하면 훨씬 기자 친화적 보도자료가 나오는 것은 물론, 생각지 않은 이점이 생긴다. 이런 식이다. '질의서 보니 이런 말이 있는데, 그게 무슨 뜻이지? 얼른 이해가 안 되어서. 아, 그런 뜻이었어? 그러면 결국 이런 이야기네?' 이렇게 대화하다 보면 질의서 쓰는 이에게도 도움이 된다. 질의서는 검사의 논고와 비슷한 점이 있다. 검사가 혐의와 증거,

죄목을 적시해 사실로 입증하려 하듯이, 질의서 쓰는 보좌진은 어떻게든 정부나 상대 당이 잘못했다는 걸 입증하려 한다. 그러다 보면 어떤 위험이 따른다.

자꾸 유죄를 전제한 가설을 세우기 때문이다. 무죄일 가능성을 외면한다. 가설에 반대되는 증거가 나와도 애써 무시한다. 자기 혼자 생각에 파묻힌다. 이때 보도자료를 쓰는 누군가가 '그거 좀 이상한데, 그게 아니라 이렇게 볼 수도 있는 거 아냐? 잘못이 있는 게 아니라 원래 그런 거 아냐?' 하고 의문을 제기할 수 있다. 그러다 보면 '어, 그럴 수도 있겠네요? 한번 확인해볼게요' 하고 되돌아보게 된다.

사람이 파고들다 보면 자기도 모르게 우물을 판다. 한번 우물에 빠지면 점점 시야가 좁아진다. 적을 공격하려는 목적의식이 너무 강해지면 멀쩡한 사람도 청맹과니가 되곤 한다. 질의서를 다른 이가 보도자료로 변환하다 보면 스크린 기능이 작동해 이런 함정을 피할 수 있게 해준다. 또 한 가지 좋은 점이 있다. 질의서 쓰는 보좌진은 다음날 또 다른 질의서를 준비해야 한다. 그런데 추가 취재가 들어와 '이건 뭐예요? 저건 무슨 뜻이에요?' 하고 물어댄다. 피곤이 가중된다. 이때 보도자료를 쓴 보좌진이 대신 응해주면 설명하기도 쉽고, 기자도 편하게 물어볼 수 있다. 최소한 중요한 질의 꼭지만이라도 공보 담당이 보도자료를 맡아주면 공보 기능도 강화된다. 새로운 기자들을 사귀게 되기 때문이다.

의원들은 각종 언론 매체와 인터뷰를 한다. 여기선 인터뷰에 관한 모든 것을 다루지는 않는다. 인터뷰 원고를 어떻게 작성할 것인지에 대해서만 살펴본다. 사실 원고보다 중요한 게 많다. 복장, 메이크업부터 말하거나 듣는 태도, 시선 처리, 표정 관리, 손의 위치와 필기구 사용 등등, 인터뷰만 다루는 책이 따로 있을 정도로 챙겨야 할 것이 수없이 많다.

인터뷰 섭외는 라디오의 경우는 하루 전에, 주말 TV 토론은 사흘 전에 들어온다. 지면 인터뷰는 그보다 앞서 온다. 인터뷰는 무조건 응하는 게 좋다. 피하고 싶은 주제나 상대도 있겠지만 그래도 나가야 한다. 인터뷰 섭외는 대개 작가에게서 온다. 인터뷰 원고를 작성할 보좌진은 이들의 연락처를 알아두어야 한다. 의원실 입장에서는 가능한 한 일찍 질문지(방송은 큐-시트)를 받아야 한다.

정치 문제에 정통한 작가는 문제의 핵심과 맥락을 정확히 짚는 질문을 작성한다. 그러나 작가 대부분은 전문적이지 않다. 인터넷으로 검색한 기사를 읽고 질문을 만든다. 동시에 질문은 매서워야 한다고 생각한다. 그래서 질문지를 받아보면 앞뒤 맥락을 잘 모르고 던지는 질문, 난데없이 도발하는 질문이 들어간다. 대개 이럴 때는 작가와 통화해 잘 설명하면 충분히 뺄 수 있다. 이런 일이 자주 있으니 작가도 으레 각오하고 있다. 조율을 거쳐 질문을 빼거나 수정해 확정했으면 답안을 작성하기 시작한다.

(1) 방송

방송은 원고를 보면서 할 수 있는 전화 인터뷰와, 가급적 원고를 보지 말아야 하는 TV 토론이 있다. 어느 경우든 원고는 참고하는 정도지 읽을 수는 없는 노릇이다. 따라서 인터뷰 Q&A는 철저하게 단문으로 써야 한다. 문장이 길면 외우기 어렵다. 방송 인터뷰는 대개 정치 현안과 쟁점에 대한 견해와 주장을 묻는다. 따라서 분명해야 한다. 흐릿하거나 우물쭈물하면 안 된다. 원고 맨 앞에 전체 인터뷰의 톤을 일정하게 유지하는 기준이 될 기조와 키워드를 적어주면 좋다.

기조에서는 날을 세워야 할 때와 눅쳐야 할 때가 있다. 날을 세워야 하는 인터뷰는 앞이나 뒤에 상대 당의 누군가가 나와서 같은 사안에 대해 연쇄 인터뷰를 하는 경우다. 시청자는 두 당의 주장을 비교하며 듣는다. 누구 말이 더 설득력이 있는지에 따라 이 사안에 있어 어느 당을 지지할 것인지 결정할 것이다. 시청자들은 당연히 정치에 관심이 높은 이들이다. 아침 출근 시간에 듣는 라디오 방송은 특히 그러하다. 시청자들은 이미 지지하는 정당이 있다고 봐야 한다. 따라서 인터뷰에 응한 정치인은 이들에게 공격할 창과 방어할 방패를 쥐여주어야 할 의무가 있다. 상대방의 논리를 수긍하거나 동의할 수도 있다. 하지만 그건 어디까지나 부분적 동의여야 한다. 듣는 지지층에게 정곡을 찌르는 단순 명쾌한 공격과 방어 논리를 심어주는 정치인은 금방 이름을 얻는다. 단골 출연자가 될 것이기 때문이다.

반면 눅쳐야 할 때도 많다. 정치든 정책이든 다 잘할 수는 없다. 부정적 여론이 더 큰 사안에 대해 인터뷰를 요청받았을 때 대부분은 피하려 한다. 자꾸 피하면 인터뷰 섭외 자체가 안 들어올 수도 있다.

그러니 나가서 잘 눙쳐야 한다. 눙치는 가장 좋은 방법은 질문 자체를 재규정하는 것이다. 예를 들어보자. '4.7 서울, 부산 보궐선거에서 민주당이 참패했다. 가장 핵심적인 원인이 뭐라고 보는가?' 이런 질문을 받았다 치자. 이때 곧이곧대로 '참패의 원인은요, 민주당이 무능했고, 오만했고, 내로남불에 빠졌기 때문이에요'라는 식의 답변은 하지하책이다. 당시 80명의 초선 의원들이 반성문을 낸 것과, 인터뷰에 나간 정치인이 그렇게 답변하는 건 완전히 다른 문제다.

반대로 2020년 4월 21대 총선에서 당시 미래통합당이 민주당에 180석을 내주며 완패했다. '미래통합당의 패인이 뭐라고 생각하나요?'라는 질문을 받았다고 쳐보자. '저희가 코로나라는 비상시국에 태극기 부대와 함께 사사건건 정부의 방역 활동에 발목을 잡았어요. 너무 막말이 심했어요'라고 답하면 절대 안 된다는 말이다.

민주당 정치인이 미디어에 나가서 '무능, 오만, 내로남불'을 인정하는 순간 프레임이 형성된다. 그것만큼은 피해야 한다. 그러려면 질문을 다시 정의해야 한다. '패배 원인을 저는 정책적 측면에서 살펴야 한다고 봅니다'라고 답해야 한다. 그러면 이미 지나간 이야기가 아니라 앞으로 할 일을 말할 수 있게 된다. 지지층을 안심시킬 수 있게 된다. 그러면서 '부동산 정책의 실패가 가장 큰 원인입니다. 가격 상승 억제만으론 한계가 있고 신규 공급이 불가피함을 국민들께서 표로 확실히 보여줬다고 봅니다. 그 방향으로 정책 전환이 있을 겁니다'라고 하면 전망을 제시함으로써 패배를 떨쳐버리고 희망을 말할 수 있게 된다. 그러지 않고 패인을 직접적으로 말하는 순간, '그것만 패인일까? 이것도 있고, 저것도 있는데……'라는 식으로 끝없이 수렁으로 빨려 들어간다. 심지어 운 나쁘면 거두절미하고 답변 일부만 뉴스에 인용되어 내부 균열을 일으키는 이간질에 이용될 수도 있다.

반면 미래통합당 의원이라면 우선 '막말하는 극우 정당'이라는 프레임을 경계해야 한다. 이렇게 말해야 한다. '저는 패인을 우리가 한 것에서 찾을 게 아니라, 하지 않은 것에서 찾아야 한다고 봅니다. 코로나로 인해 민생이 어렵습니다. 야당이 오히려 앞장서 민생을 챙기는 모습을 보여줬어야 했습니다. 정부 여당의 실정을 비판하는 건 물론, 생계가 어려운 자영업자와 소상인을 위한 정책을 정부에 요구하지 못한 게 뼈아픕니다.' 이렇게 하면 앞으로 미래통합당이 무엇을 하고자 하는지 보여주게 된다. 막말이니, 발목 잡기니, 태극기 부대를 아예 언급도 하면 안 된다. 정치인은 정치 평론가가 아니다. 정치 평론가는 정확하게 분석하는 게 미덕이다. 정치인은 우리 편을 과반수로 끌어올리는 능력이 미덕이다. 자기가 누구인지 착각하면 안 된다.

방송용 인터뷰 원고는 분량이 많지 않아야 한다. 너무 많으면 막상 인터뷰 들어가서 기억이 안 난다. 의원의 기본기를 믿고, 꼭 언급해야 할 키워드를 중심으로 귀에 쏙 들어갈 '워딩'만 적어주는 게 효과적이다. 시청자들은 방송만 듣지 않는다. 들으며 무언가를 한다. 운전하거나, 요리하거나, 짧은 대화를 나누기도 한다. 따라서 시청자는 의원의 말이 길거나 복잡하면 무슨 말을 하는지 귀에 잘 안 들어온다. '도대체 이 양반은 무슨 소리를 하는 거야?' 하고 실망하고 짜증낸다.

속으로 혼자 할 생각을 주절주절 늘어놓지 않도록 조심해야 한다. 인터뷰어가 질문을 예리하게 하거나, 답변을 듣고 추가 질문으로 캐고 들어올 때, 인터뷰이는 흔히 실수를 범한다. 우물쭈물 얼버무리거나 불쑥 마음속 생각을 실토하는 것이다. 얼버무리는 자기 모습에 스스로 화들짝 놀라 '에이 그냥 까놓고 말하자' 싶은 나머지 사고를 저지르게 된다. 모든 게 주절주절 말하는 데서 시작된 실수다. 그래서 인터뷰만큼은 Q&A 원고에 써간 대로 하는 게 실수를 막는 방법이다. 애드리브는 화근이 되기 십상이다.

(2) 지면

방송 인터뷰는 짧고 명료한 게 좋지만, 지면 인터뷰는 끝나고 어차피 글로 정리할 것이기 때문에 내용을 충실히 풀어내는 게 중요하다. 방송은 의원의 개인기가 중요하고, 지면은 작성하는 보좌진의 실력이 중요하다. 의원은 받은 질문에 답할 때, 문제의 핵심을 정확히 짚는 동시에 자기만의 관점이나 대안을 확실히 보여줘야 한다. 그게 없는 인터뷰 기사는 지루해서 독자들이 잘 안 읽게 된다.

지면 인터뷰가 실패하는 경우는 답변이 너무 평이할 때다. 아무래도 인터뷰 기사는 지루하다는 선입견이 있다. 인터뷰이에 특별히 관심 가진 이가 아니고는 안 읽거나, 읽다 말 인터뷰를 하면 안 된다. 그러려면 제목과 소제목, 리드에서 먼저 '이거 뭐지?' 하거나 '이건 좀 색다른데' 싶은 것이 있어야 한다. 질문에 대한 답을 작성할 때 모범 답안은 피해야 한다. 누구나 그 정도는 생각하는 수준의 답변을 하면 안 된다. 기존에 못 보던 시각이나 접근법이 곳곳에 들어가야 한다.

대개 지면 인터뷰는 고참 기자가 묻고 신참 기자가 배석해 녹취한다. 따라서 Q&A를 작성하고 의원과 상의해 검토 보완한 최종본을 신참 기자에게 주는 게 안전하다. 그러면 말로 한 내용과 글로 정리된 내용을 상호 보완해 기사를 작성한다. 그리고 어려운 부탁이지만, 기사 본문은 보여주지 않아도 제목과 리드 정도는 미리 체크할 수 있도록 협의하면 좋다. 대개 본문보다 제목에서 사고가 벌어지기 때문이다. 본문은 문맥이 있어 오해의 여지가 적다. 그러나 제목은 문장의 앞뒤를 잘라내는 데다 이목을 끌려다 보니 원래 말뜻과 달리 이상하게 뽑힐 때가 자주 있다. 그럴 때를 대비해 의원실에서도 누군가가 배석해 녹취하는 게 좋다. 그래야 의원의 정확한 '워딩'을 확인할 수 있기 때문이다. 분명히 하지 않은 발언인데 이상하게 비틀어서 제목으로 뽑는 경우가 잦다. 그럴 때 녹취를 들이밀며 고치거나 빼달라고 해야 한다.

방송 인터뷰가 하루나 이틀 전에 일어난 현안을 중심으로 질문이 구성된다면, 지면 인터뷰는 좀 더 깊이 있는 질문이 등장한다. 이런 식이다. 방송 인터뷰 질문이다. '4.7 보선 결과, 민주당 지도부가 총사퇴했다. 차기 지도부는 어떤 방식으로 구성해야 한다고 보는가?'

지면 인터뷰 질문은 그렇지 않다. '4.7 보선 결과, 민주당이 참패했다. 민주당의 쇄신 방향을 무엇이라고 보나?' 따라서 지면 인터뷰 답변은 훨씬 설명적이어야 한다. 방송 인터뷰는 핵심을 정확하게 짚어서, 반면에 지면 인터뷰는 되도록 풍부하게 내용을 담아 작성해야 한다. 서술 방식은 당연히 두괄식이어야 한다. 주장하는 바를 맨 앞에서 말해야 한다. 그래야 듣는 이가 집중한다. 미괄식으로 하면 설명하는 도중에 벌써 시청자의 집중이 흐트러진다.

방송이건 지면이건 인터뷰는 조심스럽다. 다른 언론에서 인터뷰 내용을 갖고 기사로 쓴다. 이때 기자들이 '야마'를 무엇으로 뽑을지가 중요하다. 언론은 당연히 자극적으로 뽑으려 한다. 특히 보수 언론은 차도지계(借刀之計)를 많이 쓴다. 어떤 식으로든 싸움을 붙이려고 한다. '당 지도부의 의견과 다른 목소리'를 특히 좋아한다. 그래야 재미있기 때문이다. 언론으로선 당연한 일이다.

정치인도 별로 잘못한 건 아니다. 민주적 정당이라면 내부에 다양한 목소리가 존재하는 게 당연하다. 제목을 어떻게 뽑든 소신껏 발언하는 게 맞다. 문제는 원래 하려던 말이 왜곡되는 것이다. 정치인은 이렇게 말한다. '문제가 있지만, 그래도 그렇게 할 수밖에 없다.' 그런데 후반부는 무시하고 전반부만 강조해서 제목을 뽑는다. 전반부도 분명 발언한 건 맞으니 그것만 인용했다 해서 틀린 건 아니다. 거기다 제목은 짧아야 하니 후반부를 축약했다고 하면 할 말이 없다. 정치인은 "내 진의는 '문제 있다'가 아니라, '그렇게 할 수밖에 없다'였는데"라고 뒤늦게 땅을 치지만 이미 늦었다. 그게 인터뷰의 위험성이다.

거기다 기사 전체를 읽지 않은 채 제목만 보고 판단하는 독자가 많다. 언론이 소위 제목 장사로 독자를 낚는다는 걸 뻔히 알면서도 그렇게 낚인다. 당 지지자라고 해서 항상 그 당 정치인에 대해 우호적이지 않다. 감쌀 때보다 더 자주 비판하는 게 당원들이고 지지자들이다. 당원과 지지자는 정치인을 비판할 권리가 있다. 모든 정당은 항상 내부 노선 투쟁이 존재한다. 일사불란한 당이란 건 동서고금에 없다. 인터뷰하는 정치인이 미리 조심하는 수밖에 없다. '그렇게 할 수밖에 없었다'가 진의였다면 그걸 설명하는 데 7을 쓰고, '문제가 있지만'에는 3 정도만 배분해 어떤 문제인지 단서를 달아줬어야 한다. 지나치게 선명하게 말하다가 적전 분열이나 이적 행위로 이용당하면 안 된다.

봄, 가을철이면 거의 매일 축사 의뢰가 들어온다. 행사가 많기 때문이다. 각종 행사를 개최하는 단체로서는 지역구 국회의원의 축사가 들어가야 권위가 선다고 생각하니 거절할 수 없다. 무조건 받아야 한다. 축사는 가장 쓰기 어려운 글이다. 너무 뻔하디뻔한 글이기 때문이다. 안내 소책자에 들어가면 글 원고로, 행사장에서 직접 하는 연설이면 연설문 형식으로 쓴다.

축사는 뻔하게 써줘도 된다. 뭐라고 할 사람 없다. 그러나 축사를 지역구민들이 읽게 할 수만 있다면, 축사만큼 의원의 인간미를 돋보이게 할 홍보 수단도 없다. 지역구에서 열리는 체육 행사, 창립 행사, 정기 총회, 임직원 취임 행사, 개관 행사 등등 모든 행사가 중요한 이유가 있다. 지역사회의 소위 여론 주도층이 모인다. 대개 선거구당 유권자 수는 20만 명이다. 그중 1%인 2,000명이 이런 행사에 참석한다. 대개 자영업자이거나 주부다. 토박이들이 많고, 최소 20~30년씩 살아온 이들이다. 이들은 시장이나 구청장 그리고 국회의원을 만날 기회가 많다. 이들이 자기가 만났던 정치인에게 받은 인상을 주변에 퍼트린다. '그 사람 점잖더라, 겸손하더라, 왠지 까칠하더라, 권위적이더라.' 이런 '바이럴(viral)'을 이들이 처음 만들게 된다. 처음 만들어질 때가 중요하다. 좋은 반응으로 만들어져야 한다. 바로 이들이 안내지를 읽을 가능성이 크다. 실제로 행사장에 앉아 지루함을 이기느라, 들어올 때 받은 책자를 한 장씩 넘기며 읽는 이들도 많다. 그러니 기왕 쓰는 축사, 잘 써야 할 이유가 있다.

처음 축사를 의뢰받을 때부터 의뢰 단체의 성격, 구성원, 연혁, 활동 내용, 역대 안내 소책자, 특이 사항 등 자료를 최대한 많이 받아내야 한다. 뻔하기 쉬운 축사를 뻔하지 않게 쓰려면 글의 소재를 구체적인 데서 끌어와야 하기 때문이다. 그래야 글이 독특해진다. 독특해야 사람이 보인다. 사람이 보여야 마음에 닿는다. 으레 하는 이야기를 피하고 독창적인 글감을 가져와 글을 쓴다면 길이에 구애될 필요 없다. 오히려 짧은 게 좋다. 축사는 하나만 싣지 않는다. 국회의원, 기초단체장, 기초 의회 의장, 행사 주최의 장과 그 상위 단체의 장 등등까지 최소 세 개 이상이다. 그러니 짧으면서도 독특하다면, 차별화되면서 기억에도 남는다.

개별 축사가 구체적일수록 좋다면 모든 축사에 일관된 메시지를 담는 것도 좋은 방법이다. 수도권을 기준으로 축사를 의뢰하는 단체는 크게 세 가지 유형으로 나눌 수 있다. 관변 단체, 시민 단체, 자생 단체다. 3대 관변 단체가 있다. 새마을운동본부(새마을), 바르게살기운동 중앙협의회(바살협), 자유총연맹(자총), 그 외에 민주평화통일자문회의(민주평통) 같은 단체다. 이들은 역사가 오래되고 조직적 뿌리도 깊다. 주로 지역 유지들이 회원이다. 원래 이들은 대개 보수적이다.

시민 단체는 대개 온라인에서 활동을 많이 한다. 환경이나 교육, 육아, 교통 등의 이슈로 벌어진 주민 운동의 결과물로서 조직된 경우가 많다. 주로 젊은 주부들이 회원이다. 대부분의 운동 체육 단체는 자생 단체라 할 수 있다. 라이온스나 로타리클럽을 비롯해 번영회, 직업단체, 농협 주부 대학도 대부분 자생 단체에 속한다. 관변 단체라 해도 정권이 바뀔 때마다 약간씩 성향이 바뀐다. 대부분 정치적 중립을 지킨다고 보면 된다. 따라서 이들의 정치적 성향을 너무 의식할 필요는 없다. 중요한 것은 이처럼 지역사회를 기반으로 한 조직과 단체가 민주주의의 원활한 작동에 중요한 역할을 한다는 점이다. 미국의 정치학자 로버트 퍼트넘이 강조한 '사회적 자본'이 이런 지역사회의 촘촘한 조직으로부터 형성된다.

지역구의 정당 하부 조직(지역 위원회, 당원 협의회)이 정치사회라면, 이런 단체들이 시민사회를 구성한다. 당원을 확대하는 만큼이나, 시민사회에서 의원의 평판을 우호적으로 만드는 작업은 효과가 크다. 우선 시민사회의 중요성을 강조하는 메시지를 모든 축사에 담아야 한다. 메시지는 이런 것들이다. 시민들이 지역사회의 각종 단체에 가입해 활동하는 자체가 삶에 활력을 준다. 나아가 이웃과 관계를 맺고 교류함으로써 상호 신뢰를 축적하는 것은 사회적으로 바람직하다. 사회적 약자를 보살피거나, 환경·안전·교통·범죄 예방 등을 도모하는 봉사 활동을 하게 된다면 공공선은 더욱 증진될 것이다. 즉 시민사회가 두터워지면서 공동체적 성격이 강해질수록 지역 발전과 민주주의가 더 튼튼해진다.

이런 마음으로 쓴다면 축사는 뻔한 글이 되지 않고, 그렇게 생각하면 축사 쓰기가 그렇게 지겹지 않을 것이다.

6장

누구를 향해 쓸 것인가?

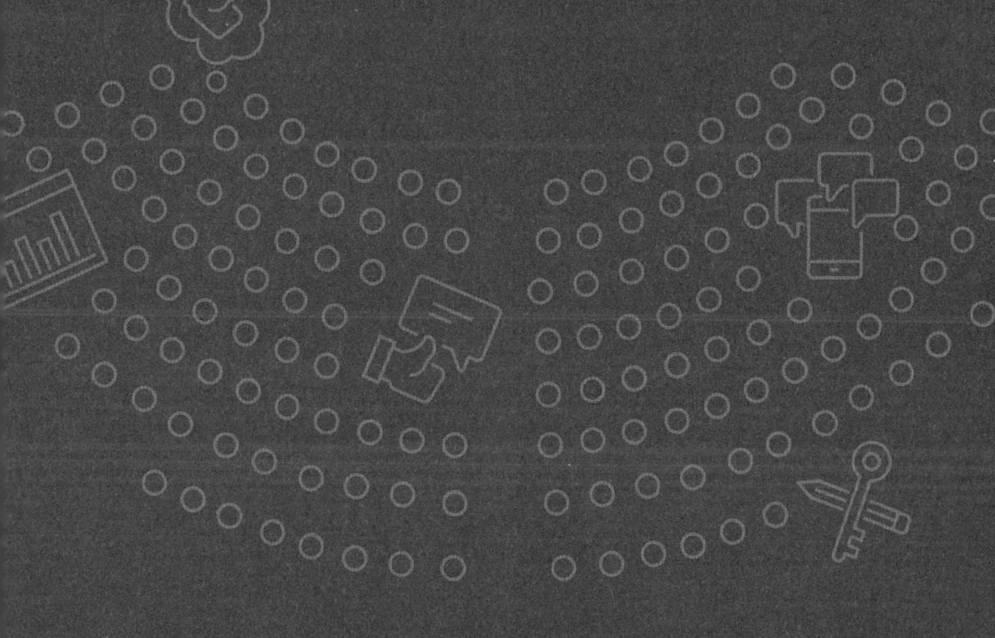

중도 정치는 일종의 정치적 패배주의다. 그러나 중도층론은 한국 정치에서 잦아들지 않을 것이다. 이유가 있다. 이념의 차원과 정당의 배열(party alignment)이 조응하지 않기 때문이다. 이념은 진보-중도-보수로 삼분한다. 학계든 언론계에서든 대부분이 이에 동의한다. 그러나 정당은 역사로 보나 세력으로 보나, 민주당과 국민의힘 계열 양대 정당이 경합하고 있다. 즉 이분 상태다.

그러니 중도 정당은 있는 건지, 중도 정치는 무엇을 가리키는 건지 불분명한 상태다. 이 불분명함이 중도층론을 코에 걸면 코걸이, 귀에 걸면 귀걸이로 만든다. 누구는 한국 정치의 대안으로, 누구는 건설해야 할 정당으로, 누구는 두 정당이 추구해야 할 가치나 태도로, 각자 이리저리 말한다. 그러면서도 하나의 공통점을 보인다. 모두 현실 정치를 부정하는 논리의 출발점이자 귀착점으로 중도라는 개념을 사용한다는 점이다.

아무나 정치 글을 쓸 수 없다. 정치 글은 정치 환경에 대한 이해를 전제해야 한다. 오늘의 한국 정치를 이해하기 위한 핵심 단어는 무엇일까? '진영 정치' 아닐까 싶다. 정치의 진영화, 혹은 진영 논리로도 불린다. 진영 정치를 둘러싼 논란은 동시에 '통합' 혹은 '통합의 정치', '양극화', '당파성', '중도층' 등의 소주제로 확장된다.

진영 정치는 부정적 뉘앙스를 갖는다. 식자들이나 언론을 비롯해 거의 모든 이들이 진영 정치의 폐단을 논한다. 옹호하는 이가 없다. 이 책은 진영 정치를 주어진 것으로 간주한다. 있는 그대로의 현실로 받아들이려 한다. 국회에서 일하는 보좌진에게 정치는 이미 주어진 것이다. 정치가 주어진 것이니, 진영 정치도 주어진 것이다.

주어진 것으로 본다는 의미는 어떤 것이 세상에 존재할 때 존재할 만한 이유가 있기 때문이라는 함의도 있다. 사실 진영 정치는 숙명이다. 정치가 언제는 진영으로 갈라지지 않은 적이 있었던가? 때와 장소에 따라 이름만 달랐지 파(派)와 계(系)와 당(黨)으로 항상 갈라져 있었다.

앞서 2장에서 필자는 중도층을 의식하고 정치 글을 써서는 안 된다는 생각을 밝혔다. 대부분은 진영 정치 탈피와 중도 지향을 한국 정치의 발전 방향이라 단언하지만, 필자는 그렇게 생각하지 않는다. 그 이유를 상세히 설명해야 한다는 의무감을 느낀다. 6장에서는 진영 정치라는 조건에서 어떻게 정치해야 하는지의 문제를 다루고자 한다. 야구장의 관중이나 중계석에 앉은 해설가가 아니라, 실제 뛰는 선수가 어떻게 야구라는 게임을 하는지도 알아두어야 한다.

우선 먼저 생각해 볼 것은 이런 점이다. 왜 유독 지금 진영이 문제일까? 혹은 왜 유독 지금 진영을 문제 삼을까?

가. 적과 동지

'정치 글'과 '정치적 글'은 약간 다르다. 둘 다 정치권에서 쓰인 글이지만 기본 성격이 다르기 때문이다. 정치권에서 글 쓰는 이들은 입법, 정책, 법안, 예산을 다루는 과정에서 글을 쓴다. 동시에 상대 당이나 정치인을 공격하거나, 우리 당이나 소속 정치인을 방어하기 위해서도 글을 쓴다. 독일의 정치학자 카를 슈미트식으로 표현하자면 전자는 '정치 글'이고, 후자는 '정치적 글'이다. 슈미트는 '정치(politics)'가 의회나 제도를 통해 안정적 상황에서 작동하는 것이라면, '정치적인 것(the political)'은 갈등 상황에서 움직이며 적과 동지의 구분에서 출발한다고 개념적으로 구분했다.

얼핏 생각하면 정치는 필요하고 좋은 것, 반면에 정치적인 것은 불가피할지 몰라도 왠지 나쁜 것처럼 보인다. 과연 그럴까? 여기 재미있는 사실이 있다. 만약 소셜 미디어에 정치 글과 정치적 글을 올렸다 치자. 어느 쪽에 '좋아요'가 더 많을까? 일반적으로 정치 글에 대한 '좋아요'는 정치적 글에 대한 '좋아요' 숫자의 절반에도 못 미친다. 왜 사람들은 '정치'보다 '정치적인 것'에 더 끌릴까?

카를 슈미트는 나치에 부역했다. 좌파 정치 사상가 샹탈 무페는 급진적 민주주의론자다. 그녀는 《정치적인 것의 귀환》에서 카를 슈미트를 언급하며 이렇게 말한다.

> 모든 정체성이 관계적이라는 것, 또 각각의 모든 정체성의 실존 조건이 어떤 차이의 긍정, 즉 '구성적 외부' 역할을 할 하나의 '타자'를 결정하는 것임을 우리가 받아들일 때, 우리는 적대가 일어나는 방식을 이해할 수 있다.
> '그들'의 경계를 설정해 '우리'를 창조하는 것이 관건인 집단 정체성 형성의 영역에서는, 우리와 그들의 관계가 친구와 적 유형의 관계로 전환될 가능성이 항상 존재한다. 달리 말해 슈미트의 용어 이해에 따르면 이런 관계는 항상 정치적인 것이 될 수 있다.
> 이런 일은 그 전까지는 단지 차이의 방식으로만 고려되었던 타자가 우리의 정체성을 부정한다고 여겨질 때, 즉 우리의 실존에 대해 문제를 제기한다고 여겨질 때 일어날 수 있다.
> 그 순간부터 종교적이든 인종적이든 민족적이든 경제적이든, 우리와 그들 관계가 어떤 유형이든 정치적 적대의 자리가 된다.

> 결국 우리는 정치적인 것을 어떤 한 유형의 제도로 제한하거나
> 사회의 특정 분야나 차원이라고 생각할 수 없다.
> 우리는 정치적인 것을 모든 인간 사회에 본래부터 있으며
> 우리의 존재론적 조건을 결정하는 하나의 차원으로 생각해야
> 한다.*

샹탈 무페는 '우리'와 '그들'로 나뉜 세상에서, 그들이 우리를 부정하는 순간 적과 아군의 적대 관계로 전환되는 건 불가피하다고 본다. 그리고 이렇게 정치적일 수밖에 없는 인간의 운명을 솔직히 인정한 위에, 민주주의를 어떻게 다원주의로 발전시킬지 고민해보자고 제안한다. 무페는 자유주의가 이런 '정치적인 것'의 중요성, 적대의 불가피성을 인정하지 않을 때, 오히려 파시즘을 불러들일 위험이 커진다고 한다. 정치적인 글에 '좋아요' 숫자가 더 많은 것은 이처럼 인간의 운명이 인도하기 때문인지도 모르겠다.

그렇다면 정치의 진영화는 인간 사회의 '본래'이자 '존재론적 조건'인 셈이다. 정치의 진영화야말로 적대적 정치가 벌어지는 원인이자, 그 축적된 결과물이기 때문이다. 그것이 원래 그러한 것이든 어쩌다 그렇게 된 것이든, 보좌진은 이런 적대하는 정치 세계, 진영화된 정치 환경에서 글을 써야 한다. 정치 글에선 그나마 덜 하겠지만 정치적 글에선 어쩔 수가 없다.

'정치 글'이 상임위 정책 질의서나 발의한 법안 내용을 보도자료로 낸 것이라면, '정치적 글'은 정치 현안에 대한 정치인의 견해를 밝

* 샹탈 무페, 《정치적인 것의 귀환》, 후마니타스, 2007, 139쪽.

힌 글이다. 이런 정치적 글은 적으로부터 비난을 각오하고, 동지로부터 지지를 기대하는 글이다. 비난과 지지는 즉각적이다. 그래서 정치인들은 정치적 글쓰기를 망설인다. 지지받기를 바라는 마음보다 비난받기를 두려워하는 마음이 더 크기 때문이다. 지금 정치인 대부분은 두 가지 태도를 보인다. 하나는 정치적인 사안에 대해 언급은 하되 두루뭉술하게 쓰는 것. 다른 하나는 정치적인 사안을 피해 누가 봐도 옳은 소리만 하는 것이다.

2020년의 뜨거운 이슈였던 '조국 대전' 당시 검찰 개혁에 관해 쓰긴 쓰되, 조국과 윤석열에 대해서는 언급하지 않는 방식이 전자다. 후자는 검찰 개혁 자체에 대해 별로 언급하지 않으면서 코로나19 방역이 중요하니 거리 두기를 잘 지키자거나, 부동산 문제 해결을 위해서는 각자 투기를 하지 말자고 글을 쓰는 식이다. 그러나 이렇게 정치적 쟁점에 대해 모호한 태도를 보이거나 쟁점 자체를 피해 다니다 보면 당원이나 지지층으로부터 외면당한다.

그 반대의 경우는 이러하다. 정치적 쟁점에 대해 선명한 목소리를 내다 보면, 누군가를 공격하게 된다. 당연히 적이 생긴다. 적은 거꾸로 비난과 공격을 가해온다. 점점 싸움꾼이 되어간다. 물론 반대급부도 있다. 열성적 지지층이 생기는 것이다. 기사화와 함께 뉴스메이커가 되기도 한다. 이처럼 적이 많아지면 지지자도 늘어나는 게 정치다. 문제는 이때부터다. 입을 열 때마다 날카롭지 않으면 언론이 안 받아준다. 사나운 개 콧잔등 아물 날이 없다. 그러다 실수하거나 흠결이 드러나면, 그동안 퍼부었던 이상으로 역습을 당한다. 대안이 있을까? 쉽지 않다. 오늘날 정치가 무척이나 진영화되어 있기 때문이다.

이처럼 정치적 사안을 회피하는 태도의 반대편에는 지나치게 정치적이고자 하는 태도가 존재한다. 지나치게 정치적인 정치의 증거는 그들이 적과 동지를 구분하는 방식과 적을 다루는 방식에서 드러난다.

우선 적과 동지의 구분 방식에서는 상대방을 통합의 대상으로 보느냐, 배제의 대상으로 보느냐의 문제다. 통합의 대상으로 본다는 건, 상대 당이나 정치인을 넘어 그들에게 표를 줬던 유권자를 바라보는 관점이다. 만약 지금이라도 내가 잘 설득한다면 다음 선거에서 그 유권자가 나를 찍을 수도 있겠다 싶으면 당연히 통합의 대상으로 볼 것이다. 그러나 실제로는 그렇지 않다. 배제의 대상으로 밀쳐버린다. 무서운 얘기지만 현실이 그러하다. 지지층보다 반대층이나 무당층을 의식하면서 정치하는 게 통합의 정치다. 그러나 배제의 정치는 우리가 아무리 노력해도 반대층은 돌아서지 않을 것이고, 무당층은 결국 이길 것 같거나 이긴 편에 설 것이라 전제한다. 그러니 나를 찍지 않은 유권자는 우선 관심사가 아니다.

그다음 적을 다루는 방식에서는 문제 해결 방법으로 정치적 수단을 쓰느냐, 사법적 수단을 동원하느냐의 문제다. 사법적 해결책은 어느 한쪽이 다른 한쪽을 완패시키겠다는 의미다. 정치가 법정으로 끌고 가는 재판은 대개 형사재판이다. 형사는 유무죄를 다툰다. 유죄가 나면 감옥에 갈 수도 있다. 사법적 해결책은 따라서 더는 너와 같이 정치하지 않겠다는 얘기다. 그러나 정치적 해결책은 다르다. 대개 타협한다. 완승이나 완패가 없다. 보통 6 대 4고, 아무리 일방적이어도 8대 2로 결론 난다. 계속 너와 같이 정치할 수밖에 없다고 보는 것이다.

이런 시대가 실제 있었다. 3김 시대는 타협이 가능했다. 가능했던 역설적인 이유가 있었다. 노태우, 김영삼 대통령은 비록 직선제로 집권했지만 정통성이 약했다. 그에 반해 김대중이 이끄는 야당은 의석수는 적어도 민주주의를 진척시킨다는 점에서 정당성이 강했다. 여당은 세(勢)가, 야당은 기(氣)가 셌다. 여당이 야당의 기에 밀려 양보했던 것이 타협이다.

당수의 장악력이 확실했던 것도 타협이 가능했던 이유다. 타협은 하기도 어렵지만 해놓고 내부에서 관철하는 것이 더 어렵다. 여당은 대통령이 당수(총재)였다. 야당은 대통령 후보가 당수였다. 직선제를 통한 정권 교체가 반복되면서 여당은 야당에 양보할 필요성을 느끼지 않았다. 야당에게 최고의 정권 탈환 전략은 현 정부의 실패가 되었다. 어차피 5년 단임인 대통령 역시, 야당을 배려할 이유가 크지 않았다. 그러면서 타협은 점점 사라지고 완승 아니면 완패만 노리게 되었다. 정치의 태도가 그에 따라 점점 강팍해졌다.

공급자 측면의 요인과 함께 정치 수요자의 행동 양식 또한 변했다. 경제 사상가 앨버트 허시먼에 따르면 좀 나은 상태나 서비스를 바라는 인간은 두 가지 행동 옵션을 갖는다고 한다. 이탈(exit)과 항의(voice)다. 정치에서 인터넷을 본격적으로 활용하기 시작한 것은 노무현 대통령이 당선되던 2000년대 초반부터였다.

인터넷은 이전 시대에 비해 항의를 폭발적으로 증가시켰다. 이전엔 집회나 시위가 유일한 항의 방법이었다. 인터넷은 훨씬 적은 시간과 노력으로 시위나 집회에 나가는 이상의 목소리를 낼 수 있게 해주었다. 정치 관여도가 높은 시민들은 공천에서 국민 참여 경선제가 도입되는 제도적 변화와 더불어 정당의 열성 지지층이 되어갔다. 이들 지지층은 수요자가 아니라 공급자나 다름없어졌다. 이들은 대체로 강경한 태도를 견지했고, 자신의 가치가 지지 정당을 통해 실현되기를 바랐다. 이들은 타협을 '더러운 용어(dirty word)'로 간주했다.

공급과 수요의 두 측면에 걸쳐 정치적 타협은 점점 어려운 일이 되었다. 타협하느니 끝까지 싸우다 파국을 맞는 게 미덕으로 여겨졌다. 국회에서의 몸싸움은 흔한 일이 되었다. 특히 연말 정기 국회가 되면 전쟁이 벌어지다시피 했다. 예산안을 볼모로 잡고 쟁점 법안 전부를 연계해 일괄 처리하자는 야당과, 더는 양보할 수 없다는 여당은, 점거 농성은 물론이고 보좌진까지 동원해 물리적 충돌을 벌였다. 오죽하면 날치기를 금지하는 대신 폭력 행위를 처벌하는 국회 선진화법을 만들어야 할 정도로 여야 간의 충돌은 해마다 반복되었다.

2012년 선진화법이 제정되자 국회 내 폭력은 사라졌다. 그렇다고 정치적 협상이 활성화되지도 않았다. 갈등은 더욱더 격화되었고 협상은 작동하지 않으니, 남은 방법은 하나뿐이었다. 검찰에 고발하는 것이다. 여야는 툭하면 상대방을 고발했다. 정치의 사법화 현상이 만연했다. 대통령에 대한 탄핵은 노무현 대통령을 상대로 2004년에 시도되었다. 상대 당과 정치인을 검찰에 고발하는 사태는 일상이 되었다. 검찰까지 거들고 나섰다. 고발된 여야 정치인이 수두룩하니 그때그때 필요에 따라 골라 수사하고 기소했다. 검찰은 정치적 관계와 자신의 조직적 필요에 따라 때로는 여당을, 때로는 야당을 사법 처리했다. 검찰은 '살아 있는 권력에 대한 수사'가 정의 실현이라는 명분을 내세웠다. 서초동 정치는 한국 정치의 한 부분이 되었다.

이처럼 정치인의 인식과 수단이 상대를 적으로 보고 상대의 파멸을 기도하며 사법적 수단을 동원하기에 이르자, 모든 중간 지대가 사라졌다. 상대를 통합의 대상으로 보고 정치적 방법을 통해 정치적 결과를 내려는 모든 시도는 조롱거리가 되었다. 이제 우리는 싸우다 쓰러지는 정치인이나, 협상을 부르짖다 잊히는 정치인밖에 가질 수 없게 되었다. 쟁점을 일으키는 걸 주저하고 싸우려 하지 않는 비정치적 정치인과, 지나치게 정치적인 정치인이 공존하는 상황. 그것이 오늘의 현실 정치다.

샹탈 무페의 지적처럼 '정치적 적대'는 민주주의에 불가피한 것이거나, 너무나 현실적인 나머지 우회할 수도 없는 상황에 놓여 있다. 사실 돌이켜보면 정치가 적과 동지를 구분해 상대를 적대시하고 동지를 편드는 현상이 한국 정치에서 그다지 낯선 것은 아니다. 군사 독재를 겪은 나라다. 옛날엔 더 했다. 그런데도 정치의 진영화를 우려하는 목소리는 최근으로 올수록 더 높아지고 있다. 통합의 정치가 사라지고 진영 정치의 폐해가 극심해졌다고 언론과 정치 평론가들은 매일 아우성치고 있다. 도대체 왜 그럴까?

나. 진영 정치

진보와 보수, 혹은 여당과 야당이 싸운다고 설마 군사독재 시대만큼 격렬할까? 독재 시대 민주화 세력은 죽을 수도 있다는 각오를 하고 싸웠다. 국회의원조차 남산으로 끌려가 고문당했다. 그때 비하면 지금 정치는 기껏해야 말싸움 수준이다. 그런데도 언론은 왜 이토록 진영 정치를 목 놓아 통탄할까? 생각해볼 수 있는 이유는 세 가지다.

첫째, 이제 독재 시대가 아니라 민주화된 시대이니, 투쟁이 아니라 협상을 통한 정치를 하자는 주장일 가능성이다. 상대를 적으로 인식하고 타도 대상으로 규정하지 말자는 이야기다. 상대는 경쟁자이고 경쟁자와 자신 중에 누가 더 좋은 정책과 도덕성, 능력을 갖추고 있는지 국민을 상대로 설득해서 선택받으면 될 일을, 왜 이렇게 죽기 살기식 투쟁으로 일관하느냐는 비판이다. 이를테면 '투쟁 지양, 온건 협상론'이다.

둘째, 진영 정치의 개념을 양극화로 인식하는 경향도 있다. 민주 대 반민주, 진보 대 보수, 개혁 대 수구 등 뭐라고 규정하든, 국민의 정치 성향을 0부터 10까지 점수로 표시한다 치자. 과거엔 그 분포곡선이 가운데가 볼록 올라오고 양 끝으로 갈수록 내려가는 정규분포곡선이었다. 그런데 지금은 가운데 볼록했던 것이 내려가 오목해지고, 반대로 양 끝이 올라간 뒤집힌 포물선 모양이 되었다. 이렇게 양극단으로 몰리니 극단적 목소리가 커졌다. 살기엔 봄이나 가을이 좋은데 한쪽은 여름만 같아라 하고, 다른 한쪽은 겨울만 같아라 하니 이건 잘못되었다는 주장이다. 이를테면 '중도 강화론'이다.

마지막 셋째는 진영 정치의 폐해를 말하는 이들, 즉 언론이나 정치평론가들 자신을 위한 방어 논리일 가능성이다. 과거엔 이들이 글이나 말을 내놓으면 이름을 얻었다. 사회적 인정을 받았다. 그런데 인터넷 시대가 되면서 모든 게 달라지기 시작했다. 그들의 주장에 이견이나 반감을 품은 이들이 가만있지 않는다. 논리적으로든 감정적으로

든 공격한다. 모름지기 글이나 말이 업인 사람은 자존심이 강한 법이다. 자기 말과 글이 공격당하면, 당연히 기분 나쁘게 되어 있다. 공격이 논리적이기보다 감정적인 경우는 더욱 적개심이 일게 된다.

'진영화'라는 말부터가 그렇다. 본디 군사 용어다. 지휘부를 중심으로 방어하기 좋게, 병력으로 진을 짜 군영을 세운 것이 진영이다. 진영 논리라는 말에서 그런 인식이 드러난다. 상대가 한 말에 대해 '그건 진영 논리야'라고 하면 '지금 네가 한 말은 너의 생각이 아니라, 너의 편이나 네 대장이 한 말을 따라 하는 거야'라는 뜻이 된다. 이는 상대방을 진영의 일개 병졸로 격하하는 효과를 발휘한다. 동시에 '그런 주제에 나의 논리를 세력의 힘으로 찍어 누르려 해?'라는 비난을 곁들임으로써, 상대방을 반지성적 패거리의 일원으로 규정하는 효과도 갖는다. 요컨대 '엘리트 방어론'이다.

거듭 말하지만 이 책은 정치가 어떠해야 하는지를 논하려 하지 않는다. 중요한 건 현실이다. 현실을 있는 그대로 인식하고자 한다. 언론이나 식자들이 진영 정치를 성토하는 진짜 이유는 세 가지 중에 과연 어느 것일까?

차례대로 검토해보면, 우선 첫째 '투쟁 지양, 온건 협상론'은 그 자체로 누구도 반박할 수 없는 당위론이다. 우리는 학교에서 아이들에게 싸우지 말고, 대화를 통해 상대를 이해하고 조금씩 양보함으로써 문제를 해결하라고 가르친다. 그러나 우리는 누군가 굉장히 옳은 소리를 길게 늘어놓으며 사람을 가르치려 할 때 조심해야 한다.

논산 육군 훈련소에서 배웠던 10대 군가엔 안 들어가지만 '세월의 보초'라는 군가에 이런 구절이 있다. '그 누가 싸움을 좋아하랴만 불의 보고 피한다면 사내 아니다.' 싸움을 좋아하지 않지만, 불의를 피할 수 없으니 군인은 싸워야 한다. 변호사도 싸워야 한다. 돈을 주면서 자기 대신 판사에게 잘 말해 상대방을 이기게 해달라고 부탁한 의뢰인이 있는 한, 그는 싸워 이겨야 한다. 정치인도 마찬가지다. 상대 후보가 아니라 자신에게 표를 주면서 정치하라고 명령한 유권자가 있는 한, 정치인은 그들을 위해 정치해야 한다.

물론 '제발 국회에서 그만 싸우라'라고 하는 국민도 있다. 정치가 맨날 싸움만 하고 국민에게 도움이 될 만한 일은 하지 않는다고 질타하는 국민도 있다. 그건 어떡할 것인가? 격렬히 싸우는 대신 온건하게 협상을 통해 결과물을 만들어내는 정치를 해야 하지 않겠는가? 그렇다. 그런 정치를 해야 한다. 그렇게 하려면 우선 몇 가지를 짚어보아야 한다.

그런 말을 하는 국민이 진짜 원하는 게 뭘까? 왜냐하면 '싸우지 말라'와 '국민에게 도움이 되는 일을 하라'라는 두 가지 말을 동시에 하기 때문이다. 여기서 '국민에게 도움이 되는 일'은 사실은 '나에게 도움이 되는 일'이라는 뜻이다. 시장 상인도, 장을 보러 나온 주부도 그렇게 말한다. 중소기업 사장도, 비정규직 노동자도 그렇게 말한다. 월급 생활자도, 자영업자도 그렇게 말한다. 자가 소유자도, 세입자도 그렇게 말한다. 모두가 다 '국민이 원하는'이라고 말하지만 사실은 '내가 원하는'이다.

모든 국민이 다 함께 원하는 것은 존재하지 않는다. 국민 A가 원하는 것을 국민 B는 원하지 않을 수 있다. 심지어 격렬하게 반대할 수도 있다. 시장 상인은 시장 옆에 대형 마트가 들어오는 걸 결사반대한다. 하지만 주부는 쾌적하고 가격이 더 싼 마트를 원한다. 중소기업 사장은 최저임금 인상의 예외로 인정해달라고 하지만, 비정규직은 우리가 노예냐고 분노를 터뜨린다. 자가 소유자는 인근에 신도시가 들어와 자기 동네 아파트값이 떨어지는 걸 반대한다. 세입자는 자기도 빨리 신도시 입주권 얻을 날을 손꼽아 기다린다. '싸우지 않으면서' 그리고 동시에 '자기가 원하는 것'을 해달라는 말은 이처럼 실현 불가능하다. 국민은 따라서 모순된 요구를 하는 셈이다.

사실 생각해보면 '싸우지 말라'라는 말도 뜻이 모호하다. 학교에서 그 말은 주먹다짐하지 말라는 뜻이다. 한때 국회에서도 주먹다짐을 했다. 국회 선진화법이 통과된 이후론 사라졌다. 아직도 문을 걸어 잠그거나 힘으로 문을 열려 한다. 그것도 폭력이라면 폭력이겠으나 지금 그게 큰 문제는 아니다. 지금은 물리적 폭력보다 언어폭력이 문제다. 언론은 거친 언사를 '막말'이라고 한다. 막말, 모욕, 욕설, 반말, 색깔론, 비방, 명예훼손, 비웃기, 조롱, 협박, 가짜 뉴스……. 이 모든 표현은 결국 말에 해당하는 지적이다. 지금 정치가 싸우지 말아야 한다는 말은 이런 거친 말들이 없어져야 한다는 주문이다.

싸우지 말라는 주문은 다른 뜻도 내포한다. '싸우지 말라' 뒤에 반드시 '뭐든 국민을 위해 도움이 되는 일을 하라'는 말이 따라온다. 싸운다는 건 '비생산적인, 불모의, 산출이 없는, 되는 일이 없는'이란 의미다. 그렇다면 '내가 원하는 바를 성사시키되, 여야가 협상을 통해 합의 처리하라'라는 게 국민의 최종 명령이다.

결국 진영 정치를 비판하는 논리의 첫 번째 가능성은 '다수당이 단독 처리하지 말고 여야 합의를 통해 원만히 처리하라'라는 주문으로 정리된다. 핵심은 '여야 합의'다. 여야가 합의하려면 어떻게 해야 할까? 당연히 여당이 양보해야 한다. 그게 의회 정치의 오랜 관행이다. 진영 정치를 비판하는 목소리는 야당에 대해 여당이 양보하라는 주문이나 다름없다. 그러나 그게 쉽지 않다. 두 가지 때문이다. 하나는 의석의 분포이고, 다른 하나는 의제의 문제다.

지금 여당인 더불어민주당은 174석이다. 개헌을 제외하고 어떤 법안도 단독으로 처리하기에 충분한 의석수다. 사상 초유의 거여(巨與)다. 여당 지지층은 '유권자가 압도적 표를 몰아줄 때는 야당에게 발목 잡히지 말고 할 일을 하라는 주문'이라 말한다. 의결 정족수를 채우기 위해 굳이 과반을 얻으려 양보할 필요 없으니 그냥 하라는 말이다.

2019년 연말, 제1야당을 제외한 야당과 4+1을 구성한 상태에서 패스트트랙을 가동했다. 자유한국당의 격렬한 반대를 무릅쓰고 통과시킨 법안은 선거법, 공수처법, 검경 수사권 조정 법안이었다. 검찰 개혁은 여당에게 지상 과제였다. 2020년 총선 이후에도 가장 뜨거운 정치 현안은 검찰 개혁이었다. 공수처법이 통과된 후에도 제1야당은 처장 인선을 위한 절차를 지연시킴으로써 사실상 공수처 출범을 저지하려 했다. 검찰을 둘러싼 갈등은 여야에게 피차 양보할 수 없는 '성지(holy mount)'가 되어버린 것이다. 여당은 지지층의 요구대로 양보하거나 타협하지 않고 검찰 개혁을 밀어붙였다.

싸우지 않는 정치는 언론이나 정치 평론가의 주문만은 아니다. 정치인도 마찬가지다. 싸우지 않겠다고 한다. 투쟁이 아니라 일하는 정치에 힘쓰겠다고 한다. 정치인들이 진짜 순진해서, 그리 안 된다는 거 몰라서 일하겠다고 말할까? 그럴 리 없다. 그들도 정치학, 사회학, 경제학 다 공부했다. 세상은 갈등으로 가득 차 있고, 갈등을 제대로 대변하는 게 민주주의의 기본 출발선이며, 갈등은 충분히 표출될수록 해결 가능성이 크다는 것까지 다 안다. 알지만 싸우지 않겠다고 말한다. 그래야 하니 그렇게 말할 뿐이다. 싸우지 않는 정치가 일종의 '정치적 올바름'에 해당하기 때문이다. 생각해보자. 싸우지 않겠다고 말하지만 실제 싸우는 정치인이 위선자일까? 싸우지 않는 정치가 불가능하다는 걸 뻔히 알면서 싸우지 말라고 종용하는 언론이나 식자가 위선자일까?

싸우고 싶지 않은 사람은 정치하면 안 된다. '누가 싸움을 좋아하랴만' 정치인은 운명적으로 싸울 수밖에 없는 존재다. 선거에 나가 상대 후보와 싸우고, 국회에 들어와 상대 당과 표 대결로 싸우고, 토론에 나가 말로 싸우고, 지지층을 향해 '함께 싸워 꼭 승리하자'라고 열변을 토해야 한다.

가급적 대화로, 필요하면 양보를 해서라도 합의 처리할 수 있다면 좋은 것이다. 그러나 합의 처리가 불가능하다면 법과 의회의 관행이 허락하는 내에서 처리해야 한다. 싸우는 게 싫어서 갈등에 눈감거나, 싸움을 회피하거나, 체념하고 안주하는 것이 더 나쁘다. 정치에 안 맞는 체질을 가진 사람은 정치하지 말고, 인류 평화를 간구하는 종교인이나 공자님 말씀만 하고 살아도 되는 대학 교수를 하는 게 맞다.

둘째 가능성, 진영 정치는 곧 양극화이고 정치는 그에 맞서 국민 통합을 이루어야 한다는 주장 역시 옳은 말이다. 국민의 정치 성향이 정규분포곡선을 이루어 중간 지대에 다수가 모여 있는 상태가 바람직한 것도 사실이다.

정당의 공간 이론은 이처럼 정규분포곡선을 전제로 어떤 정당이 득표 최대화를 이루는 방법은 가운데 중간값으로 수렴하는 게 최선이라고 설명한다. 여기서 두 가지 결론이 도출된다. 첫째는 두 정당은 중간값인 5에 최대한 바짝 붙어 위치할 것이다. 둘째는 왼쪽에 있는 유권자는 4.8쯤에 있는 자기 당을 넘어가 5.2쯤에 있는 상대 당을 찍지는 않을 것이다. 대단히 행복한 이론이다. 정당은 중간 지대 유권자의 요구대로만 결정하면 되기 때문에 어떤 결정을 내리기가 아주 쉽다. 동시에 그 결정은 국민의 최대 다수를 만족시킬 것이고, 불만을 가진 이들은 최소화될 것이다. 생각만 해도 기분 좋아지는 이론이다.

정치의 양극화 현상을 비판하면서, 통합 정치를 주문하는 언론이나 평론가들의 머릿속에는 이 모델이 들어 있는 듯하다. 과연 현실도 그러할까? 한국 유권자의 정치 스펙트럼이 정규분포곡선을 이루고 있을까? 만약 실제로 그렇다면 중도층을 지향하는 정치를 하라는 이들의 주문은 적절한 것이다. 그러나 그렇지 않을 수도 있다. 한국의 유권자는 가운데를 중심으로 하나의 봉우리를 형성하는 게 아니라, 좌와 우에 각각 두 개의 봉우리가 솟아 있고 가운데가 안부처럼 우묵하게 생겼다면 어떻게 될까? 정치학에서 전자는 단봉형, 후자는 쌍봉형이라 부른다.*

단봉형이라 볼 증거는 여론조사 보고서에서 쉽게 찾을 수 있다. 여론조사는 응답자에게 자신의 이념 성향이 진보, 중도, 보수, 모름 중 어디에 해당하냐고 묻는다. 2020년~2021년 5월까지 살펴보면 대개

* https://blog.naver.com/chanelz1/222325270294 그림 참조.

모름이 15%, 그리고 나머지 세 성향이 거의 비슷하게 나온다. 다만 중도가 조금 더 많을 때가 자주 있다.

이런 여론조사 결과를 보면, 한국의 유권자 분포가 비교적 평평한 단봉형을 이룬다고 할 수 있다. 그러나 이 주장에는 결정적 약점이 있다. 자기 스스로 자기 이념 성향을 평가하는 자체가 비과학적이다. 2000년대 초반부터 《중앙일보》가 해온 국회의원 이념 성향 조사를 보면 정치 외교 안보 경제 사회 각 분야에 걸쳐 문항만 50개가 넘는다. 이처럼 주관적 인식을 물어볼 게 아니라 객관적 측정을 해야 한다.

허점도 있다. 만약 단봉형이되 봉우리 자체가 302쪽 그림처럼 진보 쪽으로 한참 가 있거나, 반대로 보수 쪽으로 가 있는 상태라면 어떻게 될까? 당연히 중도 통합적 정치를 해야 한다고 말할 수 없게 된다.

말 나온 김에 좀 더 생각해보자. 단봉형이라 치고, 그래서 봉우리가 정확히 5에 있는 정규분포곡선이라면 유권자는 5의 좌우에 가장 많이 밀집해 있을 것이다. 그러면 중도 통합 정치는 무조건 성공할 수 있을까? 언론이나 식자층이 바라는 바가 이루어질까? 그건 또 모를 일이다. 만약 중간 지대, 즉 5 어간에 분포한 유권자들이 정치에 별 관심이 없거나 굳이 정치에 참여해 활동할 생각이 없다면 어찌 될까? 심지어 투표조차 할지 말지 그때그때 다르다면? 어쩌면 유권자의 행동은 막대자석의 자장(磁場) 안에 놓인 쇳가루와 같을지 모른다. 막대자석의 한쪽 끝은 N극, 다른 끝은 S극이다. 막대자석에 쇳가루를 뿌리면 쇳가루는 양 끝에 가서 붙는다. 가운데는 잘 붙지 않는다.

즉 진보든 보수든 성향이 뚜렷할 때 당원과 지지층이 모이지, 성

〈정책 입장에 따른 유권자 분포〉* (단위: 퍼센타일)

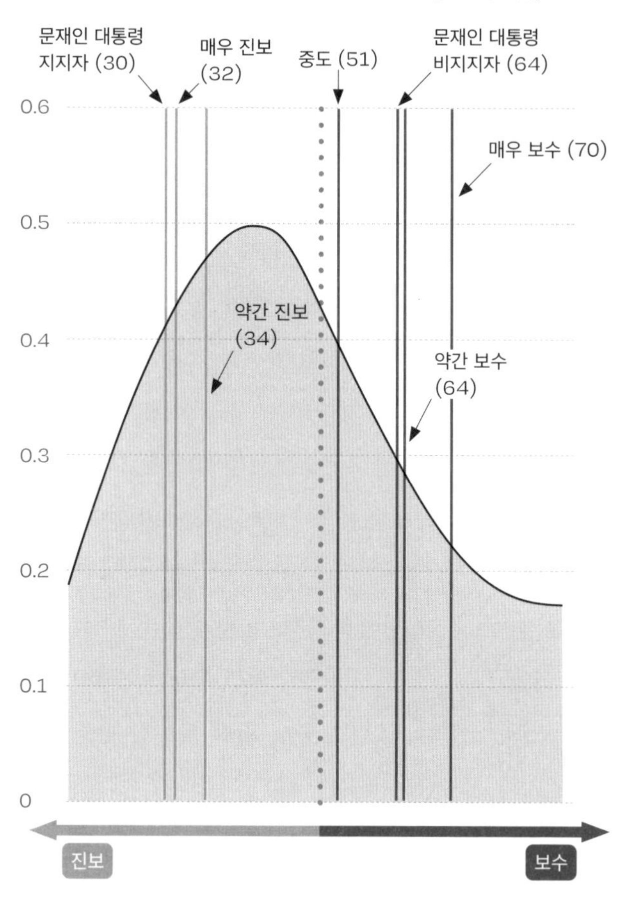

향이 희미한 중간은 당기는 힘이 약해서 결집이 안 된다. 중요한 것은 행동력이지 분포가 아니고, 수량이 많고 적음이 아니라 성질의 강약이다. 그게 정치의 속성이다.

마지막으로 중도 통합 정치가 잘 안 되는 이유가 하나 더 있다.

* 《문화일보》 2020년 3월 17일 자, '21대 총선 타깃 여론조사' 기사에서 인용.

사람들이 흔히 진보 중도 보수라고 하니, 정당 체제도 진보 = 민주당, 중도 = 무당층, 보수 = 국민의힘으로 대당 관계를 이룬다고 생각하는 경향이 있다. 만약 그게 아니라 더불어민주당이 이미 중간 지대 유권자를 상당 부분 갖고 있거나, 국민의힘이 중도 성향을 충분히 포괄하고 있다면 어떻게 될까?

더욱이 선거를 1년쯤 앞둔 시점이 되면, 한 표라도 더 모아야 하는 정당으로선 하지 말라고 해도 중간 지대 유권자를 향해 열심히 다가간다. 그러다 선거가 끝나면 또 양쪽으로 나뉜다. 즉 선거 직후 3년 동안은 진영 정치, 1~2년 동안은 통합의 정치, 이렇게 번갈아 듀얼 모드를 운영하고 있다면 어떻게 될까? 이 역시 중간 지대 유권자들이 독자적인 정치적 선호를 갖지 않기 때문에 일어나는 현상이다.

무엇보다 중간 지대 유권자를 겨냥한 통합 정치의 당위성을 강조하는 언론이나 식자층의 약점은 자신들이 하는 말 안에 이미 들어 있다. 그들은 이렇게 말한다. '지금 한국은 사회경제적 불평등이 극심하다. 양극화 현상이 심화하고 있다. 사회 각 분야에서 그 폐해가 속출하고 있다. 국민 통합이 절실하다. 진영 정치를 해서는 안 된다. 중도층을 지향하는 통합의 정치가 절실하다.' 이는 진단은 올바로 하고, 처방은 잘못 내리는 꼴이다. 사회경제적 불평등으로 국민은 양극으로 갈라지고 있는데, 왜 정치는 중도를 쳐다보고 하라고 하는가?

그럼 또 이렇게 이야기한다. '설사 선거 때는 어느 한쪽의 압도적 지지에 중도층까지 더해 과반을 얻어 이겼더라도, 집권했으면 국민 전체를 보고 정치를 해야 하는 법이다.' 얼핏 들으면 맞는 말이다. 하지만 두루뭉술해 사람을 현혹하기 딱 좋은 소리다. 세상엔 비정치적 영역이 있고, 정치적 영역이 있다. 그걸 구분해야 한다. 비정치적 영역이라면 그렇게 해도 된다.

하지만 정치적 의제에서 국민 전체를 보고 정치하라는 말은 자기 지지층이 아니라, 사실상 타당 지지층이 원하는 대로 하라는 소리다. 원래 정치적 의제에서는 거의 예외 없이 지지층과 반대층의 의견이 상반된다. 국민 전체라고 하면 지지층 + 중도(무당)층 + 반대층이다. 중도층은 정치적 의제에선 선호가 그다지 뚜렷하지 않다. 중도층을 빼면 결국 지지층과 반대층이 상충하는데 거기서 국민 전체를 보고 하라니, 결국 타당을 지지하는 반대층이 원하는 대로 하란 말이나 다름없다.

비정치적 의제, 즉 사회경제적 의제에선 중도(무당)층이 원하는 대로 해도 된다. 중도층은 원래 먹고사는 문제에 관심이 높다. 중도란 이념적 분류이고, 진보도 보수도 아니기 때문에 정치적 색채가 뚜렷하지 않다는 것이 중도층의 가장 큰 특징이다. 사회경제적 의제라면 심지어 반대층이 하자는 대로 해도 된다. 그러나 정치적 의제에서는 그냥 자기 지지층이 원하는 방향으로 결정해야 한다. 그 점엔 예외가 없다.

세 번째 가능성인 '엘리트 방어론'은 그 자체로 곤혹스러운 논리다. 지식인과 언론인 엘리트를 한 축으로, 반대편에 일반 대중을 다른 축으로 하는 전선을 전제하기 때문이다. 왜 이런 방어론이 필요해졌을까?

사실 김대중, 노무현 대통령 때부터 지금까지 민주당 지지층과 보수 언론 간의 관계가 그리 좋지 않았다. 설상가상 노무현 대통령의 죽음 이후엔 진보 언론과도 불화하기 시작했다. 그러자 언론이나 우파 식자층이 민주당과 지지층을 공격하는 클리셰로서 진영 정치를 들먹이기 시작했다.

민주당만 공격할 것 같으면 굳이 진영이란 표현을 쓰지 않아도 된다. 그냥 운동권이니, 좌파니, 종북이라는 수식어만 붙여도 된다. 그런데 진영이라고 하는 건, 당은 물론이고 그 지지층까지 통으로 지칭하고 싶기 때문이다. 이 점이 심각하다. 불화의 수준이 민주당이 아니라 지지층까지 확산했다는 사실은 무엇을 의미할까? 어쩌다 그렇게 되었을까?

김대중 대통령 당시는 세무조사가 문제였다. 사주가 고발당하고, 수천억 원의 과징금을 맞은 보수 언론은 대통령을 집요하게 공격했다. 노무현은 대통령이 되기 전부터 《조선일보》와 정면으로 대결했던 정치인이다. 그러나 집권 후에는 직접 공격하지는 않았다. 권력이 언론을 탄압한다는 빌미를 줄 수는 없었을 것이다.

대신 첫 인터뷰를 주류 언론사가 아니라 인터넷 언론인 오마이뉴스와 한다든가, 청와대 기자실인 춘추관의 운영 방식을 바꾸어 기자들이 비서실을 무상 출입하지 못하도록 통제하는 등 '언론과의 건강한 긴장 관계'를 강조했다. 인터넷 언론과 온라인을 통한 직접 소통을 강조함으로써 종이 신문의 영향력을 줄이려는 정도가 유일한 정책이었다. 한편 지지자들을 중심으로 대중적인 언론 개혁 운동이 벌어졌다. '안티조선 운동'이 대표적인 예다.

문재인 정부는 어떤 언론 정책도 실행하지 않았다. 대통령이나 청와대가 나서서 특정 언론을 먼저 공격한 적도 없다. 그러나 언론과 대통령(민주당) 지지층 사이의 분위기는 점점 나빠졌다. 세월호 참사를 계기로 생긴 '기레기'라는 비칭은 어느새 일상용어가 되었다. 이와중에 2021년 8월, 민주당은 언론의 허위 조작 보도에 대해 징벌적 손해배상제를 도입하려는 '언론중재법' 개정안을 발의했다. 당연히 기자들은 일제히 반발했다. 보도에 따르면 청은 당에 대해 속도 조절을 주문했고 법안 처리는 한 달 뒤로 연기되었다.

하지만 언론에 대한 비우호적 분위기는 민주당 지지층에서만 흐르는 게 아니다. 태극기 집회 참가자들이나 제일사랑교회의 신자들도 똑같이 기자들에게 적대적 태도를 취한다. 촛불 집회장이나 태극기 집회장이나 기자들이 위협받는 일은 똑같이 일어났다. 마음에 들지 않는 기사를 댓글로 공격하는 현상은 오래전부터 일상화되었다. 어느 한쪽 지지층만 그러는 게 아니다. 민주당에 유리해 보이는 기사에 몰려와 욕설 댓글을 다는 보수층이 오히려 더 많아 보일 때도 많다. 그런데 왜 유독 민주당 지지층과 언론 간의 반목이 더 도드라져 보일까?

지금 민주당이 집권하는 중이기 때문이다. 청와대와 국회가 모두 민주당 책임하에 있다. 민주주의에서 집권자와 집권당은 무한 책임을 진다. 미세먼지가 몰려와도 대통령 책임, 폭염이 덮쳐도 정부 책임이다. 언론은 가차 없이 비판한다. 방역 단계를 올리면 자영업자들이 죽어 나간다고 통탄하고, 내리면 확진자가 늘어난다고 아우성친다. 민주당 지지층이 보기에 언론은 야당은 놔두고, 여당 즉 자신들이 세운 정권만 비난한다. 이러면 이런다고 저러면 저런다고 며느리 뒤꿈치까지 트집 잡는 시어미다. 고부 갈등이 불가피하다.

이렇게 되면서 원래는 보수 언론 vs 개혁적 시민 혹은 민주당 지지층이었던 대척 관계가 최근엔 엘리트 vs 일반 대중의 대당 관계로 바뀌는 조짐이 보인다. 전자가 이념적 성격이 강한 갈등이었다면, 후자는 지식인이나 기성 언론에 대한 대중의 불신이란 측면이 강하다.

사실 한국만 그런 건 아니다. 하버드대 정치학 교수들이 쓴《어떻게 민주주의는 무너지는가》가 트럼프의 당선으로 상징되는 우파 포퓰리즘 창궐에 대한 미국 주류 학계의 통탄이라면, 마이클 샌델의《공정하다는 착각》에 나타난 능력주의(Meritocracy) 비판은 미국 자유주의 엘리트의 자기반성이라 할 수 있다. 이 모두 엘리트와 대중 간의 균열과 갈등이 주요한 정치 쟁점이 되고 있음을 시사한다.

사실 현재만 그런 것도 아니다. 유럽과 미국에서 이미 일어났던 일이다. 먼저 독일 문학 이론가인 발터 벤야민의 말을 들어보자. 그는 마르크스주의자다.

> 수백 년에 걸쳐 문필 분야에는 소수의 글 쓰는 사람에 대해 그 수천 배에 달하는 글 읽는 사람이 있었다. 그러던 것이 19세기 말부터 변화가 일어났다. 정치적, 종교적, 학문적, 직업적 제 분야의 기관지와 지방지를 독자에게 보급하게 된 신문의 점진적인 확장으로 인하여 점점 더 많은 수의 독자가 필자의 입장에 서게 되었다.
> 그것은 일간 신문이 그들에게 독자 투고란을 개설하면서 시작되었다. (중략)
> 이로써 필자와 독자의 차이는 근본적으로 그 의미를 상실하게 되었다. (중략)

> 고도로 전문화된 노동 과정에서 싫든 좋든 전문가가 될 수밖에 없었던 독자는 필자가 될 기회를 얻게 된다. 노동 자체가 곧장 말로 표현된다. 노동을 글로 서술하는 것은 노동을 수행하는 데 필요한 능력의 일부가 된다. 글을 쓰는 권한은 이제 특별한 전문교육이 아니라 종합기술학교에서 그 기반을 얻게 되고, 그럼으로써 그러한 능력은 공공재의 성격을 띠게 된다.
> 이 모든 것은 영화에도 그대로 적용될 수 있다. 단지 차이가 있다면 글쓰기에서는 수백 년이 걸렸던 변화가 영화에서는 10년 사이에 이루어졌다는 사실이다.*

발터 벤야민의 인용문에서 '신문'과 '영화'를 '인터넷'으로 바꾸기만 하면 된다. 글을 종이로 읽을 때는 대개 엘리트가 말을 했고, 대중은 그저 읽는 이에 불과했다. 그러나 스마트폰 화면으로 글을 읽게 되면서 대중은 듣는 자에서 반응하는 자, 나아가 또 다른 말하는 자가 되었다. 그렇게 되자 종이 시대 엘리트가 누렸던 말하는 자의 권위가 점점 떨어졌다.

인터넷 시대가 되면서 엘리트들이 쓴 글이 권위를 잃어갈 때 스마트폰이 했던 역할은, 기술 복제 시대가 되면서 회화 작품이 아우라를 잃어갈 때 카메라가 했던 역할과 같다. 아우라가 사라진 시대, 예술가들은 자신의 작품이 카메라에 의해 밀려나는 현실이 분노스러웠을 것이다. 벤야민은 그 분노를 이렇게 기록했다.

* 발터 벤야민, 《기술복제시대의 예술작품 / 사진의 작은 역사 외》, 길, 2007, 129쪽.

> 그(프랑스 소설가 조르주 뒤아멜)는 영화를 일컬어 '노예의 소일거리, 무식하고 비참하고 일과 걱정들로 지칠 대로 지친 족속들의 오락, 아무런 정신 집중도 요구하지 않고 아무런 사고 능력도 전제하지 않으며 가슴에 아무런 광명도 밝혀주지 않고 또 어느 날엔가는 LA(할리우드)에서 스타가 되겠다는 가소로운 희망 이외에는 아무런 희망을 불러일으키지 않는 구경거리'라고 칭하였다.**

조르주 뒤아멜이라는 작가는 저토록 영화를 경멸했지만, 시대는 소설이 영화에 점차 밀려나는 쪽으로 변해갔다. 페이스북이나 유튜브같이 뉴미디어에서 매일 쏟아지는 편협한 포스팅과 콘텐츠가 사회적 해악이 되고 있다고 분노하는 레거시 미디어 기자들이 많다. 자기 글에 달리는 '악플러'들의 반박, 야유, 비판, 조롱을 불쾌해하는 논객이나 시사 평론가 또한 허다하다.

영화를 바라보는 뒤아멜의 시각과, 인터넷 글을 대하는 기자나 평론가의 태도에는 공통점이 있다. 그것은 대중을 바라보는 엘리트의 시선이다. 다만 다른 건 100년 전에 '오락과 구경거리'라고 했던 걸, 지금은 '정치의 진영화'나 '진영 논리'라고 부르는 정도다. 지금 엘리트들이 느끼는 분노와 불쾌감을 대중에게 표출하는 우아한 표현으로 진영 논리보다 더 적절한 단어는 없다. 너는 너의 독창적 생각이 아니라, 너희 패거리의 생각을 따라 하고 있을 뿐이라는 비난은 자신을 고상하게, 상대방을 비루하게 만드는 효과를 발휘하기 때문이다.

** 발터 벤야민, 앞의 책, 144쪽.

하지만 말하는 사람이 많아지는 것은 민주주의의 진전을 의미한다는 게 정설이다. 그중에서도 《파워 엘리트》를 쓴 C. 라이트 밀스는 선구적이다. 1956년에 출간한 500쪽에 달하는 그의 대작은 비교적 다원주의적이던 미국 정치가 급속히 소수의 경제, 군사, 정치 엘리트에 손에 장악당하고 있다는 문제의식을 담고 있다. 밀스는 대단히 중요한 이야기를 책의 후반부에서 한다. 어떻게 미국의 권력을 엘리트의 손에서 다시 대중의 손으로 돌려줄 수 있을까를 모색하면서 '공중(public)'이라는 개념을 쓴다. 그가 제시하는 대안인 공중사회는 이런 것이다.

> (1) 의견을 듣는 사람만큼이나 많은 사람이 의견을 표현한다.
> (2) 공중의 커뮤니케이션이 잘 조직되어 있기 때문에, 공중 앞에 표현되는 어떠한 의견에 대해서도 즉시 또 효과적으로 반박할 기회가 있다.
> (3) 그런 토론에 의해 형성된 의견은 즉시 효율적인 행동으로 나타난다. 이때 필요하다면 지배력을 행사하는 권력 체계에 맞서기도 한다.
> (4) 권위적인 제도들이 공중을 침투하지 않은 상태이며, 그렇기 때문에 공중은 자율적으로 작동한다.*

라이트 밀스에 따르면 엘리트가 지배하는 사회가 대중사회다. 그래서 대중사회를 극복하고 공중사회가 되어야 한다면서, 위의 네 가지

* C. 라이트 밀스, 《파워 엘리트》, 부글북스, 2013, 414쪽.

준거를 제시한다. 대중사회는 네 가지 준거가 모두 반대 상태로 되어 있을 때다. 그렇다면 적어도 촛불 집회가 시작된 2016년 겨울부터 2021년 현재까지 우리 사회는 공중사회에 가까울까? 대중사회에 가까울까?

이 글은 진영화에 대해 당위론적 가치 판단을 하지 않으려 한다. 다만 진영과 진영이 맞붙은 먼지 자욱한 전장을 내려다보는 신의 지위가 아니라, 매일 그 안에서 아웅다웅 살아가는 인간으로서 생각해보자는 제안을 던질 뿐이다. 무엇보다 중요한 사실은 우리가 이런 조건 속에서 정치 글을 써야 한다는 점이다. 정치 글을 써야 하는 우리에게 이미 진영화된 정치 지형은 어떤 의미를 지닐까?

첫째, 매체에 따라 수용자가 이미 정해져 있다는 사실을 명심해야 한다. 이쪽 당 성향의 말과 글을, 저쪽 당 지지층은 거의 보지 않는다. 어느 매체를 보는지 말해주면 당신이 어떤 정치 성향을 지닌 사람인지 알 수 있는 시대다. 팟캐스트와 유튜브를 생각해보면 금방 이해할 수 있다. '매불쇼' 듣는 이들이 정규재의 '펜앤드마이크 TV' 볼 일 없다. 《조선일보》, 《중앙일보》 구독하는 사람은 《한겨레》, 《경향신문》은 아예 거른다.

둘째, 콘텐츠는 수용자의 선호를 강화하는 경향이 있다. 일정한 수용자층이 존재할 때, 수용자의 선호를 따라가는 건 물론이고 적극적 반응을 유도하려 한다. 포털에서 유통되는 모든 언론 기사들은 클릭 수를 늘리기 위해 애쓴다. 댓글이 많이 달리면 성공한 기사가 된다. 돈이 되기 때문이다. 구독자 수에 따라 돈을 받는 유튜브는 더 말할 것 없다. 제목으로 낚시질은 물론 자기 매체의 구독자들이 원하는 쪽으로 기사나 편집에서 과장, 왜곡하기를 서슴지 않는다.

셋째, 수용자의 선호에 반하는 매체 혹은 메신저에 대해선 가차 없는 공격이 가해진다. 기존 주류 언론이 객관성과 공정성에 입각해 뉴스를 생산한다고 믿는 이는 이제 아무도 없다. 공론의 장이라거나, 사회적 공기(公器)라는 말은 공허해졌다. 존중하지 않으니 어떤 권위도 인정하지 않는다. 모든 매체는 개인 단위로 분해된다. 처음부터 개인이 만들던 뉴미디어는 말할 것도 없고, 레거시 미디어도 온라인으로 유통되면서 개별 기사 단위로 소비된다. 종이로 구독할 때는 신문 한 부 전체 단위로 소비되었다. 그러나 이제는 기사를 작성한 기자 한 사람 한 사람이 노출되고, 공격 또한 개별 기자에게 쏟아진다. 메시지 그 자체보다 메신저에 대한 신뢰성이 중요해졌다.

사실 진영화는 정치권에서만 일어나는 현상이 아니다. 사회 전반에 걸친 현상이다. 언론 역시 진영화가 일어나고 있다. 특히 종이 신문이 심각하다. 시장이 좁아지기 때문이다. 시장이 좁아지니 구독자를 확보하기 위해 안간힘을 쓸 수밖에 없다. 매달 1만 2,000원의 구독료를 내는 독자가 중요한 게 아니다. 신문만 팔아서는 어차피 운영이 안 된다. 중요한 건 광고 수입이다. 그리고 광고 수입은 매체 영향력에 비례해 책정된다. 매체 영향력은 온라인에서 어느 신문의 구독자 수가 많으냐, 어느 기사에 찬성과 댓글이 더 많이 달리느냐에 따라 좌우된다.

온라인 기사에 대한 아이콘 누르기나 댓글 달기 같은 독자 반응은 주로 어떤 이들이 할까? 당연히 당파성이 강한 정치 고관여층이다. 언론의 주 고객은 바로 이들이다. 자사 기사에 대한 이들의 반응도를 높여야 한다. 객관적이지만 정치 고관여층의 반응을 끌어낼 수 없는 기사는 도움이 안 된다. 과장하고 왜곡을 해서라도 당파성을 건드리는 기사를 써서 논란을 일으키는 기자야말로 일등 공신이다. 양쪽에서 달려드는 기사가 제일 좋고, 안 되면 한쪽을 세게 조져 우리 쪽의 응원을 끌어모으는 것도 좋다. 제일 안 좋은 건, 객관적이고 공정해서 어느 쪽에서도 딱히 시비 걸게 없는 기사를 쓰는 기자다. 그들은 언론사 입장에서는 무능한 기자다.

이런 현상의 전형은 유튜브다. 유튜브는 구독자와 조회 수가 돈과 직결된다. 구독자 수 1,000명, 시청 시간 4,000시간 이상이면 수익을 창출할 수 있다. 어떤 이들이 정치 유튜브를 보러 올까? 당연히 듣고 싶은 이야기가 있는 이들이다. 같은 이야기를 해도, 더 짜거나 달게 해서 그들 입맛에 맞출 수밖에 없다. 이제 레거시 미디어나 뉴미디어나 적어도 이런 독자를 따라가는 행태에선 별 차이가 없다. 불편부당이니 정론직필이니 하는 건, 독자를 이끌 권위가 있을 때나 가능한 소리다.

이런 상황이 계속되면 기자들에게 어떤 일이 벌어질까? 지금 그들 머릿속에는 어떤 가상의 독자층이 있다. 지금 내가 쓰는 기사를 그들이 읽고 댓글을 달거나 아이콘을 누르게 하려면 논조를 어떻게 가져가야 할까 계속 고민할 것이다. 기자도 인간이다. 당연히 자기 기사에 찬성 지지하는 댓글을 받고 싶지, 반대 비난하는 댓글을 원치 않을 것이다. 그러니 독자층의 선호에 부응하고 강화하는 방향으로 기사를 쓰게 되어 있다. 그렇지 않고, 냉정하고 초연하게 기사를 쓴다? 세상에 그런 글쟁이는 없다. 글쟁이만큼 칭찬에 온몸이 하늘로 붕 뜨고, 비난에 치를 떨며 앙심을 품는 과민 체질도 없다.

앞에서 민주당 지지층과 언론의 반목이 유난히 심각한 이유는 지금 민주당이 집권했기 때문이라고 했다. 언론은 당연히 정부 여당에 더 비판적이다. 당연하다. 그리고 방금 말한 이 세 가지는 갈수록 언론이 더 당파성을 띠게 되는 이유다. 한국의 언론 지형은 보수 성향이 다수, 진보 성향이 소수로 이루어져 있다. 이 가운데 보수 언론은 점점 더 자신의 당파성을 노골적으로 드러내면서, 진보적이거나 중립적인 언론은 원래 권력 감시와 견제라는 본연의 역할 때문에, 그래서 전체적으로 모든 언론이 민주당 정권에 비판적인 상황이다. 그것 때문에 민주당 지지층은 매일 화가 난다.

거기다 때리는 시어미보다 말리는 시누이가 더 미운 법. 보수에 맞서 같이 싸워주기는커녕 등에 칼 찌르는 진보 언론이 더 밉다. 심지어 꼭 아픈 데만 골라 때린다. 더욱이 그동안 돈 내고 사 보던 구독자들이 주로 민주당 지지층이다. 그러니 배신감마저 든다. 절독하는 이들이 수두룩하다.

언론과 권력 간의 긴장 관계는 건강한 민주주의의 징표다. 그러나 보수 언론은 이미 특정 정당을 엄호하는 것을 넘어 일거수일투족을 지도하는 지경에 이르렀다. 그들은 선을 넘었다. 남은 건 진보와 중립 언론이다. 이들의 이념성은 누구나 다 안다. 문제는 당파성이다. 이들은 이념성은 유지하되, 당파성에선 여전히 초월적이고자 한다. 문제는 그게 쉽지 않은 시대가 도래했다는 점이다. 진보 성향을 띠지만, 특정 정당을 응원하거나 지지하지 않겠다는 무당파주의가 과연 진영의 시대를 어떻게 건너갈지 귀추가 주목된다.

언론이나 정치 평론가들은 이렇게 말한다. '우리나라 양대 정당은 강경파 당원들에게 지나치게 휘둘린다. 열성 지지층만 쳐다본다. 그래선 안 된다. 중도층을 얻지 않으면 실패할 것이다. 국민 전체를 위한 정치를 해야 한다. 분열의 정치가 아니라 통합의 정치를 해야 한다.' 널리 퍼져 있는 중도층론의 핵심 논지다.

그들은 또 말한다. 지지율을 높게 유지하기 위해서는, 선거에서 승리하기 위해서는, 정책적 실패를 겪지 않으려면, 무엇보다 좋은 정치를 위해서는 중도층의 지지를 얻을 수 있는 정치를 해야 한다고.

만약 그 말이 옳다면 모든 정치 글은 중도층을 독자로 상정해야 할 것이다. 정치 글을 주제로 하는 이 책이 중도층론을 검토하는 것은 이 때문이다. 글은 항상 독자가 누구인가를 염두에 두고 써야 하기 때문이다.

(1) 중도층의 실체

여론조사에는 응답자의 이념 성향을 묻는 문항이 있다. '선생님 본인의 정치 성향은 다음 중 어디에 속한다고 생각하십니까?' 응답은 6점 척도로 이루어진다. ① 매우 보수적이다. ② 약간 보수적이다. ③ 중도적이다. ④ 매우 진보적이다. ⑤ 약간 진보적이다. ⑥ 모름 및 응답 거절.

중도층이 누구인가를 정의할 때 명백한 방법은 한 가지뿐이다. 바로 이런 여론조사 질문에 중도적이라고 스스로 응답한 이들로 보는 것이다. 그 외에 다른 방법은 없다. 이 당과 저 당의 중간에서 어느 당도 지지하지 않는, 그래서 정당 귀속감이 없는 유권자를 중도층이라 부르는 이들이 많다. 틀린 이야기다. 그런 유권자는 무당층이라고 해야 한다.

중도층과 무당층은 차원이 다른 개념이다. 중도는 이념의 차원이고, 무당층은 정당 일체감의 차원이다. 그런데 중도층론자들은 중도층이라고 하면서 이념적 중도뿐만 아니라 어느 당도 지지하지 않는, 즉 무당파인 유권자라는 의미도 함께 포함시킨다. 여기서부터 착각과 오해, 혹은 과찬과 특권화가 시작된다.

중앙선관위 홈페이지에 공개된 갤럽의 2021년 2월* 4주 차 여론조사**에 따르면 중도층은 31.5%였다. 이 조사에서 정당 지지율은 여당이 39%, 제1야당은 27%, 무당파는 18%로 나타났다. 중도층의 정당 지지율은 어떨까? 모두 지지 정당 없음이었을까? 그렇지 않다. 여당 43%, 제1야당 22%, 무당파 17%였다. 중도층의 65%가 지지하는 정당이 있다. 진보층이나 보수층은 한쪽 당으로 지지가 확연히 몰려 있지만, 중도층은 두 당으로 지지가 나뉘어 있는 게 다를 뿐이다. 이 대목이 중요하다. 중도층 안에서도 정당 지지가 나뉜다는 건 중도층이 하나의 동질적 집단이 아니라는 의미다. 즉 진보층이나 보수층과는 확연히 구분되는 중도층만의 동질성이란 건 애초에 없다는 뜻이다.

중도층과 무당층을 혼동해서는 안 된다고 말하는 데는 이유가

* 2020년 2월 말은 민변과 참여연대가 한국토지주택공사의 부동산 투기 의혹 폭로 기자회견을 하기 직전 시점이었다. 기자회견은 3월 2일이었다. 폭로 직후, 그리고 4월 7일 서울과 부산 보궐선거를 앞두고, 대통령과 여당 지지율은 급격히 하락하기 시작했다.

** 한국갤럽 데일리 오피니언 2021년 2월 4주 차 조사 결과에서 인용.

2021년 2월 4주 (23~25일)		조사완료 사례수 (명)	가중적용 사례수 (명)	정당 지지도 - 무당층 선택 포함							없음	모름 응답 거절
				국민의당	국민의힘	더불어 민주당	열린 민주당	정의당	기타	없음/ 응답거절		
전체		1,004	1,000	5%	27%	39%	3%	7%	1%	18%	14%	3%
지역별	서울	191	191	9%	23%	39%	4%	7%	0%	18%	14%	4%
	인천/경기	313	311	5%	28%	40%	1%	6%	1%	20%	16%	4%
	강원	30	30	-	-	-	-	-	-	-	-	-
	대전/세종/ 충청	104	106	5%	33%	32%	3%	8%	2%	17%	13%	4%
	광주/전라	99	98	5%	3%	65%	7%	11%	1%	9%	7%	1%
	대구/경북	102	98	3%	40%	23%	5%	2%		28%	21%	6%
	부산/울산/ 경남	152	152	4%	31%	39%	5%	8%	1%	11%	11%	1%
	제주	13	13	-	-	-	-	-	-	-	-	-
성별	남성	503	496	4%	29%	40%	3%	6%	1%	17%	15%	2%
	여성	501	504	6%	24%	39%	3%	8%	1%	19%	14%	5%
연령별	18~29세	174	180	7%	14%	37%	3%	7%	2%	31%	23%	8%
	30대	153	154	6%	19%	43%	3%	9%	2%	18%	16%	2%
	40대	171	188	4%	19%	48%	6%	10%	1%	12%	12%	1%
	50대	200	195	5%	28%	40%	3%	7%	1%	16%	14%	2%
	60대 이상	306	283	6%	43%	31%	2%	4%		14%	10%	4%
직업별	농/임/어업	32	29	-	-	-	-	-	-	-	-	-
	자영업	155	154	6%	31%	39%	6%	6%	1%	11%	11%	1%
	기능노무/ 서비스	143	140	8%	24%	40%	5%	11%		13%	13%	
	사무/관리	297	302	3%	20%	46%	4%	7%	2%	18%	16%	2%
	전업주부	174	169	6%	29%	41%	1%	6%		16%	11%	5%
	학생	81	85	7%	16%	35%	3%	6%	3%	31%	22%	8%
	무직/은퇴/ 기타	122	120	7%	35%	25%	1%	5%		27%	19%	8%
생활 수준별	상/중상	168	172	9%	21%	41%	2%	8%	2%	18%	15%	3%
	중	460	455	5%	29%	41%	4%	5%	1%	15%	12%	3%
	중하	227	228	4%	25%	41%	3%	11%	1%	16%	14%	2%
	하	135	132	4%	27%	31%	4%	7%		27%	21%	6%
성향별	보수	264	258	7%	56%	18%	1%	4%	0%	13%	11%	2%
	중도	316	317	7%	22%	43%	3%	6%	1%	17%	16%	1%
	진보	267	271	3%	7%	61%	6%	12%	2%	9%	9%	1%
	모름/ 응답거절	157	154	3%	21%	28%	3%	3%		42%	27%	15%
대통령 직무	긍정 평가자	388	388	2%	2%	73%	5%	8%	0%	10%	8%	2%
	부정 평가자	526	522	8%	47%	17%	2%	6%	1%	19%	16%	2%
평소 정치에 관심이	많이 있다	238	231	5%	39%	39%	4%	5%	1%	6%	5%	1%
	약간 있다	451	454	6%	24%	44%	3%	8%	1%	13%	12%	1%
	별로 없다	205	207	5%	22%	37%	2%	7%	1%	26%	20%	5%
	전혀 없다	81	80	2%	13%	24%	4%	5%		52%	37%	15%
무당(無黨)층 선택 정당		261	263	4%	12%	11%	2%	4%	0%	67%	55%	12%

있다. 실천적 의미 때문이다. 우선 데이터부터 보자. 전체 표본의 정당 지지율과 중도층의 정당 지지율을 보면, 중도층은 전체보다 여당에 4% 더 가 있고 제1야당에서는 5% 정도 빠져 있다. 그래도 중도층은 전체의 지지 분포와 크게 다르지 않다. 왜 중도층의 정당 지지율은 전체 표본과 비슷한 패턴을 보일까?

답은 사실 간단하다. 전체 응답자 중 진보층과 보수층의 숫자가 비슷하기 때문이다. 갤럽 조사에 따르면 진보 271명, 보수 258명이었다. 불과 13명 차이이다. 거기다 중도층 안에서도 정당 지지 분포가 전체의 분포와 비슷하게 나누어진다. 전체를 통으로 보나 전체에서 진보와 보수를 상쇄시키고 중도층만 들여다보나, 희한하게도 정당 지지 분포는 거의 비슷하다. 즉 한국의 유권자는 정당 기준으로 거의 대칭적으로 분포한다. 이는 적어도 여론조사 결과가 보여주는 수치로 입증되는 사실이다.

요컨대 한국의 유권자는 정당 지지를 기준으로 하면 양분되어 있고, 이념 성향을 기준으로 하면 삼분되어 있다. 그런데 '진보 = 민주당, 보수 = 국민의힘, 중도 = 무당층'으로 나누는 도식이 널리 통용되고 있다. 근거 없는 속설이다.

이념적 중도층의 정당 지지는 전체 유권자의 분포와 거의 비슷하다. 이는 정태적 측면이다. 동태적으로 보면 어떨까? 지지율의 등락 역시 중도층이나 전체나 대체로 비슷한 시기에, 같은 방향으로 움직인다. 다시 말하지만 중도층은 결코 독자적 집단이 아니라는 증거다. 전체적으로 어느 당의 지지가 올라가면 중도층 안에서 그 당의 지지도도 따라 올라간다. 내려갈 때는 약간 더 빨리 내려간다. 2020년 12월

〈정당 지지율의 등락과 중도층의 징후적 행동 패턴〉

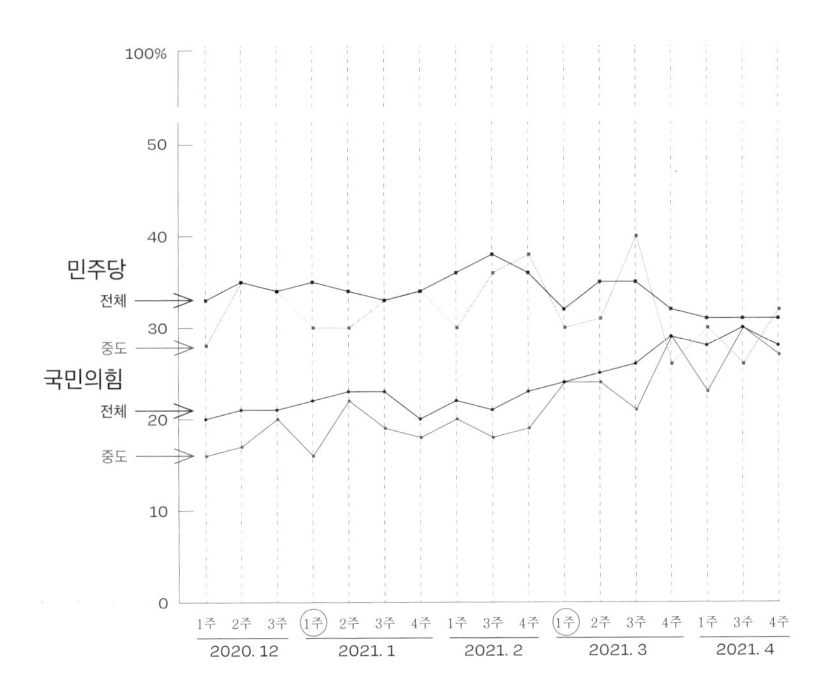

1주 차부터 2021년 4월 4주 차까지 갤럽조사 결과(위 그래프 참조)가 이를 보여준다. 2021년 4월 7일 치러진 재보선에서 더불어민주당은 참패했다. 당연히 민주당 지지율은 그 전부터 꺾어지기 시작했을 것이다. 언제부터였을까? 약간씩 등락하던 전체 지지도가 처음으로 확 꺾인 것은 3월 1주 차였다. 그런데 중도에서 처음 꺾인 시점은 두 달 앞선 1월 1주 차였다. 중도가 두 달 앞서 움직인 것이다. 반면 국민의힘은 서서히 오르는 중에 중도가 전체 지지율을 처음 따라잡은 게 3월 1주 차였다. 떨어질 땐 먼저, 올라갈 땐 늦게, 그게 중도 유권자다.

이 두 가지 사실을 합쳐놓고 보면 이렇게 된다. 중도층도 정당을 지지하긴 하나 소극적으로 지지한다. 소극적으로 지지하니 지지를 철회할 때는 망설임 없이 바로 철회한다. 진보층을 주된 지지층으로 하는 더불어민주당이나, 보수층 기반의 국민의힘이나 마찬가지다. 고로 양당에게 중도층이란 자당 소극적 지지자, 무당파, 상대 당 소극적 지지자의 합이다. 이들이 왔다 갔다 하는 것이다.

현실 정치의 관점에서 보면 이렇게 말할 수 있다. '정당 지지율을 높게 유지하려면 소극적 지지자들이 돌아서지 않도록 하라. 선거에서 이기려면 저쪽 당 소극 지지자들을 우리당 (소극) 지지자로 돌려세우라.' 이것이 양당이 중도층을 바라보는 기본 원칙이다.

동시에 양당이 조심할 것이 있다. '지지층, 그중에서도 소극적 지지층을 늘 염두에 두고 정치해야 한다'라는 말은 맞는 말이니 따라야 한다. 그러나 딱 거기까지다. 언론이나 평론가들이 하는 '중도층을 바라보며 정치를 해야 한다'라는 말에는 따라서는 안 된다. 그러면 큰일 난다.

둘 사이에 어떤 차이가 있기에 큰일 난다고 할까? 중심을 어디에 둘 것인가의 차이다. 적극적 지지층에 중심을 두어야지, 소극적 지지층에 중심을 두면 안 된다. 중도층에 포함된 소극적 지지층을 위한 정치를 하다 보면 적극적 지지층이 무너진다. 지지층과 중도층(에 포함된 소극 지지층)은 그 성격이 확연히 다르다.

분명히 중도층은 존재한다. 그것도 진보층이나 보수층과 비슷한 규모로 존재한다. 양적으로는 그러하다. 문제는 질적 측면에 있다. 중도층은 진보층이나 보수층보다 정치적 관심이 낮다. 중도층은 행동력이 약하다. 정치 참여 수준도 낮다. 그래서 진보층이나 보수층을 기반으로 한 정치인과 중도층 기반의 정치인이 경합하면, 거의 후자가 패배한다. 지금까지 중도 성향의 정치 지도자들이 매번 실패해온 것이 그 증거다.

그래서 중도 정치에는 이렇다 할 구심점이 없다. 손학규, 반기문, 안철수는 패장들이다. 그들은 양대 정당에서 나가 독자 세력화를 꾀하거나 새로 당을 만들기도 했다. 하지만 모두 실패하거나 군소 정당에 그쳤다. 처음엔 기세등등하다가도 선거전 막바지로 갈수록 양대 정당에 지지층을 흡수당했다.

중도층 지지자들은 결집력이나 행동력이 약하고, 중도 지도자도 구심점이 못 되고, 중도 정치 조직도 지리멸렬하니, 중도 정치는 결국 잘 안 된다. 그런 중도층을 중심에 놓고 정치하라고 권면하는 이들은 현실 정치를 잘 모르거나, 알고도 양대 정당에 대한 반감이 큰 나머지 무책임한 주장을 하는 것이다.

정치는 이성만으로 이루어지지 않는다. 정념이 중요하다. 약간의 군중심리와 맹렬한 충성심, 불붙듯 터져 나오는 열정 같은 게 있어야 한다. 따라서 중도층을 바라보고 정치하는 순간, '떼창'은커녕 손뼉조차 잘 안 치는 관중 앞에서 공연하는 밴드가 될 각오를 해야 한다. 사실 현실은 그것보다 더 우울하다. 자기 음악을 좋아하는 이들이 많다고 해서 공연을 열었더니 정작 관중석이 텅텅 빈다. 자기 돈 내고 공연 볼 정도로 좋아하는 건 아닌 관중, 그들이 중도층이다. 중도층은 행동하는 주체가 아니다. 양당의 중간 지대에 머무는 수동적 객체다.

하지만 줄기차게 중도층을 강조하는 이들이 있다. 중도층론자에는 세 가지 부류가 있다. 첫째는 진심으로 양당이 좀 덜 싸우는 정치를 하라는 뜻으로 중도 정치를 촉구하는 평화주의자들. 둘째는 중도 정당과 지도자가 나타나 양당을 물리치고 새로운 정당 체제를 만들어달라는 '새정치'의 선전대원들. 셋째는 양당의 내부 권력 투쟁에서 패해 밀려나고도, 여전히 양당의 지도자를 공격하는 게 정치 행위의 전부인 패배자 그룹들.

여기서 첫째 평화주의자들은 일단 옳은 말을 한다는 점에서 존중해야 한다. 옳은 말이지만 현실성은 없다. 정치에서 갈등은 일종의 자연현상이다. 그런데 평화주의자들은 갈등 자체가 불편한 이들이다. 투쟁은 더더군다나 혐오스러운 짓이다. 갈등과 투쟁 대신 타협과 대화가 정치의 본연이라는 믿음 또한 충분히 합리적이다. 그러니 우리는 그들에 대해 충분히 공감해야 한다.

둘째, '새정치'를 꿈꾸는 이들은 중도 정당이 건설되기를 원한다. 그렇다고 대놓고 중도 정당 건설을 말하진 않는다. 하지만 그들의 말을 종합해보면 결국 중도 정당 건설 말고는 달리 해석할 여지가 없다. 만만치 않은 작업이다. 우선 중도 정당인지, 양당이 아닌 새로운 당인지부터가 애매하다. 진보 정당은 지금까지 민주당 계열 정당이 국제적 기준으로는 중도 보수 정당에 불과하다고 규정한다. 그렇다면 중도 정당은 이미 있는 셈이다. 따라서 이들은 아마 '진정한 중도 정당'을 건설하자고 할 것이다.

결국 기존 양당이 아닌 새로운 정당을 만들자는 이야기다. 한국 사회에서 새로운 정당 건설이 가능한지는 누구도 장담할 수 없다. 다만 우리가 아는 것은 과거의 시도가 그다지 성공적이지 않았다는 정도다. 대통령제와 단순 다수제에 약간의 정당 비례대표제로 치러지는 선거에서, 새로운 정당의 의미 있는 부상이 가능할지는 이론적 차원에서는 분명히 부정적임을 말해두지 않을 수 없다.

셋째, 한때 양당에서 지도부였다가 시나브로 주도권을 상실하고 비주류로 전락했다가, 결국 당 외부로 나가 있거나, 나갔다 다시 복귀한 이들이 중도 정치를 목 놓아 강조하는 경향이 있다. 이들은 양대 정당이 다 낡았다고 비판한다. 두 세력 간의 투쟁 때문에 대한민국이 과거에 사로잡혀 미래로 나아가지 못한다고 통탄한다. 이들에게 기성 정치권은 기득권 세력이자 낡은 세력이다. 그러나 이들의 주된 정치 행위는 중도 정치 실현이 아니다. 양당의 지도부, 특히 대통령에 대한 집요한 공격이다. 자신을 패퇴시킨 적에 대해 노골적인 증오심을 드러낸다. 중도 정치를 말하면서 끝없는 저주를 상대방에게 퍼붓는다. 그래서 모순적이다.

둘째와 셋째 부류는 따라서 대단히 정치적인 그룹이다. 아무리 가려도 그들의 정치적 의도와 목표는 노출된다. 오직 첫째 부류만이 정치적 목적이 없다. 의도의 순수함이나, 정치적 목적이 있고 없고가 어떤 차이를 의미하진 않는다. 국민은 그렇게까지 세심하게 구분해 듣지 않는다. 세 부류는 중도층론을 주장하면서 세 가지 공통된 이점을 누린다.

그 이점의 첫째는 항상 이기는 편에 설 수 있다는 사실이다. 선거에서는 자신의 지지층에 더해 중도층의 상당 부분을 추가한 쪽이 이긴다. '이번 선거에서 어느 당이 중도층의 지지를 얻었기 때문에 이겼다'라는 말만큼 진리는 없다. 그만큼 동어반복도 없지만, 그래도 그

진리를 내내 암송하고 다니는 이들이 중도층론자들이다. 그러니 이들은 절대 틀리지 않는다. 정치학자들이 좋아할 스탠스다.

둘째는 인디언 기우제의 원리와 비슷하다. '결국 내 말이 맞지 않았느냐? 넌 내 말 안 듣다가 진 거야!'라고 득의양양할 수 있다는 이점이 있다. 중도층론자들은 언제나 똑같은 말을 한다. '중도층을 잡아라.' 그러나 현재 우리나라의 정당은 절대 그렇게 할 수 없다.

어떤 정당이든 임기 중후반까지는 자신의 지지층을 위한 정치를 하다가, 선거가 1년 전쯤으로 다가오면 그때부터 소극적 지지층이나 무당파층을 향한 정치를 한다. 그게 정당의 기본 선거 전략이다. 그런데 중도층론자들은 내내 그 이야기만을 하다가, 마침내 선거철이 다가와 정당이 다수파 연합 전략을 구사하기 시작하면 '봐라, 내 말이 맞지 않았느냐?'라고 우쭐댄다. 마치 대단한 예언자라도 된 것처럼. 정치 평론가 중에 중도층론자가 많은 이유다.

셋째 이점은 자신의 이름값을 조금이라도 더 높이는 방법이라는 점이다. 대개의 언론은 불편부당하지 않다. 점점 더 노골적으로 지지 정당을 드러낸다. 심지어 몇몇 언론은 특정 당의 자문 역할까지 한다. 일이 있을 때마다 사설을 쓰고 기사에 의도까지 집어넣는다.

그래도 최대한 공정한 척은 해야 한다. 그때 활용하는 게 중도층론자다. 언론은 중도층론자를 적절한 타이밍에 동원한다. 지지 당에 대해서는 중도층이 모이고 있다 하고, 반대 당에는 중도층이 등 돌렸다고 못 박는 역할을 그들에게 맡긴다. TV에서 정치 해설을 하는 패널 대부분이 세 번째 이점을 취한다.

(2) 중도 정치는 성공할까?

권력을 쟁취하는 유효한 경로인가 하는 의문과 무관하게, 하려면 중도 정치 못 할 것도 없다. 이념적으로든 정당 일체감에서든 이 당과 저 당 가운데 부유하는 유권자는 대개 20% 정도다. 이들은 박찬종부터 시작해 정주영(14대, 16%), 이인제(15대, 19%), 이회창(17대, 무소속 15% + 문국현 6%), 손학규, 안철수(19대, 21%)를 지지해왔다. 이들 중 대선 출마자들이 얻은 득표가 대개 20% 내외였다.

20%의 중간 지대 유권자는 분명히 존재하는데, 왜 한국 정당 체제 안에서 독자적 정당으로 위상을 굳히거나 대통령을 배출하지 못했을까? 실제로 중도 정치가 바람직하다는 주장도 많다. 정치 평론가나 언론의 응원도 받는다. 그런데 왜 중도 정치는 지리멸렬할까?

첫째는 선거제도 때문이다. 뒤베르제의 법칙처럼 단순 다수제는 양당 체제를 가져오는 경향이 있다. 물론 제3당이 존재할 때도 있었지만 단속적이었다. 정주영의 '통일국민당'이나 안철수의 '국민의당' 정도가 유의미한 3당이었다. 그런 점에서 중도 정당은 분명히 실패한 정치 기획이다. 그런데도 지식인과 언론은 늘 중도 정치를 불러내고 있다.

두 번째 이유는 정치 지형 때문이다. 한국 정치는 군부 독재의 역사를 빼놓고 설명할 수 없다. 1997년 김대중 대통령에 의한 정권 교체 이전까지 한국 정치의 가장 깊은 균열은 독재 대 민주화였다. 그로부터 20년 이상이 흘렀지만 한국 정치는 여전히 그 균열의 연장선에 놓여 있다. 그런 점에서 진영화 현상은 사실 새삼스러울 게 없다. 정치 갈등이 절대 쉽게 잦아들지 않는 것도 그 때문이다.

그렇게 중도 정치는 선거 때마다 흔들리고, 극단적 대결 구도 때문에 늘 어정쩡했다. 이런 조건에서 중도 정치는 이 당도 싫고, 저 당도 싫은 유권자층을 바라보며 정치를 해왔다. 보수 정당을 지지하기엔 왠지 창피하고, 자유주의 정당을 지지하기엔 믿음이 안 가는 이들이다. 따라서 보수 정당보다는 고급스럽고, 자유주의 정당보다는 안정감 있는 정치를 해야 한다. 그게 잘 될 리 없다.

오히려 보수 지지층 눈에는 미온적이고, 자유주의 지지층에게는 비겁해 보이는 정치를 하는 게 제3당이라는 인식을 주게 되었다. '남북 평화 체제 수립을 반대하지 않는다. 그러나 대북 퍼주기는 반대한다.' '빈부 격차 해소를 반대하지는 않는다. 그러나 부자 증세는 반대한다.' '검찰 개혁에 반대하지 않는다. 그러나 '검수완박'은 반대한다.' 이런 식이다. 무슨 말인지 하나하나 뜯어보면 완전히 틀린 말은 아니다. 나름의 일리가 있는 주장이다.

그러나 이는 모호한 입장이 중도 정치라는 인상을 준다. 애매한 인상도 준다. 모호한 것은 흐릿한 것이고, 애매한 것은 이건지 저건지 구분되지 않는 것이다. 어느 날은 '소득 주도 성장은 틀렸다. 청와대는 제대로 된 성장 정책을 내놓아야 한다'라고 말한다. 다음 날은 '최저임금이 1만 원은 되어야 한다'라고 말한다. 그다음 날엔 '기업에 대한 감세 정책을 철회해서는 안 된다. 기업 하기 좋은 나라를 만들어야 한다'라고 말한다. 오늘은 기업이 듣기 좋은 말, 내일은 노총이 원하는 말, 모레는 자영업자들이 좋아할 말을 하는 것이다. 모든 이들을 만족시킬 수 있는 정치는 없다. 사회는 타협 불가능한 모순으로 가득 차 있다. 정치는 그중 누구 편을 들 건지 정하는 일이다. 누구 편도 들지 않으면, 누구도 내 편이 되어주지 않는다. 모든 이와 다 친구가 되려 하면, 아무도 내 친구가 안 되어준다.

가장 이해 가능한 중도 정치는 이런 것이다. 남북 관계는 보수적이나 경제적으로는 진보적인 노선, 혹은 젠더 이슈에선 보수적이나 비정규직 문제에선 급진적. 적어도 이런 정도의 일관성을 유지하는 가운데 진보와 보수를 넘나들면, 자기 나름의 정책 노선을 확고히 가진 중도 정치를 할 수 있을 것이다. 그러나 이런 정치야말로 엄청나게 우수한 인력을 확보해 아주 치열하게 하루하루 노력해야 하는 정치다.

절대 쉽지 않다. 정교하고 일관성 있고, 전체적으로 조화가 이루어져야 하기 때문이다. 정주영의 중도 정치가 그와 비슷한 양상을 보여준 바 있다. 반값 아파트 공약의 파격적인 현실성과, 소 떼를 몰고 방북하던 그의 실용주의적 통일관은 분명 시대를 앞서는 것이었다. 아마도 현대그룹이라는 자원이 있었기 때문에 가능했을 것이다.

이처럼 중도 정치가 어려운 구조적 이유로는 선거제도와 정치 지형이, 행위자 측면에서는 애매한 입장과 모호한 실천을 들 수 있다. 가장 중요한 것은 중도 정치를 논리적 자기모순 없이 실천할 수 있는 거대한 역량의 준비가 어렵다는 사실이다. 남는 의문은 이런 것이다. 중도 정치는 지도자도 있었고, 지지층도 있는데 왜 실패하고 있을까? 그 답을 찾아 해결책을 내놓지 않은 채, 그저 중도론을 외친다고 중도 정치가 되는 건 아니다. 분명히 지도자도 있었고 지지층도 있었다. 우선 지도자에게 원인이 있었다면 어떤 원인일까? 양대 정당 소속이 아닌 대선 주자로는 고건이나 반기문이 있었지만, 이들이 중도 정치를 명시적으로 내걸지는 않았다. 대선 주자이면서 중도 정치를 표방한 정치인은 손학규, 안철수, 유승민 세 사람 정도였다.

이들은 공통점이 있다. 하나같이 자신의 당에서 '갈라져 나온' 이들이다. 그리고 독자적인 세력화를 꾀했지만 군소 정당에 그치거나 원래 있던 당으로 복귀했다. 이들이 보여준 정치 행위 역시 대동소이하다. 갈라져 나오기 전의 경쟁자, 즉 자신을 패배시키고 승리를 거머쥔 다른 지도자를 비난하는 게 전부다. 어떤 이슈가 터졌을 때 중도 정치가 어떤 구체적 주장이나 대안을 내놓는지 국민은 본 적이 없다. 중도 정치가 기존 양당과 무엇이 다른지 체감할 수가 없다.

한편 중도 정치 지지층의 특성도 작용한다. 그들은 정치에 대해 적극적 태도를 보이기보다는 관망하는 자세를 취한다. 미지근하지만 동시에 비판적이다. 이 당도 별로 마음에 안 들고, 저 당도 매력이 없다고 한다. 덜 싫은 당에 투표하거나, 그마저 내키지 않으면 기권한다. 그래서 '스윙 보터'다. 언제든 스윙할 수 있기에 제3의 대안도 고려할 뿐이다.

그러니 이들을 기반으로 정치를 한다는 게 불안정할 수밖에 없다. 지도자나 정당이 조금만 흔들리면 지지층은 바로 양쪽으로 흩어져버린다. 4.7 서울시장 보선 당시 국민의힘에서 나경원을 꺾고 오세훈이 후보로 확정되자, 1위를 달리던 안철수가 바로 역전당한 데서도 중도층의 이완하는 특성이 여지없이 드러났다. 이런 지도자와 지지층의 특성 때문에 중도 정치가 독자적인 영역을 구축한다는 게 결코 쉽지 않은 것이다.

정치에서 열정만큼 중요한 요소는 없다. 항상 이성적이어야지 감정적이면 안 된다고 생각하는 사람은 정치 못 한다. 그런 이는 행정부나 법조계에서 일해야 한다. 행정이나 법률은 사람의 마음을 헤아리지 않아도 된다. 대중의 분노와 고통, 욕망과 희망에 대한 공감 능력은 정치인의 필수 덕목이다. 나아가 정치적으로 성공하려면 대중의 열정을 동원해내는 힘이 있어야 한다. 좋은 지도자는 대중의 열정을 동력 삼아 역사가 나아가야 할 방향으로 세상을 이끌어야 한다.

중도 정치엔 그런 열정이 부족하다. 바닥에 늘 불만과 냉소가 깔려 있다. 비판하고 지적하고 나무라는 데는 능하나, 합심하고 희망을 만들고 뭔가 성사하는 데는 이르지 못한다. 그런 점에서 중도 정치는 일종의 정치적 패배주의다. 정치의 목적과 준거를 이들 중도층으로 삼아서는 금방 한계에 부딪힌다. 지식인이나 언론 특유의 과장된 비관주의에 오염된 중도층론을 믿고 정치하다간 무엇도 이루기 힘들다. 그들은 비판에는 강하지만, 무엇을 어떻게 할 것인지에 대해서는 중구난방이기 때문이다.

그러나 중도층론은 한국 정치에서 잦아들지 않을 것이다. 이유가 있다. 이념의 차원과 정당의 배열이 조응하지 않기 때문이다. 이념은 진보-중도-보수로 삼분한다. 학계든 언론계에서든 대부분이 이에 동의한다. 그러나 정당은 역사로 보나 세력으로 보나, 민주당과 국민의힘 계열 양대 정당이 경합하고 있다. 즉 이분 상태다.

여기서 국민의힘은 보수 정당으로 불러도 크게 틀린 건 없다. 문제는 민주당이다. 민주당은 진보 정당인가? 중도 정당인가? 애매하다. 확실한 중도 정당이 존재한다면 이념 차원과 정당 체제가 딱 맞아떨어진다. 그런데 현실에서 이념 차원은 세 개인데, 정당은 두 개다. 두 차원이 상호 조응하지 않는다. 그러니 중도 정당은 있는 건지, 중도 정치는 무엇을 가리키는 건지 늘 불분명하다. 이 불분명함이 중도층론을 코에 걸면 코걸이, 귀에 걸면 귀걸이로 만든다. 누구는 한국 정치의 대안으로, 누구는 건설해야 할 정당으로, 누구는 두 정당이 추구해야 할 가치나 태도로, 각자 이리저리 말한다. 그러면서도 하나의 공통점을 보인다. 모두 현실 정치를 부정하는 논리의 출발점이자 귀착점으로 중도라는 개념을 사용한다는 점이다.

라. 정치의 무기

이미 편으로 갈라질 대로 갈라진 세상이다. 그런 세상에서 편 가르지 말라는 건 기득권자거나, 기득권을 편드는 자의 소리다. 그들은 세상이 자기들의 소유물이라 생각한다. 자기들이 똑똑하고 유능해서, 열심히 노력해서 가지게 되었다고 내심 자부한다. 그랬던 그들이 화를 낸다. '좌파들이 가난하고 무식한 것들을 선동하고 있다. 남의 것을 빼앗으려 한다. 저들은 말을 그럴듯하게 한다. 정의니, 평등이니, 공동선이니, 무지한 자들이 거기에 넘어간다. 처음엔 부화뇌동하더니 이젠 아주 똘똘 뭉쳐 세상을 뒤집으려 든다.' 그리고 이 모든 과정을 기득권 세력은 '편 가르기'라고 부른다.

이들의 '편 가르지 말라'는 말은 기존 질서를 흔들지 말라는 뜻이다. 도전하지 말라는 뜻이다. 계속 순종하라는 뜻이다. 따라서 기존 질서를 바꾸는 첫걸음은 세상이 편으로 나뉘어 있음을 직시하는 용기다. 그리고 민주주의의 출발점은 자신이 어느 편에 속하는지를 밝히는 당당함이다.

기득권을 편드는 지식인은 항상 존재해왔다. 그들의 지식 역시 힘이자 권력이었다. 역사적으로 지식을 가진 이들 대부분은 스스로 권력을 가진 자가 되거나, 가진 자들 편에 서 왔다. 19세기 이전까지 권력에 맞섰던 지식인은 사회주의자들을 제외하면 드물었다. 20세기에 들어서도 지식인 대부분은 기득권층에 속했다. 불의한 권력과 싸운 지식인이 얼마나 희소했으면, 책으로 남아 우리가 전부 기억할 정도다. 지식인은 대중을 무식자 취급했다. 유식한 이를 따르라고 가르쳤다.

그러나 대중들이 더 이상 옛날 같지 않다. 이렇게 말한다. '우리는 무식하지 않다. 교육이 보편화되었다. 지식은 평준화되었고, 인터넷 시대로 정보 또한 넘쳐난다. 우리를 더는 길들이려 들지 말라. 오히려 우리의 집단 지성이 너희 개별 전문가 지식인의 그것보다 낫다.'

지금 언론과 지식인의 상당수, 그리고 거의 모든 검찰과 의사는 불만에 차 있다. 현상적으로 그들의 불만 대상은 집권하고 있는 민주당 정부로 보인다. 하지만 가만 뜯어보면 그보다 더 구조적인 차원의 무언가가 있다. 이들에겐 엘리트라는 공통점이 있다. 그동안 사회적으로 인정받던 집단이다. 그런데 인정이 사라지고 있다. 그 증거가 발언권의 약화다. 사회적 발언권이 소수 엘리트에게서 점점 다수 대중에게로 넘어가고 있다.

대중의 사회적 발언권이 점점 커지는 현상을 베를린 자유대학에서 철학을 가르치는 군터 게바우어와 스벤 뤼커는 이렇게 설명한다.

> 새로운 대중은 그 전의 (대중이 보여주는) 구성체와는 성질이 다르다. 이것은 적어도 선거권이 주어지고, 미디어가 자유롭게 허용되고, 여론이 깨어 있고, 인터넷과 소셜 네트워크에 접근할 수 있는 여건을 가진 사람들이 살고 있는, 따라서 개인의 의견을 밝히고 어딘가에 소속될 수 있는 나라들에서는 통용된다. (중략) 변화된 사회에서 새로운 대중 속의 개개인은 대변자, 조직자, 감독자, 괴짜, 코미디언, 정보 전달 전문가의 모습으로 드러난다. (중략)
> 그들이(관찰자) 예전에는 밖에서부터 대중을 바라보았다면 오늘날에는 거의 언제나 대중에 속해 있다. 각 개인은 벌어지는 일을 휴대폰으로 촬영해서 영상을 곧장 전송할 수 있게 해주는 뉴 미디어 덕분에 대중의 입장, 참가자들 자신의 입장에서 보는 내부자 시각을 가질 수 있다. 예전에는 따로 떨어져나온 개인들이 높은 자리를 차지한 지휘관의 시각에서 대중을 내려다보았다. 오늘날에는 사람들이 비록 가상으로 대중에 포함되어 있다 해도 대중 속에서 밖을 바라본다. 거꾸로 대중 속의 개개인은 외부에서부터 소식을 전달받음으로써 자신이 속한 대중의 영향력을 확인할 수도 있다. (중략)
> 오늘날의 대중은 더 이상 하류층 현상이 아니다. 새로운 대중은 대부분 중산층으로 구성되어 있다.*

푸코의 말처럼 '지켜보는 눈'이 권력이다. 과거에는 높은 자리를 차지

* 군터 게바우어, 스벤 뤼커, 《새로운 대중의 탄생》, 21세기북스, 2020, 20~21쪽.

한 지휘관이 대중을 지켜보았다. 그때 대중은 권력의 객체였다. 그러나 새로운 대중은 다르다. 스스로 자신을 지켜보는 동시에 눈을 외부로 돌려 밖에 있는 것들을 관찰한다. 심지어 외부에 미친 영향력까지도 지켜본다.

이로써 새로운 대중은 행위자이자, 동시에 관찰자가 된다. 일정 부분 권력의 주체가 되는 셈이다. 두 저자는 책의 결론에서 '새로운 대중에게는 본질적 특성 하나가 추가된다. 이 대중에 속하는 개개인은 누구나 자신에게 최고 권력기관에 대한 영향력이 있다고 여긴다'라고 말한다. 이처럼 엘리트와 대중 간에 어떤 힘의 역전 현상이 벌어지고 있다. 어디까지 갈지는 아무도 알 수 없다. 뿌리 깊은 엘리트주의가 대중 민주주의로 대체되든, 반대로 대중의 폭주로 민주주의가 퇴행하든 두고 봐야 할 일이다.

적어도 지금 분명한 사실은 우리 사회가 엘리트의 말이라 해서 무조건 수긍해주던 시대가 아니라는 점이다. 글에 조금만 틀린 게 있어도 지적과 반박이 금방 나온다. 사실 확인 없이 자신 또는 언론사가 하고 싶은 말을 기사라고 썼다간 바로 '팩트 체크'당한다. 심지어 과거에 썼던 기사를 찾아내 오늘 쓴 글과 모순점을 찾아내 들이밀기도 한다. 언론이나 지식인이 무안당하는 일은 이제 흔하다. 기자가 공들여 쓴 칼럼보다 더 깊이 있고 맛깔 난 글을 쓰는 무명씨가 수두룩하다. 해당 분야의 전문가가 쓴 글에서 오류나 왜곡을 잡아낼 정도의 정보력과 분석력을 가진 재야의 고수가 즐비하다.

한편 양극화가 투쟁을 유발한다는 진단도 있다. 일정하게 맞는 말이다. 그러나 잠깐 시각을 바꿔보자. 진영이 나쁘다는 관점이 아니라, 불가피하다는 관점에서 한번 생각해보자. 진영의 내부에 흐르는 정조는 어떠할까? '우리 편 안에서 우리는 단결하고 연대함으로써 더 강해진다. 이제 힘이 있으니 억울하게 당하지 않는다. 우리는 우리 안에서 평화롭다. 울분과 불만을 안겼던 너희들과 이제 싸울 수 있다. 그런데 싸우지 말라고? 투쟁은 나쁘다고? 기득권자들의 세상을 조용히 감내하라고? 그렇게 못한다. 우리는 싸움으로써 정의를 실현하고자 한다. 더는 침묵하지 않겠다'라고 생각하지 않을까?

이처럼 진영 내부에서 보면 진영화는 완전히 다른 의미가 된다. 지금까지는 정치의 객체에 머물던 대중이 정보화를 기반으로 자기 목소리를 갖게 됨으로써 주체의 자리에 오른 것이다. 그렇다면 대중 스스로 그 자리를 포기할 턱이 없다. 포기시킬 방법도 없다.

대중의 폭주로 민주주의가 퇴행할 가능성은 없을까? 양극화와 진영의 위험성은 없을까? 당연히 있다. 세상에 완벽한 것이나 영원한 것은 없다. 아무리 훌륭한 시작도 우울한 종말이 될 수 있고, 아무리 위대한 선의도 참담한 실패로 끝날 수 있다. 퇴행할 가능성의 근거나 위험성의 출처는 숱한 엘리트주의자, 중도층론자, 통합주의자 들이 이미 충분히 지적하고 있다.

그들의 지적은 주로 지나친 자기 확신, 과도한 공격성, 개별일 때와 달리 집합을 이룰 때 보이는 반지성주의, 아군 무조건 감싸기에 대비되는 적에 대한 무조건적 배타성, 방관자에 대한 막연한 불신 등에 대한 것이다. 실제로 그러한 특질은 같은 정치 성향을 지닌 이들조차 고개를 돌리게 만든다.

그러나 어떤 사회 집단도 무결점일 수는 없다. 엘리트주의자들은 비난받을 점이 없을까? 엘리트들이 얼마나 교만하고, 기만적이며, 이기적인지 열거할 필요가 있을까? 진보적 대중에 비해 보수적 대중은 덜 공격적이고, 더 지성적이고, 적에 대해 포용적일까? 진영에 속한 이들에 비해 진영적 사고를 하지 않는 이들은 과연 객관적이고 중립적일까? 어차피 다 마찬가지다. 우유는 커피보다 건강에 좋으나 풍미가 없다. 소고기는 돼지고기보다 육즙이 풍부하나 훨씬 비싸다. 등산은 건강에 좋으나 수영장보다 훨씬 위험하다. 파고들면 트집 잡지 못할 것이 없다.

엘리트와 대중 간의 갈등은 앞으로 더 심해질 것이다. 이제 남는 문제는 이런 것이다. 주체로 부상하는 대중에 대해 그간 발언권을 독점해온 엘리트들은 어떤 태도를 보일까? 지금까지는 대체로 우파들이 포퓰리즘을 업는 데 성공적이었다. 반면 미국의 자유주의 계열이나 유럽 좌파는 정체성의 정치로 빠지면서, 인종·여성·종교·민족·성 소수자 등의 시민권을 옹호하느라 사회 전반에 걸친 대안 만들기에 실패했다.

한국의 진보 엘리트들은 지금 고민 중이다. 포퓰리즘을 비판하고 정당이나 시민사회, 지도자의 리더십을 중시하며 전통적 정치를 강조하는 부류가 우선 한쪽에 있다. 다른 한편에는 포퓰리즘 자체를 재인식하는 부류도 있다. 그들은 '포퓰리즘을 나쁘다고 볼 이유가 없다. 좌파도 건강한 포퓰리즘을 받아들여야 한다'라고 주장한다.

한국의 보수 언론이나 식자들은 민주당 정부를 좌파 포퓰리즘이라 비난한다. 우파 포퓰리즘이 먼저 창궐했으면, 진보 언론이나 식자들은 우파를 비판하면서 포퓰리즘도 반대하는 논지를 펼쳤을 것이다. 그런데 반대로 진행된 나머지, 진보 언론이나 식자층은 방향을 잃었다. 이들은 언론 본연의 임무인 권력을 비판해야 한다는 생각으로 문재인 정부를 비판한다. 이들에게 '문파'의 준동은 곧 포퓰리즘이고, 포퓰리즘이 한국 정치를 진영화하고 있다고 걱정한다.

요약하면 첫째, 중도층은 실제 존재하지만 그들을 기반으로 하는 정치는 어렵다. 진영화는 날로 가속화되고 양극화는 정치를 점점 더 투쟁적으로 만들지만, 막을 방법은 사실상 없다. 둘째, 인터넷에서 정치 고관여층이 활발히 활동하는 가운데 일부가 극렬한 언사로 상대를 공격하지만, 그 역시 제어할 합당한 이유도 방법도 없다. 셋째, 기성 언론은 소셜 미디어에 자리를 내주면서 점점 밀려나고 있고, 정치 역시 무대를 온라인으로 거의 완전히 이동시켰다.

사용하는 어휘는 이미 바뀌었는데 아직 문법은 정립되지 않은, 낯선 언어의 시대가 시작되었다. 그래서 우리는 서로가 낯설다. 어떻게 소통할 수 있을지, 어떻게 이해해야 할지 모르겠다. 지난 30년간 정치는 너무 달라져서, 이제 모든 걸 기초부터 다시 정리하지 않으면 누구도 함부로 정치를 안다고 말하지 못할 지경에 이르렀다. 너무나 익숙하되, 이토록 낯설 수 없는 정치 환경이다. 이 낯선 곳에서 우리는 정치 글을 어떻게 써야 할까?

정치적으로든, 정책적으로든 끊임없이 문제를 해결하기 위해 분투하는 정치인이라야 사랑받을 수 있다. 그러나 앉아서 입으로만 '청년 일자리를 늘려야 합니다. 젠더 문제가 심각하니 양성 평등이 하루빨리 실현되어야 합니다. 노동자들이 산업 재해로부터 안전한 나라를 만들어야 합니다'라고 말하는 정치인들이 대부분이다. 그리고 돌아서서 바로 지역구로 달려간다. 정치 평론하는 걸 정치하는 걸로 착각한다. 그럴 게 아니라, 싸워야 한다.

청년 일자리를 늘리기 위해 기업에게 세금을 감면해주자는 정당과, 예산을 투입해서라도 사회적 일자리를 만들자는 정당이 거세게 논쟁을 벌이면서 국민을 설득하고, 어느 정도 합의가 모이면 실행에 옮겨야 한다. 젠더 문제만큼 복잡 미묘한 사안이 없다. 남성 편을 들건지, 여성 편을 들 건지, 아니면 누구 편을 들 게 아니라 청년 전체를 힘들게 하는 주거든, 교육비든 여러 문제 중에 뭐 하나라도 정책적으로 해결하겠다고 덤벼야 한다. 왜 노동 현장이 안전 장비도 인력도 갖추지 않은 채 위험을 외주화하는지, 속사정을 파헤쳐 단속권을 활용하든 법을 보완하든 행동에 나서야 한다. 페이스북에 '눈물겹다, 안타깝다, 분노가 치민다' 같은 소리나 늘어놓고, 금방 돌아서서 지역구로 달려가는 '온건 합리적인 태도'는 절대 국민을 위한 진짜 정치가 아니다.

온건 합리적인 정치를 하라고 언론이나 지식인들이 주문하는 건 그들이 관전자라서 할 수 있는 말이다. 선수는 온건 합리적인 정치를 하면 안 된다. 치열하게 싸워야 한다. 지난 20년 동안 정치만 진영화된 게 아니다. 언론도 마찬가지다. 시민 단체, 법조계, 의료계, 학계 어디든 단체 이름만 대면 어떤 정치 성향을 띠고 있는지, 어느 진영인지 금방 알 수 있는 시대다. 원천적으로 불가능한 '국민 전체를 바라보는 정치' 그리고 일종의 신기루와 같은 '중도층을 바라보는 정치'에 대한 주문은 일종의 위선이다. 현실엔 그런 것이 없다.

진영을 나눠 끝없이 충돌해야 한다. 내공 깊은 선수끼리 끝장 토론을 벌이고, 치고받고 피 터지게 설전을 벌여야 한다. 그 과정을 국민에게 고스란히 보여주면 여론의 우열이 가려진다. 그 결과에 따라 입법을 하든, 예산을 배정하든, 정부 행정력을 투입하면 된다. 툭하면 점거 농성하고, 보이콧하고, 회의 거부하는 식으로 난장판만 안 만들면 된다. 정치는 온건하고 합리적이라고 있는 게 아니다. 그러다가는 월급쟁이 국회의원이 된다. 정치는 문제를 해결하기 위해, 격렬하고도 진지하게 싸우라고 있는 것이다. 그리고 그 무기가 바로 글이다.

글쟁이를 위하여

정치는 언어로 싸우는 전쟁이다. 말과 글이 중요하다.

정치인은 주로 말을 하고, 보좌진은 주로 글을 쓴다. 보좌진이 쓴 글이 정치인의 말이 된다. 말과 글에 파급력이 있는 정치인이 힘센 정치인이다. 가장 자주 하고 늘 어려운데 또 가장 강력한 무기이니, 정치인과 보좌진은 말과 글을 능숙하게 다룰 줄 알아야 한다. 그러나 어떻게 하면 정치의 말과 글을 벼릴 수 있는지 누구도 알려준 적이 없다.

국회에는 300명의 국회의원과 3,000명의 보좌진이 일하고 있다. 특히 국회 보좌진은 진짜 다양한 일을 한다. 앞서 출간한《보좌의 정치학》에서 분류한 대로 비서, 정무, 정책, 선거, 지역구 관리 등으로 나눌 수 있다. 이 책에서는 정무에 해당하는 글쓰기만 따로 떼내어 다루었다. 많은 업무 중에서 글쓰기만 따로 다룬 이유는, 그것이 보좌진이 가장 자주 하는 업무인 동시에 가장 어려워하는 일이기 때문이다.

요 몇 년 사이, 국회 보좌진을 위한 입문서나 실무 지침서가 많이 나왔다. 모두 훌륭한 책이다. 누구도 가르쳐주지 않았기에, 아무것도 모른 채 업무를 시작해야 했던 과거에 비하면 다행스러운 일이다.

정치권에서 글쓰기에 도움이 될 만한 책들도 제법 출간되었다. 주로 청와대에서 대통령의 메시지를 쓰던 참모들이 자기 경험에 기초해 쓴 책들이다. 때론 매우 구체적으로, 때론 기본자세나 마음을 일러주는, 선배의 자상함이 곳곳에 스민 좋은 책들이다.

보좌진을 위한 안내서가 대부분 개론서인 데 비해, 이 책은 '글쓰기'에만 초점을 맞추었다는 점에서 다르다. 또한 이전에 나온 정치권의 글쓰기 지침서가 주로 좋은 문장을 쓰기 위한 교과서에 가깝다면, 이 책은 문장론보다는 이론서에 가깝다.

정치 글을 쓰는 이가 고려해야 할 이 시대 정치가 갖는 특성, 처한 환경, 그에 따라 글이 담아야 할 내용과 형식적 원칙도 짚고자 했다. 문장과 문체는 이태준의 《문장강화》 이래 별같이 빛나는 교과서가 있으니 그것만 봐도 충분할 것이다. 다만 정치 글, 특히 소셜 미디어에 맞는 문장과 문체는 별도로 있다는 점에서 '글의 속도'를 비롯해 몇 가지 필자 나름의 주장을 덧붙였다.

그러므로 이 책은 일반적인 글을 잘 쓰기 위한 책이 아니다. 정치권에서 일하는 이들이 어떻게 하면 정치 글을 빠르고 쉽게 쓸 수 있을지, 그에 도움이 되고자 하는 책이다. 그래서 '정치 글'만 파고들었다.

나 아닌 다른 누군가를 위해 글을 쓰거나, 다른 누군가의 이름으로 나갈 글을 쓰는 이들은 마음이 가끔 허전하다. 물론 기쁨과 보람이 있지만 그건 머리에서만 그렇다. 그래서 모든 국회 보좌진은 허전한 마음을 가진다.

이제 한국 정치에서도 공식화되어야 한다. 메시지는 본인이 참모와 함께 공동으로 생산하고 관리한다는 사실을 당연시해야 한다. 그러자면 먼저 '누군가'를 위해 일하는 이들을, '누군가'가 온당히 대우하는 게 시작이다. 무대 뒤에 두려 하지 말고 함께 일한다고 드러내는 게 온당하다. 그 점에서 기자회견으로 보좌진을 소개해 화제가 된 조정훈 의원(시대전환, 비례)은 좋은 모범이다.

보좌진 입장에서도 마찬가지다. 온당한 대우를 받으려면 제대로 된 글을 쓸 수 있어야 한다. 모든 국회 보좌진은 그 본질에서 글쟁이다. 하루하루 때울 게 아니라 작심하고 덤벼들어야 한다. 그게 글쟁이의 자존심이다. 이 책은 결국 글쟁이들을 위한 책이다. 이 책으로 말미암아 글쓰기가 쉬워졌다는 보좌진이 생기길 소망한다. 그 이상의 기쁨과 보람이 없을 것이다.

몇 번의 망설임 끝에 마지막 문장을 결정했다.

'무정은 모든 경상도 남자의 원죄다. 죄를 많이 지었다. 원고를 꼼꼼히 읽고 교열 작업을 도와준 아내 정윤에게 평생에 걸친 고마움과 함께, 사랑한다는 말을 여기 적는다.'

이진수

세상을 움직이는 글쓰기
정치 글 쉽게 쓰는 법

이진수 지음

초판 1쇄 2021년 10월 5일 발행

ISBN 979-11-5706-244-7 (03340)

만든 사람들

책임편집 황정원
편집도움 허승
디자인 캠프커뮤니케이션즈
마케팅 김성현 최재희 김규리 맹준혁
인쇄 아트인

펴낸이 김현종
펴낸곳 ㈜메디치미디어
경영지원 전선정 김유라
등록일 2008년 8월 20일 제300-2008-76호
주소 서울시 종로구 사직로9길 22 2층
전화 02-735-3308
팩스 02-735-3309
이메일 medici@medicimedia.co.kr
페이스북 facebook.com/medicimedia
인스타그램 @medicimedia
홈페이지 www.medicimedia.co.kr